媒介融合背景下
新媒体发展研究

赵玉岗 著

中国原子能出版社

图书在版编目（CIP）数据

媒介融合背景下新媒体发展研究 / 赵玉岗著. -- 北京 ： 中国原子能出版社，2019.8

ISBN 978-7-5022-9990-3

Ⅰ. ①媒… Ⅱ. ①赵… Ⅲ. ①传播媒介－产业发展－研究－中国 Ⅳ. ①G219.2

中国版本图书馆 CIP 数据核字（2019）第 183125 号

内 容 简 介

本书立足当前媒介融合的时代背景，对新媒体的传播与发展进行系统性研究，顺应当前新闻传播的发展变化，顺应媒介融合的时代趋势，顺应公众对传媒市场的需求，对新媒体的基本认知、新媒体的核心理念与传播特性、新媒体背景下的传统媒介环境审视、媒介产业的融媒趋势、媒介融合背景下的新媒体传播、媒介融合背景下新闻信息的生产与传播、媒介融合背景下新媒体的发展方向、媒介融合背景下新媒体的发展引导进行研究。本书适于新闻传播相关人员参阅。

媒介融合背景下新媒体发展研究

出版发行	中国原子能出版社（北京市海淀区阜成路43号　　100048）
责任编辑	张　琳
责任校对	冯莲凤
印　　刷	北京亚吉飞数码科技有限公司
经　　销	全国新华书店
开　　本	787mm×1092mm　1/16
印　　张	16.5
字　　数	214千字
版　　次	2020年3月第1版　2020年3月第1次印刷
书　　号	ISBN 978-7-5022-9990-3　　　定　价　80.00元

网址：http://www.aep.com.cn　　E-mail：atomep123@126.com

发行电话：010－68452845　　　　版权所有　侵权必究

前　言

中共中央政治局在 2019 年 1 月 25 日上午就全媒体时代和媒体融合发展举行第十二次集体学习。中共中央总书记习近平在主持学习时强调，推动媒体融合发展、建设全媒体成为我们面临的一项紧迫课题。要运用信息革命成果，推动媒体融合向纵深发展，做大做强主流舆论，巩固全党全国人民团结奋斗的共同思想基础，为实现"两个一百年"奋斗目标、实现中华民族伟大复兴的中国梦提供强大精神力量和舆论支持。

当前时代，传播技术和传播方式都发生了革命性的变化，新媒体的影响越来越大。新闻客户端和各类社交媒体成为许多人特别是年轻人的第一信息源，而且每个人都可能成为信息源。以前是"人找信息"，现在是"信息找人"。当前，移动互联网已经成为信息传播主渠道，成为新闻热点生成、舆论发酵的主要策源地。网络空间已经成为人们生产生活的新空间，随着 5G、大数据、云计算、物联网、人工智能等技术不断发展，移动媒体将进入加速发展新阶段。这就要求我们不断对媒介融合背景下的新媒体发展进行研究。

本书共八章。第一章为新媒体的基本认知，主要包括新媒体的界定、新媒体的构成要素及类型、新媒体的发展现状与未来趋势、新媒体与社会的发展四个方面。第二章为新媒体的核心理念与传播特性，内容有新媒体的核心理念、新媒体的传播特性、新媒体传播的社会化影响三方面。第三章为新媒体背景下的传统媒介环境审视，分析新媒体与传统媒体的关系、新媒体对传统媒体的内容生产造成的冲击、传统媒体的转型与变革等方面。第四章为媒介产业的融媒趋势,对媒介融合的概念界定、媒介融合的分类及其基本形态、媒介融合对我国媒介产业的影响、媒介融合的未来趋势等方面进行研究。第五章为媒介融合背景下的新媒体传播,探讨互联网时代背景下的新媒体传播、我国新媒体传播产业的融合现状、新媒体传播与媒介融合的互构等内容。第六章为媒介融合背景下新闻信息的生产与传播,阐述媒介融合的新闻生产流程再造、媒介整合层面下的新闻资源开发与利用、媒介融合背景下新闻价值的挖掘、媒介融合背景下新闻生产模式的创新等内容。第七章为媒介融合背景下新媒体的发展方向,包括新媒体的跨域传播、新媒体微视频的发展、自媒体时代的网红经济、全媒体的崛起等内容。第八章为媒介融合背景下新媒体的发展引导,分析媒介融合背景下新媒体的发展策略构建、媒介融合背景下新媒体传播的负面效应及其规制等方面。

本书具有时代性和指导性。本书立足当前媒介融合的时代背景,对新媒体的传播与发展进行系统性研究,顺应当前新闻传播的发展变化,顺应媒介融合的时代趋势,顺应公众对传媒市场的需求,对新媒体的发展提出策略构建。本书在写作过程中吸收并借鉴了很多专家、学者的著作,在此对他们致以最诚挚的谢意。同时,由于自身水平有限,书中难免存在不足及疏漏之处,恳请各位专家、读者给予批评和指正。

作　者

2019 年 5 月

目　录

第一章　新媒体的基本认知

新媒体的出现使现代信息传播技术发生了巨大的变革,并广泛地改变了人类的社会生活方式。无论从自然科学的层面来看,还是从社会科学的层面来看,新媒体的诞生都具有极其重要的历史意义。

第一节　新媒体的界定

一、新媒体的概念

当前,对于新媒体的概念并没有权威的界定。一方面,新媒体本身只是一种描绘,并非一个精确的概念;另一方面,它的内涵和外延在媒介技术的革新中仍在不断发生变动。从不同的角度、根据不同的参照,人们都能够看到新媒体的不同表现和特点,导致人们对新媒体的界定众说纷纭、莫衷一是。目前,比较有影响力的观点主要有以下几点。

美国《连线》杂志社认为:"新媒体是所有人对所有人的传播。"①

联合国教科文组织对新媒体的定义为:"以数字技术为基础,以网络为载体进行信息传播的媒介。"②

---

① 杨琳桦.科技是第七种生命形态[N].21世纪经济报道,2010-11-26.
② 匡文波.关于新媒体核心概念的厘清[J].新闻爱好者,2012(19):32-34.

清华大学新媒体研究中心主任熊澄宇教授认为："新媒体是个相对的概念。今天的新媒体主要指：在计算机信息处理技术基础上产生和影响的媒体形态，包括在线的网络媒体和离线的其他数字媒体形式。"①

清华大学崔保国教授认为："所谓新媒体，并没有明确的定义，一般包括录像、多媒体、有线电视、卫星电视、光纤通信、综合数字通信网等。其中，渗透性最强、影响面最大的是高速信息公路和多媒体技术。"②

除此之外，关于新媒体的概念还有其他一些观点，比如"新媒体是在互联基础上实现多对多或点对点传播，具有与用户互动等交互功能的媒体形式"，"当新的传播形态达到大众传媒的规模，即是新媒体"③。

由上述可知，新媒体是一个相对的概念，是在报刊、广播、电视等传统媒体的基础上发展起来的新的媒体形态；也可以认为，新媒体这个一直处于变动中的概念，宽泛地包括所有数字化的传统媒体、网络媒体、移动端媒体、数字电视等。目前新媒体主要是指以互联网技术、数字技术、移动通信技术为基础，向用户提供内容资讯、音频视频、连线游戏、数据服务以及在线教育等集成信息和娱乐服务的新兴媒体。它有两个最核心的改变，一是传播媒介由传统媒介变成了基于互联网的新媒介，二是传播者由权威媒介组织和媒介机构变成了所有人。

二、新媒体技术

由文献记载可知，新媒体的概念最早见于 1967 年。美国哥伦比亚广播公司（CBS）技术研究中心负责人彼得·卡尔·戈德马克（Peter Carl Goldmark）博士发表了创新研究成果报告，随后

---

① 熊澄宇.中国媒体走向跨界融合[N].北京青年报,2008-08-18.
② 崔保国.技术创新与媒介变革[J].当代传播,1999(6):23-25,33.
③ 石磊.新媒体概论[M].北京:中国传媒大学出版社,2009:8.

国际主流媒体对其系列成果应用与娱乐产业的实践进行了广泛报道。在研究中,戈德马克用新媒体(New Media)来区别广播、电视、报纸等以电波、图像、文字传输为主的传统媒介,这一概念应运而生。1969 年,美国传播政策总统特别委员会主席罗斯托在向当时的美国总统尼克松递交报告的过程中,多次使用 New Media 一词,新媒体由此开始广为传播。

(一)计算机与因特网

新媒体之所以能够蓬勃发展,与计算机及网络技术的进步密不可分。通常情况下,人们认为世界上第一台电子数字计算机是 1946 年面世的、主要用于计算导弹弹道的"ENIAC"。它由美国宾夕法尼亚大学莫尔电工学院制造,它体积庞大,占地面积 170 多平方米,重量约 30 吨,耗电功率约 150 千瓦。另一种说法称,最早的电子数字计算机应该是美国爱荷华州立大学的物理系副教授约翰·阿坦那索夫(John Vincent Atanasoff)和其研究生助手克利夫·贝瑞(Clifford E. Bemy)于 1939 年 10 月制造的"ABC"(Atanasoff-Berry-Computer)。无论如何,ENIAC 的投入使用标志着电子数字计算机进入实用化阶段。第二次世界大战期间,由霍德华·爱肯(Howard Hathaway Aiken)设计制造的 Mark-I 被认为是世界上第一台自动机电式计算机。这台计算机的体积相对较小,高 2.4 米,长 15.3 米,重达 35 吨。

1969 年,Internet 诞生,其可以被认为是美苏冷战的产物。1969 年,美国国防部高级研究计划署(Defense Advanced Research Projects Agency,DARPA)开始建立一个命名为 ARPAnet 的网络,将美国的几个军事及研究系统用电脑主机连接起来。当初,ARPAnet 只连接 4 台主机,从军事要求来说要置于美国国防部高级机密的保护之下,从技术来说它还不具备向外推广的条件。1969 年 10 月 29 日是个值得纪念的日子,斯坦福大学的一台电脑和洛杉矶加州大学的一台电脑连接起来了,这标志着互联网的正式诞生。

20 世纪 70 年代，ARPAnet 进入发展的关键时期，由两点链接拓展到 200 多个连接，但仍局限在高级军事领域。1972 年，全世界计算机和通信业的专家在美国华盛顿举行了第一届国际计算机通信会议，就不同计算机网络之间进行通信达成了协议。会议决定成立 Internet 工作组，负责建立一种保证计算机之间进行通信的标准规范（即"通信协议"）。1974 年，IP（Internet Protocol，Internet 协议）和 TP（Transport Control Protocol，传输控制协议）问世，合称 TCP/IP 协议。该协议为后来信息全球化时代的到来提供了初步的平台，并在 1983 年成为互联网上的标准通信协议。因特网从战争机器转变为人类信息服务的平台始于"冷战"结束。

（二）Web 技术的演进与飞跃

万维网（World Wide Web）即 Web，是一种以 Internet 为基础的计算机网络连接技术，它允许用户在一台计算机通过 Internet 存取另一台计算机上的信息，这是网络世界得以建立的基础。从技术角度讲，网络是 Internet 上那些支持 WWW 协议和超文本传输协议 HTP（Hypertext Transfer Protocol）的客户机与服务器的集合，通过它可以存取世界各地的超媒体文件，内容包括文字、图形、声音、动画、资料库以及各式各样的软件。这也使得任何新的计算机都可以将散落在网络空间的各种信息进行无缝对接与组合，形成新的站点和内容。也可以表达为，超文本、超链接、超媒体是 Web 技术的重要表现形态。Web 技术的发展经历了以下三个阶段。

1. 第一个阶段：Web 1.0——信息的聚合与搜索

Web 1.0 指 Web 的第一代实用技术形态，始于 20 世纪 90 年代，其主要使用静态的 HTML 网页来发布信息。从传播学的角度看，Web 1.0 形态仍属于传统的媒介信息传播阶段，即信息发布者扮演着精英的角色，其传播信息是"推送式""灌输式"，用户浏览获取信息实际上仍然是单向度的传播模式。但是相比传统媒体，Web 1.0 也有特殊功能，它善于集纳、整合各类破碎、零散、微小的信息，并直观地展示出来，而且用户能在各类网站上通过鼠标点击完成"超链接"。

简单而言，Web 1.0 技术在很大程度上依靠其"超链接"来实现聚众功能。它能够把各类不同的、分散的、碎片的信息进行重新整合，并重组资源形式与资源内容，让小内容释放出大能量。分散在社会各个角落的庞杂信息，因 Web 1.0 而可以聚合连接在一起，在人类信息传播史上，这是个了不起的创举。人类从此真正进入了信息时代，各类信息样式层出不穷，让人目不暇接。Netscape、Yahoo、Google 等公司的技术创新成为 Web 1.0 时代的最好诠释。其中 Netscape 研发出世界上第一个大规模的商用浏览器，Yahoo 的杨致远提出了互联网黄页的概念，而 Google 后来居上，推出了大受欢迎的搜索服务。

Web 1.0 重新组合信息资源的功能，为用户提供了信息无限获取的可能性以及信息迅速搜索的便捷性。可以说，在 Web 1.0 时代，人们获取信息的时间和方式都发生了空前的变革。但 Web 1.0 带来的信息传播仍以单向度为主；用户的主体性地位尚未完全体现；人与人之间的直接沟通以及用户参与信息选择与共建信息的能力并未体现。

2. 第二个阶段：Web 2.0——用户的互动与共建

2004 年，欧雷利媒体公司（O'Reilly Media）副总裁戴尔·多尔蒂（Dale Dougherty）在一次会议上将互联网的新动向用"Web 2.0"一词进行阐述。随后，公司首席执行官蒂姆·欧雷利（Tim O'Reilly）组织了一场头脑风暴，描述了 Web 2.0 的框架。由此，Web 2.0 这一词汇成为新媒体受众探讨的关键词并逐步走向主流。此后，一系列关于 Web 2.0 的相关研究与应用迅速发展，Web 2.0 的理念与相关技术日益成熟，这使得 Internet 的应用在变革与应用的基础上得到进一步的创新发展。BBS、博客、威客、维基百科等新兴网络传播形态应运而生。

Web 2.0 是在 Web 1.0 基础上发展而来的,其实是对 Web 1.0 技术的升级与产品优化,它在 Web 1.0 的基础上着重发展了互联网用户之间强有力的互动。在 Web 2.0 时代,用户不仅可以获取信息,还可以交换信息、反馈信息。这样,普通用户不仅仅是信息的接收者,也是信息的制作者。在网络信息的传播使用过程中,信息的接受者成为信息的参与者、互动者、分享者,传播主体由原来的单一性变为多元化;草根阶层与精英阶层实现了真正意义上的对话与交流。信息及文件的共享成为 Web 2.0 发展的主要支撑和表现。Web 2.0 模式大大激发了用户创造和创新的积极性,使 Internet 变得更加生机勃勃。

从传播学角度上来讲,在 Web 1.0 时代,用户通过浏览器获得信息,用户仅仅是信息的使用者,而不是信息实现互动的参与者与建构者。Web 2.0 提升了用户的自觉性,注重用户的交互性。用户不再是被动的信息接收者,同时也是信息的参与者、推动者与生产者。Web 2.0 时代的用户已拥有了信息传播主人公的身份,他们拥有传播权、知晓权、接近权等众多主体性权利。同时,Web 2.0 使人与人在新媒体平台上能够有效沟通,让沟通、交往、参与、互动富有人性化色彩。Web 2.0 以博客为代表,博客的出现成为网民表达心声的一种渠道。

3. 第三个阶段:Web 3.0——现实的虚拟与体验

Web 3.0 是 Web 2.0 的升级版,它在纵向上延展了 Web 2.0 的技术范畴与传播维度。早在 Web 2.0 的概念被媒体广泛关注之时,Web 3.0 的设计就已开始。Web 3.0 是建立在全球广泛互联节点(与用户)无障碍互动的概念上的,具有人工智能的特征。如果说 Web 2.0 和 Web 1.0 解决了互联网"读"与"写"的物理与逻辑层问题,那么 Web 3.0 要解决的则是在这两层之上的表象或语意层的问题。具体说来,Web 3.0 网站内的信息可以直接和其他网站相关信息进行交互,能通过第三方信息平台同时对多家网站的信息进行整合使用；用户在互联网上拥有自己的数据，并能在不同网站上使用，完全基于 Web，用浏览器即可实现复杂的系统程序才具有的功能。

倘若说 Web 2.0 以用户为中心进行信息传播，那么 Web 3.0 就是一个为用户提供更多可能性的平台。实际上 Web 3.0 一词包含多层含义，可以用来概括互联网发展过程中某一阶段可能出现的各种不同的方向和特征，包括将互联网本身转化为一个泛型数据库；跨浏览器、超浏览器的内容投递和请求机制；人工智能技术的运用；语义网；地理映射网；运用 3D 技术搭建网站甚至虚拟世界或网络公国等。

在 2006 年 11 月的 Technet 峰会上，Yahoo 的创办人兼 CEO 杨致远对 Web 3.0 作了细致阐述："目前对 Web 2.0 的归档和讨论很多。借助网络级别所能达到的效能，网络的力量已经到达了一个临界点。我们同时也看到最近级别所能达到的效能，网络的力量已经到达了一个临界点……你不一定得是计算机科学家才能创作出一个程序。这种现象在 Web 2.0 里初现端倪，而 Web 3.0 将更加深化，是一个真正的公共载体……专业、半专业和消费者的界限越来越模糊，创造出一种商业和应用程序的网络效应。"

Web 3.0 是一种更加深入、更加专业、更加广泛的技术，其比 Web 2.0 的互动更加深入，它创制了一个虚拟的类像世界，让用户体验仿真的快乐与模拟的真实。我国新闻学者喻国明教授认为："Web 3.0 时代是由于网络的后台技术的进一步智能化，它使传媒机构具有更加强大的对于极其丰富的网络资源的提纯、整合的技术能力或应用模式（如维基百科、'第二人生'、人肉搜索等），充分利用全社会的微力量、微内容、微价值，形成具有智能化、个性化、定制化的内容服务产品及相关的衍生产品。"[①]

---

① 喻国明. Web X.0 时代的传媒运营新法则[J]. 编辑之友，2009(6)：6-8.

总的来说，媒介技术的发展在不断地服务于人类社会的需要。Web 1.0 满足人们对信息的需求；Web 2.0 解决了人与人之间的交往与互动；Web 3.0 深化了互动机制，不断满足人们对现实世界的虚拟体验以及仿真模拟的需求。

(三)网络及媒体

从 Web 1.0 到 Web 3.0，这一过程不仅体现了网络技术和网络应用的发展，其本质上也是信息传播途径及传播方式的革命性变化。在传统社会，人们依赖书籍、报刊及广播电视来传播和接收信息，网络技术的发展为人们提供了另外一条途径，这场信息传播的变革当然不可避免地对以报刊和广播电视为代表的传统媒体形成了巨大冲击。

这种根据网络技术发展形成的信息传播新途径足以同任何一种传统媒体形式相提并论，于是人们自然地开始用新媒体这个概念来形容和概括这种新形态。

三、新媒体的特征

(一)数字化

数字化是人们对计算机及网络应用本质特征的最集中的一种表述和归纳。2012 年 4 月 21 日，英国《经济学人》杂志以专题形式论述了当今全球范围内正在经历的第三次产业革命(the Third Industrial Revolution)，即数字化革命。尼古拉斯·尼葛洛庞帝(Nicholas Negroponte)在《数字化生存》(Being Digital)一书中将 digital 具体解释为：数字化技术是一种并不复杂的系统，主要是将信息编织成为计算机可以识别的二进制代码 0 和 1，再转化为脉冲信号，最后计算机就以一种人们可以识别的符号传递出信息。不管是图片、视频还是文字都可以这种数字化的方式最终呈现在受众眼前。因此，新媒体在某种意义上可以说成是"数字化媒体"①。

也有学者将数字化表述为"在网络社会中,人们的社会关系都是建立在以比特为单位的数字化信息的编译、存储、传递、交换和控制的基础之上,并通过这一系列基本的数字化的互动过程而反映出来"②。在数字化基础上,人们可以在任何时间、任何地点以数据、文字、语言、声音、图画等方式与任何人进行对话和交流。

（二）虚拟性

人们之所以认为网络空间具有虚拟性,主要是因为网络上呈现出来的纷繁复杂的信息其实都是建立在计算机对一系列 0 和 1 信号的处理基础上。作为新媒体最重要的基本属性,虚拟性伴随新媒体成长不断拓展,并衍生出了虚拟人类、虚拟社区、虚拟商品等具有虚拟价值的新媒体产物。

人们在网络虚拟空间里获得了海量的真实信息,不仅极大地丰富了人们对现实世界的理解,同时也对现实世界产生了巨大影响。2001 年,英国报业联合会新媒体公司推出了全球第一位虚拟人物——"阿娜诺娃",为全球网民提供 24 小时的信息播报服务。此外,虚拟社区、社交媒体、网络视频、电子商务等形态对社会生活的改变也是有目共睹的。这也说明,网络社会是一个无限延伸的世界,它既是虚拟的,也是实在的。虚拟世界并非虚假世界,虚拟世界实际上是人类对现实世界体验的再现与延伸,可以说,网络社会是包含了虚拟属性的现实世界。

（三）交互性

1948 年美国政治学家哈罗德·拉斯韦尔（Harold Lasswell）

---

① 尼古拉·尼葛洛庞帝.数字化生存[M].胡冰,范海燕,译.海口:海南出版社,1996:28.

② 郭颖,唐智.虚拟现实和网络社会的虚拟性[J].黄石高等专科学校学报,2002,18(1):69-71.

在《传播在社会中的结构与功能》书中提出了传播的"SW"模式。这一传播模式呈现出线性的单向传播特征,也是传统媒体惯用的传播方式。这种传播模式存在一定的弊端,即传播者和受传者角色的固定性,双方很容易被固定为一方只能是传播者,而另一方只能是受传者的角色,进而影响传播的效果,缺乏受众对信息的有效反馈。

这种理论传播状况在 1954 年得到改善。施拉姆(Wilbur Lang Schramm)在《传播是怎样运行的》一文中提出了传播的"循环模式"[①],传播者和受传者的地位在循环模式中比较模糊,双方处于平等的地位,都可以是传播者,也可以是受传者。此模式的重点是提出编码者与译码者的角色。新媒体就是循环模式的实践者。因为在新媒体时代,受众不再是"魔弹论"的靶标,不再是简单的信息接收者,他们成为信息生产与传播过程中的积极参与者和建构者。

(四)跨媒介性

新媒体集合了文字、声音、图像、动画、游戏等诸多因素,超越了传统媒体各自单一的传播手段,成了一个集各种媒体优势为一体的融合媒体,它体现了媒体的"跨域传播"和"跨界融合"的特征。媒介融合不是简单的加减法,也不是媒介之间的物理结合,而是两种或两种以上的媒介在多层次、多领域、多维度的相互渗透与交融。新媒体与传统媒体之间并不存在显著的障碍,能实现有效的融合。新媒体从诞生的那一天起,就与传统媒体相互融合。即使在新媒体发展的高峰期,也没有摆脱与传统媒体之间的关联。技术的不断进步加速了新媒体之间的融合进程。不同形式的新媒体彼此间相互影响、相互作用,形成新时期新媒体的大浪潮。

除上述四个特征外,新媒体还具有信息传播的即时性、信息

---

① 郭庆光.传播学概论[M].北京:中国人民大学出版社,2011:119.

传播渠道的多样性、信息传播的海量性、传播方式的灵活性等特征。

第二节　新媒体的构成要素及类型

一、新媒体的构成要素

不管人们如何定义新媒体,有一点是确定的,那就是相对于旧的媒介形态,新媒介形态是不断变化和延展的,在现阶段其核心是数字式信息符号传播技术的实现。一般而言,新媒体包含以下要素。

(1)新媒体建立在数字技术和网络技术的基础上。新媒体主要是以计算机信息处理技术为基础,以互联网、卫星网络、移动通信等作为运作平台的媒体形态,它包括使用有线与无线通道的传送方式,比如互联网、手机媒体、移动电视、电子报纸等。如果说传统媒体是工业社会的产物,那么新媒体就是信息社会的产物。

(2)新媒体在信息的呈现方式上是多媒体。新媒体的信息往往以声音、文字、图形、影像等复合形式呈现,具有很高的科技含量,可以进行跨媒体、跨时空的信息传播,还具有传统媒体无法比拟的互动性等特征。

(3)新媒体在技术、运营、产品、服务等商业模式上具有创新性。新媒体不仅是技术平台,也是媒体机构。与传统媒体相比,变化的不仅仅是新媒体技术的运用,更有商业模式的创新。

(4)新媒体的边界不断变化呈现出媒介融合的趋势。新媒体种类很多,包括次第出现的网络媒体、有线数字媒体、无线数字媒体、卫星数字媒体、无线移动媒体等。其典型特征是在数字化基础上各种媒介形态的融合和创新,如手机电视、网络电视等,通常具有互动性。新媒体的边界处在不断变化的过程中,很多称谓相互重叠,包括网络媒体:门户网站、论坛、博客、网络游戏;数字媒体:数字广播、数字电视、宽带电视、互动电视、视频点播(VOD)、网络电视(IPTV);无线移动媒体:手机短信、手机电视、手机在线游戏等。新媒体与传统媒体不是截然分开的,传统媒体可以借助新的数字技术转变成新媒体,比如传统的报纸、广播、电视可以升级为数字报纸、数字广播和数字电视。

二、新媒体的类型

(一)互联网媒体

互联网媒体,以计算机互联网为基本传播载体的媒体形式,因为互联网媒体建构在互联网这类新技术产品之上,和传统媒体比较而言,所具有的传播方式更加新颖,更加值得讨论研究。

从目前的互联网媒体形态来看,主要表现形式有博客、社交网络(虚拟社区)、即时通信(Instant Messenger,IM)和微博四种。

(二)电视新媒体

电视虽然是上一个世纪的产物,但是随着技术的进步,电视在新媒体时代也有着不同的使命和全新的发展。当前主要的电视新媒体有交互网络电视和移动电视。交互网络电视又称 IPTV (Internet Protocol Television),一般是指通过互联网络,特别是宽带互联网络传播视频节目的服务形式。移动电视,狭义上是指在公共汽车等可移动物体内通过电视终端移动地收看电视节目的一种技术或应用;广义上是指以一切可以以移动的方式收看电视节目的技术或应用。

（三）手机媒体

所谓手机媒体，是指以手机为视听终端、手机上网为平台的个性化信息传播载体，它是以分众为传播目标，以定向为传播效果，以互动为传播应用的大众传播媒介，被公认为是继报刊、广播、电视、互联网之后的"第五媒体"。手机媒体的基本特征是数字化，最大的优势是携带和使用方便。

第三节　新媒体的发展现状与未来趋势

一、新媒体的发展现状

（一）新媒体发展速度快、规模大

1. 新媒体用户越来越多

2019 年 4 月，中国互联网络信息中心（CNNIC）发布了《第 43 次中国互联网络发展状况统计报告》（以下简称《报告》）。报告显示，截至 2018 年 12 月，我国网民规模达 8.29 亿，普及率达 59.6％，较 2017 年底提升 3.8 个百分点，全年新增网民 5653 万（图 1-1）。我国手机网民规模达 8.17 亿，网民通过手机接入互联网的比例高达 98.6％，较 2017 年底提升 1.1 个百分点；网民使用电视上网的比例达 31.1％，较 2017 年底提升 2.9 个百分点；使用台式电脑上网的比例为 48.0％，较 2017 年底下降 5 个百分点（图 1-2）。手机作为第一大上网终端设备的地位更加巩固。同时网民在手机电子商务类、休闲娱乐类、信息获取类、交流沟通类等应用的使用率都快速增长，移动互联网带动整体互联网各类应用发展。

单位：万人

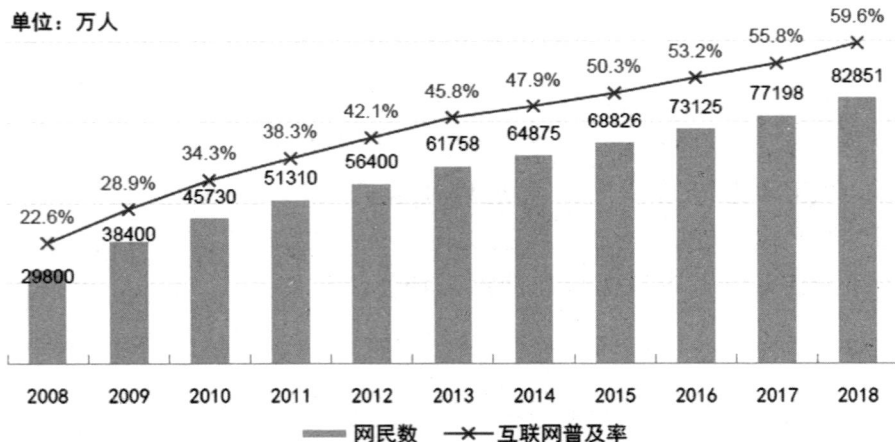

图 1-1 网民规模和互联网普及率

来源：CNNIC 中国互联网络发展状况统计调查。

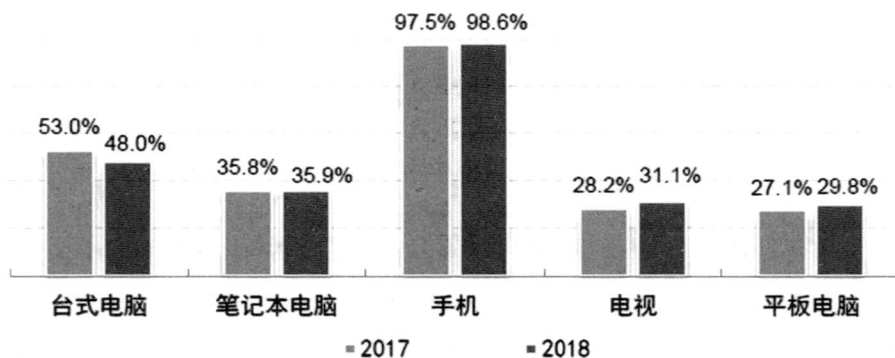

图 1-2 互联网络接入设备使用情况

来源：CNNIC 中国互联网络发展状况统计调查。

《报告》显示,2018 年,互联网覆盖范围进一步扩大,贫困地区网络基础设施"最后一公里"逐步打通,"数字鸿沟"加快弥合;移动流量资费大幅下降,跨省"漫游"成为历史,居民入网门槛进一步降低,信息交流效率得到提升。

互联网发展从"广"到"深",网民生活全面"网络化"。网络应用对大众生活的改变从点到面,互联网对网民生活全方位渗透程度进一步增加。2018年,中国网民的人均周上网时长达27.6小时,相比2017年底提高了0.6个小时(图1-3)。除了传统的消费、娱乐以外,移动金融、移动医疗等新兴领域移动应用多方向满足用户上网需求,推动网民生活的进一步"网络化"。

单位:小时

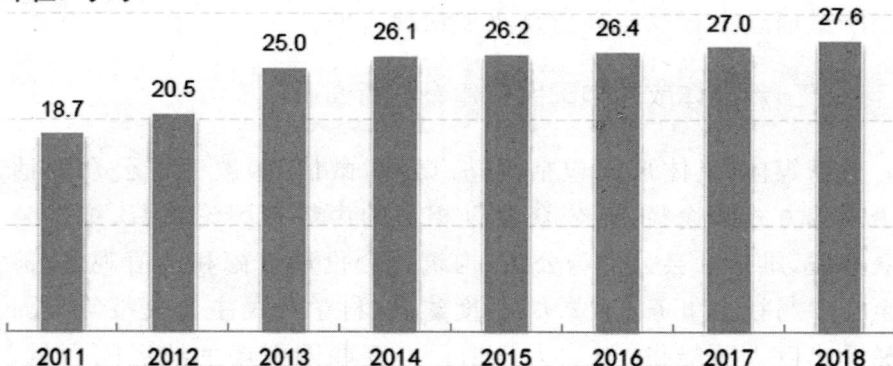

图1-3　网民平均每周上网时长

来源:CNNIC中国互联网络发展状况统计调查。

2.新媒体技术更加成熟

计算机成为新媒体传播的中心环节,互联网成为基本载体,移动互联网普及,各种新媒体传播的硬件技术和支持条件已经成熟。我国在通信领域方面的发展,技术上不但与国际发展水平相当,甚至有几十项技术能够领先于一些发达国家。

3.新媒体终端相当普及

《报告》显示,截至2018年12月,网民使用手机上网的比例达98.6%,使用台式电脑、笔记本电脑上网的比例分别为48.0%和35.9%,使用电视上网的比例为31.1%。当前,手机、计算机显示器、移动电视等新媒体终端已经相当普及。这不是政府规划的结果,是在市场发展过程中自动形成的,代表了新媒体不可阻拦的历史趋势与越来越宽阔的发展空间。

4. 新媒体传播的内容日益丰富

新媒体内容生产领域越来越开阔,新媒体内容生产软件越来越多。传播内容极其丰富,伴随着搜索引擎技术不断更新换代,文字、音频、图片、播客、微博等搜索功能的不断创新和扩充,公众在海量信息中获取所需信息更加快捷方便。

(二)新媒体成为中国民主建设的新通道

新媒体(具体形式包括网站、微博、微信等)改变了公众的话语表达方式和途径,使公众能以相当的声势在舆论监督、维护公众利益、维护社会公平与公正、构筑社会伦理道德和价值观念,甚至在参与社会事务,在立法、制度建设、科学和民主化决策等方面显示出巨大的能量,影响力日增。由互联网引爆的纯民间力量,无论在规模还是速度上,都前所未有。

(三)中国新媒体发展走在世界前列

在新媒体的发展进程中,中国与美国、日本等强国处在同等的起跑线上,我们开始从模仿、改造的阶段步入自主创新的阶段。

根据艾瑞 iUserTracker 数据显示,早在 2014 年 7 月,中国网络视频用户已达 5.12 亿,总浏览时长达 593 亿小时,创最高用户和时长纪录的同时,行业集中度继续提升;三网融合、云计算、新一代移动通信、Web 3.0 等领域都有了很大的进展,传统媒体的"新媒体化"进程加快,技术、网络、业务、内容和价值等多个层面的媒体融合已经进入实质阶段。

国家非常重视新媒体公共平台的建设,这是发展新媒体非常有利的因素,我国已经在新媒体方面采取了重要的措施,国家正在着力搭建新媒体建设的重要平台,组织实施重大工程推动广播、电视、出版、数字出版等新媒体平台的建设。

二、新媒体的未来趋势

(一)移动化与浅阅读

1.移动互联网时代凶猛来袭

新媒体的移动化一直在改变着人们的生活方式,并逐渐渗透到人们的娱乐休闲、消费模式中,给人们带来了一轮又一轮的全新体验。移动技术和互联网已经成为信息通信技术发展的主要驱动力。

（1）移动媒体应用

当前社会对生活空间分配的时间发生了变化,人们在工作单位停留的时间比过去长了,在户外流动和穿梭的时间也越来越长。都市生活的快节奏使移动日益成为都市人生活的典型特征。城市面积的扩张延长了上班族在通勤时所花费的时间,乘车、等候电梯等行为产生了一系列碎片时间,引发了人们对碎片时间处理的需求。候机大厅里、公交车上,随处可见人们正全神贯注地看着小小的手机屏幕。与这种移动生活形态相适应,一方面越来越多的各式移动媒体为信息的传播提供了更多的渠道,另一方面人们也改变了原有的信息接收习惯。

移动阅读指的是用手机或带有通信功能的电子阅读器等通信终端将阅读口袋化、移动化、个人化的行为。阅读内容可能包括报纸、杂志、博客微博、网络文学、图书等,或者是专门定制的手机报、手机杂志、动漫及各类互动资讯。当下我国移动阅读主要分为三个层次:第一,浅阅读,即利用无聊的碎片时间进行的阅读;第二,利用成块时间进行有方向的深度阅读,例如用亚马逊Kindle阅读器进行的阅读;第三,个人出版,在移动互联网并不发达的过去,90%的书稿无法出版,但现在的手机阅读平台就可以将人们的阅读需求和创作需求嫁接,发表的技术门槛降低,开掘了点对点的出版机会。

随着信息技术的发展,移动社交网络成为主流。在网络时代,人们的交流几乎不受空间的限制。人与人之间的交流不需要考虑空间距离以及周围有什么人,只需要通过移动媒介就可轻易实现远距离沟通。由此来说,移动式阅读、微博、微信等社交媒体与手机移动终端的捆绑都必然会促使社交功能的进一步拓展。

新技术是媒体产生变革最直接的推动力,科学技术上的突破往往引发媒体的革命,比如造纸术和印刷术的发明。近年来移动网络的飞速发展为数字媒体移动化提供了直接的推动力。

(2)新媒体移动化存在的问题

第一,内容问题。在信息内容数量爆炸的今天,如果想要被人注意到,那么依然要以内容作为竞争力。目前,虽然新媒体数量日益增长,但假如一味地求多求快,就会导致信息内容质量得不到保障,长此以往势必会失去很大一部分竞争力。这种不良情况蔓延成灾,是目前新媒体移动化所存在的普遍化问题。

第二,技术问题。技术问题依然存在于移动媒体上,诸如网络传输速率慢、电池寿命短、终端小型化等问题,以及相关技术标准的制定问题,还需与内容服务商进一步协调发展。

第三,资本问题。目前资本投入更倾向于面向硬件,比如终端和线路。相对而言对软件的投入就没有硬件的多,对于服务的投入更少。

2.浅阅读时代到来

(1)浅阅读是时代的需求

浅阅读指的是阅读只需要较少的思考,采取跳跃式的阅读方法。浅阅读追求的是短暂的视觉快感和心理愉悦。浅阅读是一种以快餐式的图像、短信、帖子,或者是包装过的对名著的读图、缩读、速读为阅读对象的浅层次阅读形式,整个过程简单轻松,以娱乐为旨归。简单、直接、感性,瞬间能得到愉悦与满足,是浅阅读文化的显要元素。浅阅读往往从第一印象开始,形式就是内容,并通过形式放大内容,它标志着网民可读—易读—悦读的趋势日益明显。

浅阅读给人们生活带来了极大的影响:日益工业化生产的媒体阅读比书本阅读更容易被人接受;媒介批评正在替代传统批评影响人们的意志;人们关心的重点更多的是事件、人物的冲突和戏剧化的娱乐效果,新闻背后的真相反而并没有多少人关心。浅读物的生产方式日益模式化、批量化、标准化、通用化,它的商品属性正在逐步居于精神属性之上。浅阅读及其衍生的"读图时代""动漫时代"都是文化工业时代的一种必然结果。以"短、平、快"定位的三俗作品更具吸引力,浅阅读与经典阅读不断进行空间竞争,越来越有压倒性优势,娱乐化阅读成为主导。浅阅读受众范围日益扩大,身份多样。

(2)浅阅读的社会影响

在传统阅读遭遇消费文化日益衰落的今天,网络图片、快速翻阅、缩读略读等浅阅读行为成为阅读新风尚。浅阅读这种一味追求快速、海量和感官刺激传播效果的行为,虽然拉动了商业文化和消费文化,但它对于传统的深阅读是一种从内容到情感诉求的解构。

第一,从信息获取方面来说,在信息呈爆炸式发展的今天,现代人生活节奏加快,他们需要用最少的时间成本从海量的信息中选出自己需要的信息,以节省时间和精力。浅阅读这种碎片化阅读方式同现代人获取信息的方式相契合,是现代人的一种适应性选择。

第二,从内容生产方面来说,浅阅读的内容一般偏微小化,正因如此,这种阅读趋势也促进了"微内容"的生产需求,激发出一种全新有活力的文体。

第三,从受众方面来说,如果是以学习为出发点,那么可以采取浅阅读与深阅读结合的学习方式。浅阅读的快速高效可以直接切中某一知识点或对知识有一个提纲挈领的概括功能;深阅读则可以纵向延伸阅读者的知识体系,使其了解更加深入。总而言之,这两种阅读方式都是人们在学习过程中不可避免的两个必经阶段,它们可以交叉并存。

(二)个性化定制

随着新传播技术的不断出现,互联网新媒体正在飞速发展。2014年在浙江乌镇举行的首届世界互联网大会上,与会的部分业内人士认为,未来新媒体的个性化定制将成为大趋势,网络"比你更了解你自己"。

1.个性化定制的优势

(1)以个性来消解内容同质化的影响

"同质化"(Homogenization)最初是一个经济学概念,主要是指产品或服务竞争到最后阶段出现的产品趋同,消费者很难区分产品质量的差别。此概念被引入媒介传播领域,主要表现为传播内容的重叠和趋同。在信息极度过剩的时代,大量冗长无效的同质化信息导致受众注意力下降,也影响了媒介的传播效果。人们对这种大规模生产的同质化内容逐渐失去兴趣,开始尝试追求阅读与浏览个性化和差异化信息。而定制服务让受众真正能够阅读"我的版面""我的栏目",满足了受众对信息接收的个性化需求。在充斥大量碎片化信息的社会中,人对于信息的接收和容纳不可能面面俱到。作为接触和使用媒介的受众来说,越是能让他们偷懒、省心省时省力的应用就越能增强他们的好感。今日头条最明显的优势就是降低了用户的阅读成本,如选择成本、筛选成本、时间成本等,同时减轻了用户的阅读和选择困难。

(2)以细分化提高受众身份认同

个性是什么,定制是什么,其本质就是新媒体传播市场的细分化。本土化定制,能针对不同地域的人群,发展地方版。对不同层次、不同领域的受众进行量身定制,能进一步让养生、时尚、军事、地产等信息有效扩散到老年、妙龄女性、男性中产等群体中。情境化定制,例如,针对开车一族,可以随时提供路况信息;

针对逛街购物的人群,能够根据用户所处的地点,提供附近商场一些商品的打折促销资讯。"我的头条"不见得是你感兴趣的,"你的头条"也不见得就是我心目中的头条,今日头条所标榜的"我们要做的是定制专属你的产品"。这样的理念和实践极大地满足了受众的自我认同感,让受众自发地产生一种"资讯是为我而生"、"我爱的资讯我做主"的感觉,使受众更加具有参与传播的主体意识。借由这种方式,受众也能够更深层次地参与到内容生产中去,最终促使媒介主导型框架向用户主导型框架转变。

（3）以消费黏性增强信息接收效用

对于受众而言,信息获取需求受到自身习惯、文化水平和知识要求因素的影响,受众对信息的需求和选择是基于自身背景进行社会选择的结果。需求的不同使得不同类型的新闻都有各自忠实的读者。在这样的情况下,定制化信息可以使受众无需为阅读某类资讯而购买大量无用信息,在某种程度上提高了受众的媒介阅读忠诚度,使受众满足于按照自我偏好和需求组合的"我的头条",达到自我接收到的新闻信息都能为我所用的目的,实现信息利用价值的最大化。

2. 个性化定制的弊端

尽管定制化内容能够满足受众的多样化需求,受到受众的喜爱,但在其发展的过程中,一些不可避免的弊端和陷阱也不断显露出来。我们应该从以下三个方面反思定制化内容。

（1）资讯数量与质量不成正比

只做内容聚合的公司没有自己的采编人员,因此不进行传播内容的采写摄,其传播内容以其他媒体的新闻报道为基础聚合而成,这就造成了内容碎片化现象十分严重。除此以外,它们利用科技手段将资讯推荐给用户,但是在发送资讯之前并不进行人工筛选,这使传播内容的质量得不到充分保障。当受众得知其获取的信息归根结底是来源于其他媒体时,就会下意识降低好感度。

（2）点开并不代表真的喜欢

个性化定制的最终目的是将有价值的内容传递给受众,并唤醒受众。在一项基于荷兰媒体与受众的调查中显示,个性化定制的新闻会使受众视野首先过多关注不良信息。由此我们需要思考的问题是,今日头条以受众浏览过的信息为基准进行新闻推荐的模式是否真正可行,受众点开新闻是否代表真的喜欢这条新闻并想继续浏览类似的新闻。一个人的消费行为并不一定真正代表着喜欢,往往是偶然或者惯性等多种因素影响的综合结果。无论是机器还是数据都不具备复杂的、人性化的识别能力,而是倾向于强化分析所带来的结果,并以此为依据源源不断地向同一用户推荐同样的产品。在受众阅读了某个明星的娱乐新闻后,今日头条会用该明星的其他相关信息或其他明星的各种娱乐新闻占领受众的页面,这往往会激起受众的反感,让受众产生"我并不喜欢这个啊,为什么推荐给我"的想法,其中隐含的意思就是"难道我的品位就是这样的吗?",这样机械化的强行兴趣塑造也会在很大程度上让受众产生反感情绪。

(3)旧的同质化与新的同质化

手机新闻客户端和新闻定制服务最大的目的就是为了和其他同类媒体相区别,吸引那些有个性的用户。但是随着近年来信息科学技术的持续发展,新闻客户端在技术上的差距已经变得很小,同时各大新闻客户端也都开始重视个性化新闻的发展,朝个性化推送努力。向用户推荐某类信息或者诱导用户订阅某类信息已经成为各大新闻客户端的"标配"。再加之不同客户端之间新闻主题、频道内容和关键词的高度重合性,使得推送信息再次呈现同质化发展趋势。甚至出现伪定制化,新闻客户端不是以受众作为第一位而是将个性化推荐作为争抢受众的噱头。

简而言之,虽然新媒体的个性化定制会面临诸多问题,但新媒体的个性化趋势具有强大的生命力,并将随着新媒体发展而日趋凸显。

(三)宽带化

网络电视、手机电视、移动电视等新媒体不断涌现,为宽带服务的发展提供了全新传播渠道,也推进了宽带服务的进一步发展。由此可见,数字新媒体的发展与宽带化是互相促进的。一方面,新媒体的出现为各种宽带服务的发展提供了新的突破空间;另一方面,各种优化宽带行业标准的颁布,也必将推进网络电视、手机电视、移动电视等新媒体的进一步发展。

1. 推动数字新媒体宽带化的因素

(1)网络新技术保证了数字新媒体的宽带化

当前宽带网络技术主要包括四个方面的内容:第一,流媒体技术,它是实现信息内容安全、稳定传送的一个重要保证;第二,光纤技术,它保证了大容量信息可以快速传输;第三,无线技术,它可以保证人们能够不限时间、不限地点接入宽带网络;第四,互联网技术,包括互联网的协议、标准等,互联网技术的发展丰富了信息资源和服务。

信息传播的数字化正在高速发展,各种网络在传输技术上都以数据传输为主流,其中多媒体、流媒体已经成为广泛使用的常规形式。网络传输技术的进步可以为在不同的网络中实现各种业务的交叉应用提供技术基础。另外,在不同网络中提供开放的服务体系,可以更好地支持第三方服务提供商,为人们提供更多有特色、个性化的内容服务。

(2)媒体融合推进了数字新媒体的宽带化

媒体融合推进了媒体模式的创新,也推动了新媒体宽带化的进程。当前信息传播越来越多元化,网络传输向着宽带化迈进,网络功能也越来越趋同。这些事物带来的服务融合正在深刻影响传统的语音、数据和图像这三大基本业务的行业界限。这些事物在业务上的相互交叉与整合,也必将为社会经济信息化、网络化、数字化提供基于 IP 技术和融合能力的多平台、多服务、多种类的数字新媒体传播模式。这些由于信息传播网络和接收发送载体进步而产生的新的媒体模式的主要互动特征是:一对多、多对多、多对一、一对一等多元形式的混合。

（3）市场需求推动了数字新媒体的宽带化

新媒体受市场发展与需求的推动一直在向宽带化发展，媒体传播模式也在不断创新，一步步在创造和推动着市场需求。第一，对于承担主流传媒职能的广播电视而言，以前那种传统的观众被动接受信息的方式，正被多元化的主动需求、个性需求、互动需求所影响，同时数字新媒体的宽带化又为满足这些需求提供了很好的解决方案。第二，电信运营商迫切需要在服务模式、增长方式上有新的突破。目前，涉及三网（电信网、计算机网、有线电视网）交叉或融合的新媒体服务有网络电视、手机电视、多媒体短信、网络电话等，这些都是业界认为并被证明可创造巨额财富与价值的新型媒体。如果在这些新媒体业务上努力进行开发，将会持续引发业界的竞争和变革，推进宽带化的发展。

2.新媒体宽带化存在的问题

数字新媒体的宽带化发展趋势日益凸显，但数字新媒体的宽带化进程无疑也存在各种问题。

（1）价格问题

价格决定了进入宽带网的门槛高低。高昂的价格会影响宽带网的普及速度，这会相应减缓新媒体的宽带化进程。

（2）运营模式

新媒体不单是发展硬件就可以，只有和新模式结合起来才能实现健康的发展。目前，大多新媒体服务在运营方式方面还处于探索阶段，暂时还没有运营商能够有独自完成整个产业链开发经营的优势。因此，新媒体服务的发展离不开多元化的合作和运营体系开放规则的创新，而这些都需要与适合新媒体服务特点的市场营销模式相伴随。

（3）内容监管

在新媒体服务迅速发展的同时，对于服务内容是否健康的监管问题在制约着其发展。网络应用总在朝着越来越个性化的用户主导服务发展，因此，对于用户的网络使用行为和用户自主在网络上创造内容这些行为而言,必须对其进行合理有效的监管,网络应用才能真正实现可持续发展。

(4)技术问题

目前的宽带技术还无法满足一些新应用的需求。第一,宽带网络需要具备超强的健康运行能力和自组织自适应能力,才可以适应数量越来越多、功能越来越强的具有超强移动性和时变性的海量媒体数据的传播。第二,宽带网络要能够对网络资源进行调度与控制,使得各种原有的服务都能在同一网络上提供,只有这样才能适应新内容和新服务不断增加的情况。除此之外,网络资源控制必须拥有自我升级的能力,才能适应应用服务的发展。第三,移动宽带网络的解决方案需要有效满足新媒体应用,这样才能保证移动媒体用户具有双向有效的高带宽。

事物的发展趋势都是前进而曲折的,相信随着新媒体的进一步发展与应用,上述各种宽带化进程中的问题与屏障都会慢慢解决。

第四节　新媒体与社会的发展

一、新媒体对大众生活方式的改变

(一)新媒体与教育

互联网的各项功能和作用最初很大程度上就体现在教育方面。互联网对远程终端的访问功能为全世界不同地区教育科研机构进行信息沟通交流,提供了极大的便利。事实上,网络以及新媒体的迅速发展为教育科研的发展提供了巨大的推动,而教育科研的发展又促进了网络新媒体的进步。

互联网的发展使得远程教育成为可能,各种远程教育方式打破了以往面对面授课的地域限制,使人们可以最大限度地突破时间和空间的局限,共享教育资源。同时,人们通过电子邮件、各种社交工具与专业人员交流,也能够极大满足不同的求知欲望。在知识共享的同时,创造性学习被提上日程。学习者不能仅仅满足于获得一些固化的知识,还必须用创新性思维与网络接轨,为网络贡献自己的智慧,多种手段及方式交汇的混合式教育日益受到欢迎。

但是,网络及新媒体时代带给教育的影响具有两面性。早在20世纪70年代,美国学者蒂奇诺等人就提出了"知沟"①理论的假说。当然,"知沟""信息沟"以及"数字鸿沟"等问题的提出,提示我们在网络和新媒体时代,在各种信息资源高度丰富、高级共享的条件下,由传播技能、知识储存量、社交范围、信息选择等差异所带来的信息不对等、信息资源占有不均衡的问题,有可能进一步拉大人们之间信息流的不对称。

(二)新媒体与伦理

1.个人隐私

个人隐私又称个人私隐,指公民个人生活中不愿为社会公开或他人知悉的个人信息。在现代社会中,个人隐私是个人权益中非常重要的部分,并得到道德及法律法规等各种社会规范的保障。隐私权是自然人享有的对其个人的、不涉及公共利益的个人信息、私人活动和私有领域进行支配的一种人格权。

个人隐私包括个人身份信息,如姓名、性别、出生日期、住址、电话号码、银行账号、密码、QQ 号、微信号等;个人生活信息,如生理数据、身体状况、职业、职务、爱好、经历等;个人社会关系信息,如家庭、亲属、朋友、同乡、同事等。

在网络及新媒体条件下,在有信息社会之称的现代社会中,

---

① 郭庆光.传播学教程[M].北京:中国人民大学出版社,1999:230.

我们不仅能够高度共享各类公共知识和公共信息,也很容易接触和了解到个人的各类隐私信息。一方面,这是各类信息高度重合、高度共享的自然结果;另一方面,这也是部分机构及个人恶意利用网络的便利,为获取非法利益,故意收集、窃取、盗用及散播他人隐私的结果。我们有必要建立和完善各种切实有效的法律和行政措施,建立健康的网络空间,使每个社会成员都能够在个人隐私得到切实保护的基础上,充分享受信息社会的便利,共享新媒体带给社会生活的全新变化。

2. 人肉搜索

人肉搜索是网络社会建设和发展过程中非常特殊的一种社会现象,是网络社会里有关个人隐私问题的典型事例。人肉搜索简称人搜,区别于机器搜索(简称为"机搜"),是一种以互联网为媒介,主要通过人工方式对搜索引擎所提供的信息逐个辨别真伪,部分还通过匿名知情人提供数据的方式搜集信息,以查找人物或者事件内情的群众运动。

人肉搜索是伴随一系列网络爆红现象而出现的。据了解,人肉搜索最知名的是"猫扑网",是接近"百度知道"一类的提问回答网站。在"猫扑网"上,一人提问八方回应,通过网络社区汇集广大网民的力量,追查某些事情或人物的真相与隐私,并把这些细节曝光。人肉搜索确实为揭露事实真相、揭发丑恶现象,甚至为反腐廉政、维护社会正义提供了实际帮助,但也产生了因对普通公民个人隐私的挖掘散播,造成无辜个人身心受到极大伤害的现象。人肉搜索的两面性引发了社会的广泛争议,人们在认可其积极作用的同时,也希望能够通过一系列社会管理手段对其加以约束,这样既能继续发挥其积极作用,避免将其"棍子打死",也能防止对普通公民个人权益造成损害。

3. 网络匿名性与信息失真

在网络建设的初期,人们大多关注信息的充分共享,即信息传播如何突破现实社会的既有约束,人们接触网络的第一感受往往是全新身份的轻松和自由,正如当初流行的一句话"在网上没有人知道你是一条狗"。

这种网络空间的个人角色新定位往往使信息发布者摆脱现实身份的约束,获得新的感受,也使得网络文化更容易带有消解权威、消解传统规范的鲜明特色。但是网络空间个人身份的匿名性客观上也造成虚假及不良信息泛滥的状况。这些信息的失真现象,一部分来自于信息发布者自身的局限性,如主观臆测、片面夸大、情绪化等;另一部分来自于信息发布者主观的恶意性,如故意曲解事实、无中生有、哗众取宠等。严重的时候,会给人以网上谣言满天飞、网络言论粗暴低俗、网络观点偏激无下限等负面印象。

当前,我国正在努力推进落实"网络实名制",这一举措很大程度上是针对这些不良现象,但是只靠实名制难以完全解决网络信息失真的问题。实际上,在现实生活中个人社会身份高度明确清晰,社会行为规范完整严格,但往往还会出现流言盛行、真相不明、道德不倡的状况。因此,要解决网络空间信息失真现象,需要综合性的措施,不能简单片面地进行处理。

4.网络知识产权

由于网络建设的初衷是全人类信息的充分共享,共享一直是网络精神的主要内涵之一。人们在网络空间自由使用各类信息,觉得理所应当,这客观上也确实促进了网络的发展、社会的进步、知识的普及和文化的沟通。但是,信息的免费共享同现实生活中保护各种知识产权的法律及精神是矛盾的,尤其随着网络及新媒体的迅速发展,网络建设也从普及初创阶段进入规范完善阶段,各种新媒体艺术作品的创作、电子商务活动中对版权及商标专利权益的保护,客观上也是网络及新媒体发展的现实需要。

相关法律法规体系应该得到切实完善,从而有效保护网络空间的各种知识产权,打击违法犯罪行为。同时,也应尽早形成尊重知识产权、合理付费使用信息的良好行为习惯，创造更有创新性、更有生长活力的网络新媒体世界。

（三）新媒体与文化

当今社会是经济全球化和信息多元化的社会，传统大众传播日益趋向分众传播，受众从传统媒体简单覆盖的对象成为各类新媒体争夺的对象。媒体资源的整合与竞争是信息化时代的必然趋势，不同媒体之间的合作与竞争进行排列、组合将是媒体市场及其信息传播形式多元化和多样化的根本所在。新媒体必须适应消费者的个性化需求，实际上反射出的是受众权利的一种提升。

现代社会本质上是一个以市场原则为导向的经济发展、物质丰富的世界，同时，人们的精神需求和文化需求很大程度上也是通过市场机制满足的。新媒体便捷的多媒体终端或移动终端使消费文化符号刺激现实世界，它还使出浑身解数，竭力讨好和刺激大众的"虚假需求"和"炫耀性"消费。新媒体能够使消费者以"廉价"的支出成本，去热爱原本有"品位"和"格调"的商品，从而形成大众文化消费的繁荣。也可以说，这种新媒体时代的大众消费文化是一种符号文化，一种复制文化，亦是一种赝品文化。

二、新媒体对经济的影响

新媒体对经济的影响主要体现在现代企业和新媒体产业发展上。

（1）通过计算机网络建立起电子商务的体系结构，形成独立高效的信息传播渠道，在市场营销中架设出一条从商品生产者直通消费者的信息高速桥梁，这使得传统市场销售结构发生巨大变化。以淘宝及京东为代表的电子商务公司就是大家熟悉的典型代表，它们一方面颠覆了传统的商业体系，另一方面又极大地促进了社会消费，带动了社会经济的巨大发展。

（2）积极运用各种新媒体手段开展品牌塑造及市场营销行为,是新媒体带给经济的另一个巨大变化。传统条件下,商品生产者主要依靠大众传媒进行广告宣传、营造品牌形象,这种方式成本高、效率有限。新媒体时代厂家纷纷开设网页、官方微博、企业微信公众号等,利用大数据手段,对潜在客户进行精准营销。这种趋势不仅极大地改变了传统市场营销模式,也极大地提高了企业营销的效率。

（3）在购买支付行为方面,新媒体也给社会带来了巨大的变化。基于电子金融手段和商务网络终端技术的逐步完善,电子支付成为人们生活中更加方便的方式。生活中广泛应用的支付宝及微信支付,就是这种方式的典型代表。

总之,作为一种传播介质与传播手段,新媒体对新媒体产业本身及相关信息产业带来了巨大的经济效益。

三、新媒体对政治意识形态的作用

随着新媒体的广泛应用,信息传播渠道更加宽畅、手段更加多元化,公众接收信息变得更加畅通、快捷,从而加速了社会信息平权意识的建立和加强。所谓平权,是权力平等的意思,广泛用于争取民族平等、性别平等、社会阶层平等等社会斗争运动中。新媒体打破了传统大众传媒时代信息传播的不平等现象,赋予普通的信息接收者更重要的地位,使其不仅能够对信息发布者进行有效反馈,还能够成为信息发布者,这是信息平权的典型体现。信息平权是实现政治文明和社会文明的重要内容之一,也是实现人民民主、自由权利的一个重要方面。新媒体的发展使政府通过网络等数字新媒体实现公共信息公开与透明,使公民接触更多政府政务信息成为可能。政府政务信息和公共信息的公开既是政府"以民为本"的重要职责,也是各级政府网站的主要工作任务之一。

新媒体的社会环境监测功能与社会协调作用,对国家政治、意识形态发挥出越来越重大的影响。由于新媒体打破了传统媒体对大众传播渠道的垄断,其对于民意的汇集和反映具有前所未有的敏捷性,尤其是进入自媒体和大数据阶段后,这种对社会意见及民众声音的汇集反映,往往会变得更加迅速、尖锐。对于社会治理和社会管理来说,这种状况具有比较显著的二重性。政府需要加强对新媒体使用的重视,努力使新媒体对现实政治发挥正面影响力。

综观国内外各种事件,新媒体对政治的影响力正在不断增强,包括国外的竞选活动、立法行为、政治斗争等,都广泛利用了网络及手机媒体等各种手段。在国内,一方面,政府通过主动搭建公共信息平台来了解百姓对一些重大事件的看法、意见;另一方面,政府也通过新媒体进行政府思想的宣传。目前,党政机关普遍开设的官方微博、微信,也是着眼于新媒体的社会功能,努力使新媒体在促进政治治理行为公开、透明、有序的发展过程中发挥积极作用。

毋庸置疑,新媒体正以不可逆转的方式影响着党和政府的执政方式与执政理念,对党和政府的意识形态管理工作不断形成新的挑战。党和政府部门如何面对"网络政治""网络民主""网络舆论""网络民意",尤其在重大事件发生时如何有效利用新媒体手段快速反应和正确解决问题,已成为评价执政水平的一项指标。

第二章　新媒体的核心理念与传播特性

技术的进步促进了媒体与传播的革命性变化，以往因媒体差异带来的传播方式区分在网络新媒体时代失去了意义。网络与新媒体完全融合了语言、文字、印刷、出版、电影、广播、电视等媒体，构建成了一种融合的传播形态。信息传播的模式也随之发生了相应的改变。

作为对现代社会影响广泛的媒体，其发展变化的动因，表面上看是出于技术的进步，但从社会整体发展的角度看，网络新媒体的传播发展绝非简单的技术问题，需要综合考虑社会系统中很多因素，考量它在传播、营销、文化、社会等领域中所激发的意义与影响。

第一节　新媒体的核心理念：以受众为导向

在新媒体新闻的传播过程中，传播者与受众不再有明显的界限区分，他们既共同担当着传播者的角色，又共同分享受众的角色。新媒体新闻传播过程中，所有人都可以成为传播的主体，也可以说，每个人都获得了进行大众传播的权力和机会，任何人都可以在新媒体传播平台上发布信息、发表看法、进行对等交流，同时通过与其他参与者的互动发出自己的声音，这无疑使得新闻传播的民主性和原创性空前增强。就传统意义上的受众来说，受众不再单方面地接受媒体提供的信息，而是完全掌控了信息的选择权，可以根据个人需要选择、接收信息，并且可以随时自由地提出自己对事件的看法,受众与传播者的角色就此可以实现瞬间互换,受众的主动参与性也得到了空前增强。

一、强化议程设置

议程设置理论认为,媒介可以通过其报道为公众设置议程,被媒体强调的事件容易吸引公众的注意,被媒体所忽略的事件也容易被公众忽略。从实际情况来看,传统媒体的传播过程大多是这样的"议程设置"过程,信息通过"把关人"的严格把关再传播出来,"把关人"占据了极其重要的地位,他们规定了传媒议题的设置、信息的选择和发布,在很大程度上决定了受众的行为走向。

与传统传播方式相比,新媒体具有交互式和超时空的特点,同时新媒体的传播形式不再是传统媒体的"一点对多点"式传播,而是更进一步发展成为"多点对多点"式传播,由信息主体一元化变为信息主体多元化,由新闻传播者"把关人"的"议程设置"变为传者直接传播信息"本真"面目。

议程设置同样适用于新媒体,而且由于新媒体全方位、互动性的特点还得到了加强。并且,新媒体在报道重大突发性事件中,凸显出了比传统媒体更具优势的议程设置。通过媒体从业者的"参众"身份,新媒体实现了对传统媒体的议程设置,传统媒体对于事件的深度挖掘使得议题得到进一步发展,为新媒体提供了新的议题设置方向。这种新旧媒体之间的议题设置互动,加强了他们为公众设置议程的功能。

二、多元传播主体

新媒体新闻的出现和逐渐普及,更新了新闻传播者和接受者之间的主导及接受关系,也逐渐打破了新闻传播者的价值中心论,使得新闻传播过程突破了"双向传播"模式,向着"多极传播"发展。

新媒体新闻的传者不再局限于专业的新闻工作者,而是扩展到利用网络发布信息的每个人。新闻的即时性和时效性要求使得传者身份多元化趋势成为必然。举例来说,社会中发生突发事件的时候,最近的居民会最先作出反应,将事件的最新发展情况拍摄下来上传到网络分享。

"沉默的螺旋"理论认为,传统媒体传达着一种代表整个社会价值观的新闻,其读者群体在大众媒体面前无法选择,在"公众舆论"的压力下只能选择趋同。但是在新媒体新闻传播中,新闻发布的主体多元化,价值观不再是同一个声音,人们可以根据自身的意见发表看法,意见相同的群体可以自由地结成一派,以此来共同对抗主流价值群体。在这种环境下,单个网民会自发寻找自己所从属的"意见环境",由新媒体而聚合在一起的各个群体内的观念代表着这些群体的价值取向。因此,小群体之内的"趋同"行为更为重要,整个社会环境的压力使小群体更加坚持自己的标识和思想。摆脱了社会压力,人们更倾向于向不同的方向发展,这种趋势促进了社会价值观的逐步多元化。

三、以受众为导向

受众指传播活动的对象或受传者。在大众传播过程中的受众即受传者或阅听者,具体可以包括报刊书籍的读者、广播的听众和电视电影的观众等。由于新媒体改变了传统媒体的传播模式,受众不再单纯是信息的接收者,也不再是传播行为的终结者,传统的受众观念也必然发生改变。新媒体的受众主体定位、新媒体与受众的关系、受众细分对新媒体的影响等都是新媒体在技术不断发展过程中所面临的新问题。换个方式表达,即制约新媒体继续发展的主要因素是技术,但更是准确在媒体市场上找准定位的独到眼光与视角,只有这样才能在新媒体领域占据一席之地。

(一)新媒体受众的群体特征

从 1996 年到现在,网络新媒体受众的主体逐渐由精英扩展到了平民,接受服务时也更加主动化,受众越来越愿意分享、评论,而接受服务的需求从最初新闻信息占主导演变成对娱乐与商业的依赖。尽管有这样一些改变,就总体而言,其特征仍可归纳为以下几点。

1.分众化

由于新媒体受众对信息的自主选择权越来越大,能够按照自己的意愿选择相关的信息,受众有日益分化的趋势。所谓受众不再是规模宏大的大众,而是分众和小众。实际上,新媒体产业上的每一链条、每一环节都聚集了不同的受众群,而聚集在不同环节的大量的受众是基于不同的兴趣爱好,聚集在同一环节的数量庞大的受众则是因为相同的兴趣爱好。

2.个性化

人类的天性中即有表达自身意愿与想法的冲动,而因为社会属性的不同,每个人对生活中发生的事件的看法也存在巨大的不同。在传统大众媒体时期,受众没有条件利用媒体进行个性化表达,成为"沉默的大多数"。但在新媒体时期,受众具备了发布传播信息的主动权,成为参与新媒体传播的重要一环。他们更喜欢表达自我的存在,能够对信息传播的过程和结果进行干预,这也是现代化传媒赋予信息时代受众的一项独特的权利。传播空间的扩大、传播主体的演变使新媒体受众在信息传播与接收中经常表现出风格迥异的独立态度、观点与认知。

3.匿名性

网络身份匿名化是互联网初创时期形成的一种习惯做法。互联网初创时期,人们面对全新的网络虚拟空间首要追求的是信息的自由流通、意见的自由表达。网络用户通常在发表意见时使用虚拟身份,有时甚至会使用好几个完全不相关联的虚拟身份,以此来发表各种看法。这为人们摆脱现实身份的约束,呈现自我

的另一面提供了帮助,也使得网络空间信息的自由流通客观上受
到保障。

不过随着信息技术的不断发展,网络虚拟世界和现实世界之间的联系越来越紧密,匿名性所导致的个人责任缺失、网络暴力频发等引起社会关注。国家现已推进网络实名制,以图加强网络新媒体的规范性,但这一工作需长期推进,才能见到实效。

4.分散性

虽然新媒体受众像传统媒体受众一样,也是遍布社会各阶层,但新媒体受众没有表现出足够的聚合性,也没有表现出传统媒体时期那样明显的阶层性。造成这种现象的主要原因是新媒体的传播形式更加趋向于个性化,在很大程度上分散了各个阶层与属性的受众。自媒体的兴起使很多受众埋头在朋友圈,忙碌于做世界,同时网络新媒体提供了个人意见自由表达的更多余地,也使得网络受众有更多的自我空间。

(二)新媒体受众的心理

1.认知心理

认识世界进而发展自己、完善自己是人类的一个基本需求,因此认知心理是新媒体受众接触媒介的心理基础。信息是每一个人的生活实践中所不可或缺的,如果只是通过小众的、集体的传播,人们根本无法掌握足够的信息和知识来保障正常的生活、生产。充分了解生活中的信息及知识,能够帮助人们更好地应对生活中的未知状况,及时将自己的行为调整到正确的方向。因此,获取信息、认知世界是新媒体受众心理的一个最基本特征。网络中汇集了大量的即时信息,人们可以随时选择浏览自己感兴趣的内容,并发表自身的看法,这在一定程度上凸显了他们自身的认知心理。

2.匿名心理

网络技术对受众的实名要求一般是对后台而言的,但在网络传播的前台,受众并不愿意透露自己的真实身份,而常用账号或代号代表自己。受众在新媒体终端前只表现为一个符号化的存在,其匿名的身份特点使人们抛开现实社会的种种禁锢和规范,扮演自己所期望的角色,且对自己的行为不必负任何的责任。受众在网络中发表各种意见,不需要一定使用真实的信息,可以采取匿名的形式自由地提出看法,这一模式使得传统媒体想回避的问题不断地被暴露在广大网友面前。在一种没有社会约束力的匿名状态下,人可能失去社会责任感和自我控制能力。

3.参与心理

人类是害怕孤独的动物,天然地渴望与他人交流、沟通。网络缩短了空间上的距离,甚至可以把地球各处的人们联系到一起。受众的参与心理一方面表现为喜欢利用网络和天南地北的家人、亲属、朋友聊天,在网络交谈过程中不断结识更多的志同道合的朋友,向他们倾诉生活中迷茫与苦闷的事情与烦恼,同时不用担心在现实生活中可能会遭受到的鄙视或者嘲笑;另一方面则表现为对公共事件、公共人物发表看法与评论,它代表着社会公众开始有了主人翁意识,它是人民当家做主意识的觉醒,依靠网络参与公共生活正说明了受众在心理上是一个休戚与共的整体。

4.娱乐/好奇心理

随着现代社会生活节奏加快,人们在日常生活中承受了较之以往更大的心理压力,减压、放松的需求愈发凸显。网络中各种轻松愉快的娱乐、游戏、影视资源、在线点播、各类消息等,从一个链接到另一个链接的背后是无数个新奇事物。受众通过微博、微信、APP 等了解当前世界中人们正在经历的各种新鲜事物,这样一来他们的娱乐和好奇心理就在一定程度上得到了满足。鉴于这一点,网络中消解、另类、反常、夸张、颠覆的言行,都有可能在网络中赢得较高的点击率,获得普遍的关注。

5.移情/代入心理

移情心理是指受众对自己能力无法实现的欲望或不存在的经历,通过对信息内容的角度置换,达到心理的满足。而代入就是指在小说或游戏中读者或玩家想象自己代替了小说或游戏之中的人物而产生的一种身临其境的感觉。这种心理在网络游戏中表现特别突出。

6.逃避/宣泄的心理

逃避心理其实是一种心理防御机制,属于消极式的防卫。网络新媒体吸引的群体大多是年龄在 35 岁以下的青年人,这个群体在现实生活中面临着严峻的社会竞争,心理上承受着巨大的生活和工作压力,但有时又不得不埋藏自己心底真实的想法。他们选择通过泡在网上以降低受到挫折时的痛苦感,严重的还会在心理失衡的情况下通过网络暴力来宣泄不满。

(三)网络集群行为

集群行为"是指那些在相对自发的、无组织的和不稳定的情况下,因为某种普遍的影响和鼓舞发生的行为"。在网络上发生的集群行为则称为网络集群行为。

网络集群行为极化现象表现为:公众总是从最为关心和敏感的社会公平角度出发,观点呈简单的"对与错"对立,凸显情绪化,相互争论极为激烈,缺少客观中立的声音。对于舆论事件的讨论与争论,人们更加倾向于在网络上完全释放自我,发表出自身真实的看法,而这一看法很可能与他在现实中所发表的看法是相离甚至是相悖的。有时人们甚至会偏离事件本身而进行相互攻击谩骂,形成网络暴力。

1.群体属性突出

个体加入感兴趣或者价值观相同的群体时,其作为个体的可辨别性被削弱,导致个体的自我约束力在一定程度上受制于群体意志。社区、微博、微信改变人们接触思想和信息的方式。为了迎合个体的兴趣而对搜索结果、建议等各种网络数据加以过滤,从而防止个体看到这些兴趣之外的数据。个性化和订制化工具的大面积使用存在风险,即它极易产生所谓的"回音室效应"或"协同过滤"。简单来说就是利用某些兴趣相投、有个人偏好的共同经验为用户推荐感兴趣的个人信息。换句话说,人们的阅读选择其实仍旧只是局限于他们感兴趣的范围之内,人们的倾听重点也仍旧只是局限于他们想听到的声音。此外,网络环境的匿名性提供了"去抑制"功能——在群体拟态环境中,个人会表现出非正常的行为倾向,做出在现实生活不敢或者隐忍的举动,例如发表一些有攻击性的言论等。

2.非理性化

当某个社会事件发生后,由于信息的不健全和公众对信息的甄别能力有限,群体的情绪会在网络讨论后被强烈刺激与迅速催化,形成有失偏颇的观点。相同的个人观点将会呈现出相互抱团的趋势,尤其是一些情绪化、带有极端倾向的观点会借助网络的快速传播特性,通过暗示、重复等方式不断传播并支配人群,借此不断增强本身,形成更为极端的言论。与此同时,当整个群体都不具备相关的生活经验之时,群体成员会更倾向于用感性的直觉去作出判断与评论,最终呈现在网络中的就是更加情绪化与非理性化的攻击甚至谩骂。

3.强烈的时限性

群体极化可以用网络用语"强势围观"来表示。群体极化现象发生发展快,寿命也短——急速形成后急速消解。伴随着事件的进程,狂热与非理性迅速传播,然后在事件结束后或者被另一重大事件覆盖后迅速消失。可以说,发生群体极化的一方,只对"事件进行中"负责,几乎没有后续讨论或矫正,表现出强烈的时间局限性。

(四)防止网络集群行为产生的对策

网络集群行为极化现象无论是对网民个体还是对国家社会,都有不小的危害,我们要把潜在的风险尽可能地消灭在出现之前。

1.提高受众信息的辨别度

使用从网络上获得的信息时,要看标题和正文靠前位置有没有说明信息来源。由于新媒体的信息浪潮形成于各种渠道,其中囊括了社会生活的各个阶层、各个人群,这些信息没有经过相关部门的筛选与过滤,因此其中包含许多消极言论和虚假信息。当前网络中各种垃圾信息、虚假信息、欺骗信息层出不穷,这就需要网络受众具备基本的辨别和判断能力,对所接受到的信息进行大体的判断。

2.提高受众独立思考的能力

新媒体强调以受众为中心,在传播过程中会想方设法吸引受众眼球,这就导致传播出现了过度感性化与情绪化倾向,如"标题党""炒作""低俗化"等现象。这种乱象首先当然是新媒体传播者方面的责任,但也与受众独立思考能力的不足、容易受信息影响有密切关系。如果受众在生活中个人独立思考能力强,在面对各种事件时自身有鲜明坚定的立场,那么网络新媒体的受众群会变得更加理性与温和。

3.提高受众的批判能力

网络新媒体时代,一方面传统媒体的权威被消解,各种自媒体和个人发布层出不穷；另一方面受众面对信息浪潮，不知道哪些是好的，哪些是真的。受众面对信息过载，要不就盲从盲信，要不就无所适从。对于各类新媒体平台上不真实或意见偏颇的链接，"一刻也不能丧失判断能力"，更不能把维基类网站作为消息来源或新闻背景。

4.控制负气回帖的冲动

在网络新媒体上传播信息、表达意见时随时随地提醒自己要遵守社会规范。

就算是发言不必使用真实的身份信息，网友也应该认识到自己要对所发表的看法与言论负责，不能只是出于宣泄的目的而发表极端或消极的言论，这样会恶化网络风气，并且不能从根本上解决问题。负气回帖甚至谩骂式表达，都会恶化传播气氛，损坏传播质量，导致网络空间的环境污染，最终损害每一位网民的自身权益。

理性表达既是每一位网民成熟的基本标志，也是一个网络社会成熟的体现。对于建设"网络强国"的宏伟目标而言，理性表达是极为重要而急迫的。

(五)"粉丝"现象

1."粉丝"溯源

"粉丝"是典型的网络语言，来源于英文 fans 的谐音，指狂热的大众文化爱好者和偶像崇拜者。从广义上讲，"粉丝"是指一部分对特定话题有较大兴趣的人；从狭义上讲，"粉丝"指对某些话题有很浓厚的兴趣且有深入了解的人；从根本上讲，"粉丝"是受众的一部分。"粉丝"的特别之处主要在于：一方面他们主动寻求与自己爱好相同或相近的信息，他们行为的目的性更强，即"选择性接收"的动机更为强烈；另一方面他们会积极地将自己获得的信息传播给他人,从而很容易成为信息的传播者①。

实际上,"粉丝"群体在大众传播初期就已经开始出现,但由于当时传播技术、传播手段等条件的限制,"粉丝"并没有形成一定的气候。"粉丝"最初被称为"追星族",当年通信环境较为闭塞,大众崇拜的人一般是统治阶级推崇的榜样,如政治家、军事家、学者、艺术家等,"向雷锋同志学习"长年不衰,就是一个例证。"粉丝"行为往往伴生"光环效应","光环效应"是指人们在疯狂追逐之时只看到明星光彩的一面而易忽略其背后的"阴影",把其看作是近乎完美的天使象征。从社会文化的角度看,人们对追星的狂热无非是将自己在现实中被压抑的欲望、梦想等转移到各行各业的公众人物身上,通过崇拜行为使内心获得一定的补偿或自我认同。

2.新媒体"粉丝"

网络新媒体的高速发展为"粉丝文化"提供了更加良好的条件。海量信息极大地丰富了"粉丝"获知信息的渠道,信息的双向沟通也使得"粉丝"变得更加活跃。网络新媒体时代的"粉丝文化"具有自己的独特之处:一方面,人们可以在网络中摇身一变成为大众面前的网络红人,提出对社会及生活事件的各种看法,在很短的时间之内聚集起一大批粉丝。尤其在论坛、微博、微信平台上,"粉丝文化"具有平民化的显著特点。另一方面,各种新媒体也推波助澜,将"粉丝文化"同宣传推广、市场营销联系起来,成为媒体运作的有效方式。如一些大型的栏目、频道以及企事业单位等以整体形式成为某一策划、节目、产品的"粉丝",并在此基础上进行模仿和创新出自己的产品,通过"造星"来获取自身利益,为整体赢得更多认可和"粉丝"关注。传统媒体与新媒体的融合共同打造了新的"粉丝热点",产生了独特的"粉丝经济"。微博

① 黄海靓,罗安元.网络"粉丝"文化社区传播机制初探[J].重庆教育学院学报,2007(20):80-82.

上,不同的博主们的"粉丝"通常也具备不用的群体特征,举例来说,李开复和周鸿祎的粉丝通常以 IT 人士居多;粉鹿晗、谢娜的大多是出于娱乐的心理;粉韩寒的据说女性和文艺青年较多;粉方舟子的多为科学爱好者。

　　3."粉丝"的商业性与反商业性

　　在传统媒体时代,社会文化学者对包括追星行为在内的大众文化,作过深入研究。如社会学界的法兰克福学派曾以批判式的眼光解读大众文化,那是一种自上而下的精英式解读,"粉丝"处于一种被动的、被误导的、被伤害的相对弱势位置,而偶像们则通过自己重复的、空洞的行为诱导消费。而文化学者约翰·费斯克则更倾向于一种自下而上的解读方式,"粉丝"主动参与并从中感受到参与快感,偶像们则处于一种开放式的生产自己、消费大众的位置。新媒体时代"粉丝文化"的本质更倾向于后者。网友们不再像传统模式那样,被动地、远距离地崇拜喜欢自己的偶像,他们开始更加主动地去接近偶像,甚至通过与偶像的互动来体验乐趣,"粉丝"有极大的自主权,新媒体社会就是一个"粉丝造星"的时代,也是一个全民娱乐的时代。

　　这种主动的参与创造了可观的经济效益。"粉丝"不仅仅在精神上对其喜爱的偶像人物进行支持,往往还伴随着相当的消费行为。"粉丝"狂热的追逐已经形成了庞大的"粉丝产业",各传媒机构纷纷利用"粉丝"的影响力,探索"粉丝"心理与兴趣,并对"粉丝文化"进行营销,追逐巨大的经济效益,商业性显露无遗。但"粉丝"群体本身又是反商业性的。因为粉丝对偶像的感情中掺杂着崇拜与喜欢,并心甘情愿地追随偶像,然而商业归根结底来说仍然是追求利益的圈子,所以说"粉丝"本质上是反商业性的。

　　如果想要寻找"粉丝"的根源那首先可以观察产品的三个层次。这三个层次分别依赖于理性、审美与情感。第一层次产品以特定功能解决人们的特定需要为切入点,产品即是工具,例如手机、打印机、复印机、Word 等。在这个层次上评价产品好坏依赖的是理性,理性会告诉我们该产品到底满不满足我们的需求。大多数产品是这个层次的。第二层次产品则在功能之外加入了审美这样的附加值,审美是要花钱的,并且是在看似没有实用性的地方花钱,奢侈品应该一直是这种思路。第三层次的产品则在功能和审美之外,更多地注入了情感的元素,因此我们常说审美的终极水平是其中掺杂进情感意味,这样审美就不再仅仅是审美,而是其中包含着更为复杂与不可名状的元素。当产品本身被注入情感之后,那就可能因此而产生与用户的共鸣。"粉丝"的反商业性告诉大家,喜欢一个人或事物往往是基于情感方面的,甚至是不理性的、无条件的喜欢或是爱。"粉丝"的核心在于情感,"粉丝经济"的运行要从情感上去征服用户,各种能够从情感、思想方面打动用户的努力都可以尝试。

第二节 新媒体的传播特性

丰富的新媒体形式一方面改变了大众传播中传者和受者之间的关系,颠覆了大众媒体传统的传播模式与内容生产方式,而且给人类传播活动乃至生存方式带来了巨大的改变。不过在新媒体多种形态的发展演进中,无论何种技术载体与传播平台,媒体服务社会的基本功能仍然没有改变。发布新闻、舆论引导、艺术创作、广告传播,这些传统媒体的社会功能在新媒体环境下,呈现出不同于以往的特性。

一、新媒体的传播模式创新

(一)新媒体内容的数字化

在技术层面上,由于数字技术的发展和应用,广播电视、语音、数据等信号都可以通过统一编码进行传输和交换,成为统一的"0"和"1"比特流。尼葛洛庞帝在其著名的《数字化生存》一书中就指出：在数字世界之中，媒体不再是信息，它是信息的化身。同一个信息可以出现好多个化身，它们都是从相同的数据中自然生成。所有传播的信息都可以通过"0"和"1"的组合形式表现出来，统一数字化的媒体抹平了众多媒体的差异，最后整合为一种传播媒体，也就是数字传播媒体。

从传播历史进程来看，口语传播、文字传播、印刷传播、电子传播的发展是一个依次叠加的进程，在媒体数字化之后，这些传播活动方式可能在一个平台上汇集，即互联网传播。根据国际电信联盟对媒体的分类，感觉、表述、表现、储存媒体（如声音、文字、图形和图像），语音编码、图像编码等各种编码，硬盘、光盘等存储媒体，都可以整合到一台计算机中，使计算机成为一个综合性的传播媒体。

数字新媒体的传播媒体整合形态典型地体现在互联网等传播平台上。这种平台系统集声音、图像、数据于一体，并有按需存储和交互功能。信息的数字化涵盖会话、数字、文字等内容，使各种信息能被计算机储存、处理和传输。数据库里的信息和处理程序可以由其他用户自由访问、传送、直接使用或存储。除此之外，这种系统是交互式的，通过简单的设备，所有的信息站点和用户都能互联。用户可以与其他用户或站点相连，也可以从站点或其他用户那里得到直接或单独的回应。

（二）新媒体传播的数字化

人际传播是个体与个体之间的信息交流活动，因此交互性是人际传播的主要优势。但是，传统人际传播的范围非常有限，且传播资源也相对匮乏，这是人际传播天然的不足之处。

大众传播是指专门的传播机构通过特定的技术手段或工具向为数众多的、分散的受众进行的大规模信息传播活动。大众传播突破了传统模式中人际传播及组织传播的限制，媒体能够将信息传播到更广的范围之内，能够被更广泛的人群所接受。但是大众传播是单向的传播,信息的及时反馈和交互无法实现,因此传播的深度和效果远不如人际传播。

在网络新媒体传播方式中,点播和P2P就是一种在数字技术背景下实现的新的人际传播方式,借助于数字技术和网络技术,突破了传统人际传播的范围有限和资源匮乏的限制。大众传播方面,对传统媒体数字化之后产生的数字电视广播、数字音频广播等,是当下占据媒体多半江山的主流媒体。但是,随着数字新媒体技术的进一步发展与提升,这种数字化的大众媒体也突破了自身所具有的大众传播的局限,不仅融入了组织传播的功能,还融入了更多的交互功能,也逐步呈现了人际传播的特质。

由此可见,网络新媒体的传播就是借助数字传播技术将人类社会的各种传播形态予以有机整合,使得传播形态各自所具备的独特优势能够得到充分发挥,形成人类媒体传播的新形态。尤其是人际传播与大众传播结合的传播方式,一方面加强了大众传播的深度,另一方面扩大了人际传播的范围和增加了人际传播的信息资源。正是这种高度整合的社会性传播,在很大程度上使得信息传播的速度更快,使得信息传播的容量更大,压缩了传播的成本,同时又增强了信息传播的效果,数字新媒体传播整合将成为当今数字新媒体传播的一种趋势、一种必然。

二、新媒体的传播特点

通过对网络新媒体传播模式的分析可以发现,由于数字技术和网络技术介入传媒领域,原先各种传统媒体单一的传播特质发生了深刻变革,演变成一种高度交叉或融合的社会性传播,从而显现出新媒体有别于传统媒体的特有的传播特征。随着网络新媒体技术进一步发展与应用,传统媒体不断数字化,新的数字媒体不断涌现出来,传媒服务平台更新的速度越来越快,网络新媒体的传播优势会越来越得到人们的认可。

（一）超时空

新媒体利用联通全球的国际互联网和移动通信网络完全打破了传统地理区域对于信息传输的限制。只要有能连接到网络的终端设备，在地球的任何角落都可以接收到由新媒体传播的新闻；另外，移动通信技术和数字技术的发展，使得互联网、移动通信网络和广播电视网趋向统一。在"三网融合"的大背景下，用户无论是电脑、电视还是手机，都可以方便快捷地浏览新闻，真正超越了时间、空间和传输工具对于信息传播的限制。

新媒体传播过程中传播者和接收者在时间的流程中同时共存、即时响应。在传统大众媒体传播时，报纸和杂志由于印刷本身的限制，无法即时，但是广播与电视作为电子媒体却有实况直播，与受众可以同时共存。网络新媒体的即时性跟它们相比，优势体现在何处。举例来说，1999 年，南联盟使馆被炸案第一个报道的不是电视台，也不是通讯社、广播电台，而是新浪网。针对没有预设的事件、突发性事件，只有网络才能做到即时传播。尤其是在移动网络已经普及的今天，智能手机、平板电脑如影随形，每一个突然事件的现场总有网友在场，即时传播总能实现。

（二）容量巨大，个性十足

数字压缩和存储技术已经引发一场数字革命。一个网站的容量应是一份报纸、一座电台、电视台信息的数倍。报纸一个版充其量可容下一万汉字，广播电视因受时段的限制，其信息量也非常有限。相比之下，网络媒体几乎拥有无限的信息空间。网络媒体的信息总量是传统媒体不可比拟的，现在的网络内容可以说是包罗万象，无所不有。

新媒体技术打破了不同媒介形式之间的界限，将文本、图片、声音、图像等媒介融合为一体，向受众提供多媒体信息。尤其值得一提的是，流媒体技术的诞生更是为网民带来了网络狂欢，在流媒体技术的支持下，原来需要花几个小时甚至几天才能下载的音乐或视频变得可以随时收听收看,大量音乐类、视频类网站的出现使网民可以尽情享受一场场视听盛宴。

传统大众传播以群体化为取向,以满足大多数受众的需求为目的,提供给绝大多数受众的消费信息几乎一样,选择余地小且内容基本上是由传播者统一决定的。网络新媒体的发展使大众传播发生了根本变化。与传统媒体相比,新媒体的受众群变得越来越小,但是影响变得越来越大,甚至能参与内容的制造。

在从传统的大众媒体向交互的新媒体转移的过程中,受众的权力是递增的。传播权力变化和转移的结果使个性化传播逐渐兴起,并成为网络新媒体又一个典型的传播特征。一方面强大的新媒体技术使得大众传播的覆盖面越来越大;另一方面又使传播的指向性越来越小,实现窄播直至个人化传播,以致个人化的双向交流成为现实。正如尼葛洛庞帝在《数字化生存》中所论述的,在后大众传播时代(数字媒体传播时代),信息变得极端个人化,个人化是窄播的延伸,受众从大众到较小和更小的群体,最后终于只针对个人。

(三)交互性

在传播领域,交互常常被当作双向的同义词。交互传播一般指信息接收者能实时将信息反馈给信息源以修改传播内容。实际上人际传播的交互性是最典型的,谈话中两个人不仅轮流倾听对方,而且可以根据收到的变化信息及时调整他们的反应。传统大众传播也有一定的交互性,像报纸、杂志的读者来信,电台的听众热线,电视的现场参与等都包含了传受之间的交互。

在网络新媒体中,由于计算机、智能手机、互联网等数字终端和网络技术的进步,媒体操作、处理、运算的性能得到了极大地改进和提升,交互响应越来越直接充分,有时甚至超越人的承受能力。比如,当用户查询某个资料、某条信息时,随即涌现出成百上千个选择,导致搜索者本人回应不及。网络新媒体优越的交互性还体现在它可以超越时空,并能提供多样化交互形式,如上网点击,回应的表现方式有文字、声音、图片、动态图像、影像等。在网络平台上,传受两方的反馈渠道不再薄弱,而是变得强大,往往还更有力、速度更快,传受纵向之间有反馈,且传受横向之间也有反馈,呈现出多元动态沟通的局面。

(四)人本性

传播作为一项社会行为,其根本目的是维护人的根本利益,促进社会的健康发展。最符合人的发展需要的信息传播,是人本性的传播,它应该是自由的、充分的、便利的、有价值和有意义的,能满足个人生活和社会活动所需要的种种思想和精神的共享与交流。在数字加网络的新媒体时代,媒体传播更加重视人的需求和感受,个人通过互联网、手机可以随时进行信息沟通,人际传播的性质和优势得到凸显和强化,传统的、倾向于无差异的广大受众,开始分隔为趣味相投的或者利害相关的小众,如各种各样的网络社团、论坛群体、短信交友俱乐部等。在小众中,以某种共通的概念为表征,人们也许更容易找到志趣相投的伙伴,从而舒展个人的意愿及表达空间,促进社会的多元化发展。

数字新媒体传播的人本性也体现在因数字技术提供的保障和便利让使用者可以根据自身的个性需求而有针对性地、有效地接收和传播信息。保罗·莱文森在《数字麦克卢汉——信息化新纪元指南》一书中对互联网等新媒体现象进行了深入的分析,认为在新一轮信息时代来临时,权力结构将面临巨变,数字时代打破了中央集权,人微不再言轻,个人角色因重新赋权而变得更重要。

三、新媒体的传播优势

传统媒体的传播和发展,走的都是同质化传播的路径,把相同或类似的信息,毫无差别地传达给受众。传统媒体高度同质化的传播,不仅仅是同质化的内容不断地重复传播,把传播对象同质化,更重要的是在这种缺乏变异的传播过程中,受众被迫取消了个性,取消了独立意见的表达权,取消了参与意识,没有自主选择的余地。

数字新媒体的出现,首先带来的是海量信息,其次是互动性。两者都意味着某种程度上的自主选择权。信息传播在经历了传统大众媒体多年"点对面"式的集中传播后,又再次同归到传者与受者自主选择、自由定向的"点对点"式人际传播。这种无缝式的信息链接,是通过"点对点""点对面""面对点"和"面对面"四种典型化的数字新媒体传播模式有机融合而成。在"点对点"的新媒体传播模式中,不论是信息本身,还是信息的传播者或接收者,都是高度差异化的。

异质化传播是数字新媒体的本质优势,创造了一种新的个体化的公共媒体,建立了技术化的人际传播结构,历史性地提供了异质化信息的全球化传播。数字新媒体还原了人在大众化信息传播中的本体性,人不再被当作是无差异的某个整体,这在人类历史上具有很重要的现实意义。

(一)传播损耗趋零

在传统媒体传播实践中,传播过程中的信息损耗难以避免。在传统大众媒体中,信息从制作者、传播者,最后到受众那里,经过了多次损耗(尤其是广播电视媒体传输环节的损耗最大),不能实现完全的真传播。这里的损耗既包括信息传输过程中的物理性变异、衰减,也包括对传播的信息内容所做的事实判断和价值判断,如编辑、审查等环节的影响。与传统媒体相比,新媒体在传播上的优势是信息在传递过程中几乎没有损耗,因为数字信号不容易被干扰或更改,只要基本的"0"和"1"模式仍然能被识别出来,原始的传送就能被还原。而且新媒体在很大程度上消解了传统媒体的权威性和把关人环节,信息传播过程中被人为干预或扭曲的可能性也大为降低。

(二)海量信息

传统媒体传播的信息量总会受到传媒介质特质的局限,达到基本限度后,哪怕想要在传播中增加少量信息,都需要付出更高的代价。如报社采取扩期、扩版的方式增加报纸容量,电视台则增加频道和播出时间,代价高昂,但成效非常有限。新媒体的介质采用数字化编码并使用数字化压缩技术,这样不但提高了信息的传播质量,也增加了信息存储容量和传输时的信道容量。网络中的超链接是一种非线性的信息组织方式,它被设计成模拟人类思维方式的文本,即数据中包含了与其他数据的链接,用户单击文本中加以标注的一些特殊的关键单词和图像,就能打开另一个文本,受众由此可以拥有前所未有的巨量信息,并且能够随时随地根据自己的需求和意愿,进行信息的多向传播。

(三)便利快捷

网络新媒体上的信息能够以接近光速的速度进行传播,更快更便利地到达受众,不受气候、环境以及地理因素的影响。数字新媒体的日益普及为人们提供了更多方便快捷的信息接收渠道和信息传播途径。以手机的发展为例,保罗·莱文森在其著作《手机:挡不住的呼唤》中认为手机的出现为人类的传播带来了极大的福祉。人类有两种基本的交流方式:说话和走路。但是,自人类诞生之日起,这两个功能就开始分割,直到手机横空出世,将这两种相对独立的功能整合起来,集于一身。手机之前的一切媒体,即使是最神奇的电脑也把说话和走路、生产和消费分割开来。唯独手机能够使人一边走路一边说话。于是,人就从机器跟前和紧闭的室内解放出来,进入大自然,漫游世界。无线移动的无线双向交流潜力,使手机成为信息传播最方便的媒体。

(四)成本低廉

尼葛洛庞帝认为,新的传播媒体带来的一个变化是新技术删减了很多媒体机构中的中间层面组织,并且将大众传媒业重新精简为小型的作坊行业。当然,大型的媒体公司仍然存在,实际上它们会变得比以前更为壮大,但是生产一种媒体产品所需要的人力却大大缩减了。例如在一台计算机上编辑出版一些资料,不论是新闻简讯还是图书、杂志,只要一个人就足够了。由于数字技术的支持,一个人利用一台功能强劲的计算机可以制作一部完整的电影,而无须摄影棚、道具背景甚至演员。便携式摄像机、声频录音机和数码编辑器使得制作人足不出户便能创造出形形色色的"生命"。

从传播成本上看,通过网络新媒体传送和收受信息的成本也日益降低。数字化信息在传递中几乎没有损耗并且可以重复利用,这样可以节省大量的资源,受众利用信息而付出的成本也随之降低。

(五)多媒体传播

多媒体技术的应用是数字媒体融合发展的典型表现形式。数字及网络技术使新媒体的信息源内容及形式更加丰富多样,文本、图片、音频及视频糅合成一个媒体传播产品,成了当前新媒体传播的常态。文学作品有语音版本;新闻报道不仅有图片还有视频。对此人们已经习以为常。同时,多媒体综合传播还允许受众在接收信息时自行编排,重新组合成自己喜欢的结果。如将影视作品剪辑成恶搞视频、把喜欢的明星做成表情包等。这样一来,传播内容可以在文本、图形、图像和声音等信息间建立逻辑连接,能以不同的方式述说同一件事情,各种不同的人类感官经验都被触动。如果第一次传播的时候用文字,受众没明白,那么换个方式,用照片、图形、图解,若受众还有疑惑,则使用视频动态演示,信息内容在媒介的流动中得以整体、立体地展现。

第三节　新媒体传播的社会化影响

新媒体的大众传播属性更加深刻,分众与小众传播体现出新媒体传播的专业性,新媒体的人际传播特质耐人寻味,新媒体舆论有与传统媒体舆论大相径庭的传播特点。当前随着新媒体传播的不断发展,其对传统媒体及相关领域所造成的影响也越来越不容小觑。

一、新媒体传播对传统媒体新闻的影响

(一)对报纸新闻的影响

随着新媒体新闻的兴起,报纸越来越淡出人们的视线。新媒体新闻的免费阅读给报纸行业带来了极大的冲击,世界范围内报纸发行量下跌已经成为大趋势,其赖以生存的广告收入也日趋下降,《纽约时报》等老牌报刊纷纷陷入亏损困境。在这种环境下,"报纸消亡论"等一系列对报业存亡产生质疑的理论开始大行其道。然而,新媒体的出现对报纸来说究竟是终结还是福音,目前尚无定论。

近年来,由于印刷费用增加、广告业务减少、发行量下降以及来自新媒体的竞争挑战等因素,我国报业收益大减。国家工商行政管理总局公布的最新数据显示:电视台、广播电台、报社、期刊社四大传统媒体中,前三类的广告营业额在 2017 年均出现了负增长,只有期刊社的广告经营额增长了 7.69%。其中,电视台、广播电台、报社的广告营业额增长幅度分别为 −0.37%、−20.83%、−2.96%。这一情况在世界范围内并不是特例,来自美国报业协会的数字显示,美国报业广告收入近年来一直在下滑。报纸广告虽然弥补了一些损失,但无法扭转颓势,美国大多数报业新闻媒体均采取了不同幅度的裁员措施,以节省开支,度过报业寒冬。

虽然导致报业走下坡路的原因是多方面的,不过仍然要肯定的一点是,新媒体新闻的兴起和扩张在很大程度上挤占了本来属于报纸行业的生存空间。网络新闻、手机报纸、电子报纸等借助互联网或手机媒体,以全方位、多媒体的姿态优于传统的纸媒,进

一步瓜分传统报业的市场份额,造成作为"报业摇钱树"的广告收入受到了严重影响:一方面商家更加青睐形式新颖、互动性强、影响范围广的新媒体,另一方面受众阅读习惯的改变也使得对广告的趣味性和互动性要求有了进一步的提高,传统条件下刊登在报纸上的广告则显得不够新颖、趣味不足。总的来说,新媒体新闻的出现对报纸这一传统纸媒的冲击体现在方方面面,面对新媒体造成的冲击,报业需要慎重衡量将来的发展。

然而,综观媒介发展史可以发现,媒介的发展是叠加式的。任何一种新媒介的出现都是建立在对"老"媒介内容整合的基础上,因此在相当长的时期里,新媒体不可能"速胜",传统媒体也不可能像某些学者推测的那样"速亡"。在当今媒介生态大环境下,各国传统报业纷纷进行战略调整,或转向新的商业模式,或利用数字报纸、免费报纸来提高到达率,或在网上设立报纸的收费阅读模式,这些不同举措的共同目的都是尽最大可能地拯救传统报业,为其开创新的更大的生存空间,促进其更加快速地发展。正如默多克所说:"作为传统媒体的报纸只有拥抱进步,才有未来,才能生生不息。"但毋庸置疑的是,如果离开网络和数字服务等新技术的助力,报纸很难在与新媒体的竞争中分得一杯羹。

(二)对广播新闻的影响

同报纸一样,广播目前也被人们认为是一种夕阳媒体。继电视取代广播成为第一媒介之后,新媒体的迅猛崛起,继续侵占了广播本来就并不广阔的传媒市场份额。

网络技术、数字技术以及现代通信技术的发展和应用催生了全新的、更为便捷的、信息功能整合度更强的媒体,方便、灵活、移动等广播原有的自身优势已经不再。而且,随着科学技术的不断进步和新媒体的进一步成熟,传播信息的渠道和平台将会越来越多,功能也将越来越强大。孤立存在的单一媒介形态难以逃脱逐渐被市场淘汰的命运。广播的受众群体是各类人群,这一广泛而模糊的受众群体中个体的欣赏情趣和信息需求是不能被准确地捕捉和推测到的,传统广播所依仗的单向传播模式已经不能满足受众与媒介互动的渴望和对个性化信息的需求,这是传统广播在进行信息传播时无法克服的困难。而新媒体借助其更加分众化的传播模式和双向的信息交流渠道,弥补了传统广播媒介的先天不足。

但是,这并不意味着广播在这一挑战下毫无生机。广播新闻在传播工具和传播场所上的便利性,使它并不需要高条件的设备基础。车载环境下广播媒介依然拥有强大的优势,包括在重大突发事件传播中,广播依然占据着最权威最及时的传媒之位。举例来说当汶川地震突然发生时,向震区灾民传达信息和播报地震新闻的最有力媒介便是广播。此外,与新媒体的结合是未来广播的另一个发展方向。年轻一代受众对媒介的消费习惯正在悄然改变,但同时,播客等新媒体形式的出现也昭示着广播依然保持着对受众的吸引力。

(三)对电视新闻的影响

电视作为第一媒介的地位正日益受到新媒体的挑战。电视新闻利用画面的生动性打败了广播,而今天新媒体新闻的即时性、交互性和超媒体性又使得电视新闻丧失了即时播报和信息容量上的优势。新媒体吸引了越来越多观众的注意力,占据了越来越多的市场,电视媒体行业如何变革成为了当前最受关注的话题。在传媒市场的进一步挖掘和开发上,传统电视媒体的发展潜力受限,这不仅来自于新媒体的竞争压力,也源于电视媒体自身在信息传播方面所存在的弱点。而新媒体的一系列特质正好弥补了电视媒体的这些弱点,使其在与电视业的竞争中脱颖而出,成为人们新的兴趣点和关注点。

首先,传统的电视媒体具有地域局限性。电视新闻的传播具有明显的地域性,电视信号的落地门槛将电视新闻局限在某些地理区域之内。而相比之下,新媒体则消解了这种地域局限。

其次,电视媒体的时效性无法与新媒体相比。电视媒体由于在制作上需要一定的策划时间和投资规划，而且大多数节目还要经过管理部门的层层审核，所以在突发事件发生时，新媒体的发布通常会提前一步。例如 2003 年美伊战争爆发后的 4 个小时内，新浪、搜狐、TOM、网易等商业网站的浏览量较平时暴增 5 至 10 倍，用户短/彩信订阅量超出平时 4 倍以上。很多人在第一时间收到了网站发来的新闻短信，感受到了新媒体在突发事件报道上的便捷。在这次"报道"中，手机、互联网两大新媒体密切配合，将"第一时间、第一现场"的权力牢牢抓在手中。当前，电视媒体对突发事件的报道已经远远落后于新媒体，新媒体也正在逐渐改进信息的准确性与全面性。从这一方面来说，电视媒体的改革之路还很长远。

新媒体时代的来临，给传统广电传媒带来的不仅是挑战，也是机遇。例如，中央电视台以 CNTV 为平台打造新的网络媒体业务，在短短半年时间里就获得了成功。此外，央视在数字电视、IPTV、宽频、手机电视等新媒体形态上均已完成初步的布局。可见，融合新媒体技术取长补短，已成为电视业迎接挑战的不二选择。

二、新媒体传播对传统新闻生产理论的突破

新媒体为新闻生产、报道方式搭建了全新的平台，一些传统新闻理论已经不符合新媒体新闻生产方式的要求，应在以下方面进行深入探讨与拓展。

（一）新闻现场——第一时间、第一现场至上

传统媒体新闻生产与发布有时间限制，因为报纸、电视与广播节目都有生产周期与刊出、播出时间的限制，而新媒体传播则最大限度地克服了各种时间、空间的限制，能够实现第一时间、在新闻现场立即发布新闻。新媒体获取这类突发性事件的信息素材和传播速度是传统媒体无法企及的。

（二）新闻发布者——不一定是专业新闻作者

当重大、突发事件发生后，第一时间发布相关新闻的，可能是在场的一个普通公民，他马上可以用手机拍摄照片、视频后立即发布到网上，用简短的文字记录事件后迅速发布到微博上。而此时，专业机构的专业新闻工作者可能还不知道事件已经发生，可能正在赶往现场的路上，可能采访结束还在电脑前敲打键盘稿件……手机、网络等新媒体在第一时间把我们身边正在发生的有价值的事件、信息和新闻及时传播、发布，而发布者很可能是一位普通人。

（三）新闻写作——"新新闻文体"产生

新媒体催生"新新闻文体"，新媒体写作即用新技术手段进行的信息交互性写作，以电脑、博客、微博、微报、微图、手机等新媒体为终端，以不同写作手法、不同写作手段即时传播信息的写作。"新新闻文体"不受传统媒体文体界限束缚，也许不是标准的倒金字塔结构，也许不符合传统的新闻写作规范，甚至算不上合格的消息和通信，或叙事，或评论，或三言两语，以传递信息为目的，以参与其中为快乐。这种新技术形式下的表达，催化出了很多新的"新闻文体"，如微博、微报、微图、红段子、游击式新闻、参与式新闻等，传统的新闻文体写作格式被一举突破，内容为王得到最充分的重视与表达。新媒体写作成为一种活动，其写作的专业性显得无足轻重，而参与性成为这一活动的核心，从微信息到微交流，真正产生了推动社会变革与进步的"微动力"。

（四）新闻报道——确立国际传播意识

在全球化时代，信息传递已经突破了疆域与国界，借助于数字技术的传播，每一条新闻都可能被全世界的读者获取，对内报道与对外报道的界限已渐渐模糊，"地球村"里人人都在同一个平台上展开对话、交流、竞争与交锋，互联网全覆盖、超链接的传播特点,将每一条新闻都放到"世界"视野中。

BBC 全球新闻部主管理查德·塞姆布鲁克如是表述新媒体写作的意义:"观众进场了"。这个场,可以理解为新闻现场;这个场,可以理解为对新媒体重要性的认可;这个进场,可以理解为传播者与受众对新闻现场的共同参与和拓展;这个场,可以理解为新媒体对传统新闻写作的冲击与突破。

三、新媒体传播中重大突发事件的传播

随着我国社会变革的不断推进,国际交往日益频繁,国际、国内各种矛盾逐渐凸显,发生重大突发性事件的可能性在不断增加。对于重大突发性事件的新闻传播,新媒体的作用尤为重要。目前,网络媒体已成为人们获取信息的重要来源,甚至是第一来源,凭借即时性、互动性、平民化等优势,网络媒体在重大突发性事件传播中的作用日益显著,其应对模式也值得我们进一步探究(图 2-1)。

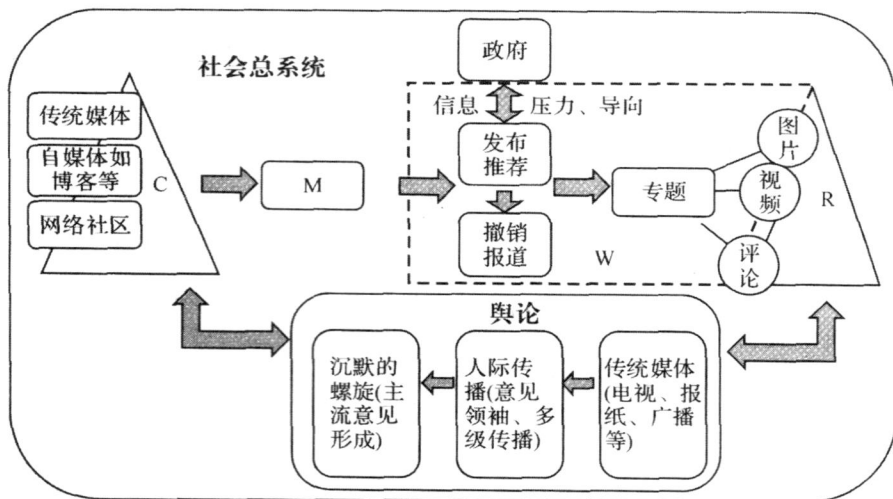

图 2-1　网络媒体应对突发性事件传播模式图

图 2-1 所示的模式描述了在重大突发性事件发生时特殊社会

环境下的信息传播过程。这一过程包含大量原始信息怎样通过网络媒体的操作而吸引公众注意力、网络媒体在信息传播过程中与社会进行着怎样的互动等问题。

C 代表传播者。当重大突发性事件发生时,与事件相关的信息开始急剧增加。除了传统媒体在新闻发布上的优势外,网络媒体在信息传播中的作用也日益凸显。人们通过博客、播客等网络新媒体传播各种现场见闻,转述、加工和生产各类信息,这种在用户与用户之间的病毒式传播方式可以在最短的时间内将危机消息传遍整个网络。

M 代表信息。这里的信息包罗万象,既有权威媒体发布的新闻信息,也有大量未经证实的流言。这些信息虽然数量众多,但由于缺乏"把关人"的筛选和审查,所以往往会使用户无所适从。

W 代表网络媒体。网络媒体不仅转载传统媒体的新闻信息,还会编辑和推荐用户生产内容中的有价值信息。当然,网络媒体也受到国家政策和法律法规的约束,对于某些敏感事件,其信息传播过程也可能戛然而止。绝大多数情况下,随着事件的发展,有价值的新闻信息会逐渐增多,网站通过制作特别专题,利用排版和网页设计等手段,对不同类型的讯息进行分类、整合来实现编辑意图。

R 代表用户。互联网用户其实是传受身份混淆的一个群体,他们不仅是信息的接收者,还是信息的传播者,所以可称其为"参众"。"参众"生产的大量视频等无序信息被网络媒体筛选、编辑后重新传播给用户,用户将注意力集中在事件的某一方面,此时关于这一方面的讯息便开始迅速增长,网络舆论导向开始转移,直至逐渐形成新的社会舆论,并影响到整个大众传播范围内的传播者。

网络媒体的议程设置功能在引导互联网用户"该去注意什么"时,也会影响到传统媒体。电视台、报刊和广播又会将自己的意见传达给更广的受众。意见领袖在接收到媒体议程后,会形成自己所在团体的主流意见,从而形成整个社会的主流意见,社会舆论也就此形成并参与到下一轮循环中。

由此可见,以网络媒体为代表的新媒体对重大突发性事件的传播过程,是其自身不断与网络用户、社会系统互动的循环过程。当网络媒体与社会舆论处于不平衡状态时,它可以通过用户的反馈及时改变自己的编辑方向,从而达到引导社会舆论的目的。

第三章　新媒体背景下的传统媒介环境审视

新媒体与传统媒体的关系是传媒业界关心的重点,也是新闻传播学术界高度关注的重要问题。社会普遍认为,新媒体的出现影响最大、改变最多的就是传统媒体。一般而言,传统媒体指期刊、报纸、电台、电视几种形式,有时也会扩大范围,将图书、唱片、电影等包括在内。人们认为,互联网、手机、IPTV、车载移动电视、楼宇电视等新媒体传播样式改变了受众的媒介接触行为,对传统媒体领域产生了深远影响。一方面,新媒体冲击和蚕食了传统媒体的传播领域,对传统媒体产生了巨大影响;另一方面,新媒体也为传统媒体的发展带来了机遇。

第一节　新媒体与传统媒体的关系

不断涌现的新媒体不仅改变了传播者和受众之间的关系,颠覆了传统的传播模式和内容生产方式,而且给传统媒体的生存与发展带来了巨大的改变和影响。

一、新媒体对传统媒体的影响

新媒体对传统媒体的影响表现为消极的影响和积极的影响两个方面。

新媒体对传统媒体带来的消极影响主要是受众的流失。

2018 年 4 月 18 日,第十五次全国国民阅读调查结果在北京发布。调查显示,2017 年我国成年国民对包括书、报刊和数字出版物在内的各种媒介的综合阅读率为 80.3%,其中,数字化阅读方式(网络在线阅读、手机阅读、电子阅读器阅读、iPad 阅读等)的接触率为 73.0%,71.0% 的成年国民进行过手机阅读。调查数据说明,新媒体已经被大多数受众所接受,人们的阅读习惯已经发生很大的转变①。

新媒体对传统媒体所产生的积极影响,主要表现为阵地意识的增强和传播理念的更新。如加大深度报道、提高报道质量、创新传播方式、加快融合发展等。人民日报社前社长杨振武指出,只有把人民日报在传统媒体方面的影响向新媒体领域拓展,才能做大做强主流舆论②。光明日报社总编辑何东平认为,新媒体、新传播技术提供了灵活多样的传播渠道③。因此,无论从传统媒体的新理念,还是正在进行的新实践来看,新媒体对传统媒体都将持久地产生积极的影响。

二、传统媒体对新媒体的贡献

《朝鲜回应美扣押船只:违反两国协议精神 立即归还》,来源:中国日报;

《任何挑战都挡不住中国前进的步伐》,来源:人民日报;

《国家统计局公布了 2018 年平均工资 你拖后腿了吗?》,来源:新京报。

这是 2019 年 5 月 14 日,新浪、搜狐、网易等国内几大网站登

---

① 第十五次全国国民阅读调查报告发布[EB/OL]. http://book. sina. com. cn/news/whxw/2018-04-18/doc-ifzihnep4386289. shtml.

② 杨振武. 建设新型主流媒体要形神兼备、筋骨强健[N]. 人民日报,2015-08-20.

③ 何东平. 新老媒体"此长彼长"融合发展合作共赢[N]. 人民日报,2015-08-20.

载的部分热点新闻内容。通过随机搜索、浏览可以发现,国内各大网站每天登载和通过"两微一端"传播的绝大多数新闻,均来自传统媒体或者传统媒体的融媒体。

传统媒体在源源不断地为新媒体提供各取所需的新闻(内容)的同时,自然而然地引导着新媒体的舆论方向。正如何东平所说:"纸质媒体将成为网上海量信息的导航仪,为受众提供最重要、最精华、最可信的阅读引导。"①

所以,传统媒体与新媒体不是冲击与反冲击的关系,更不是你死我活、完全由新媒体取代传统媒体的关系,而是相互影响、优势互补、此长彼长、一体发展的关系。

第二节　新媒体对传统媒体的内容生产造成的冲击

一、颠覆话语权利

在传统媒体时代,报刊、广电等媒体牢牢掌握了社会的话语权,即通常概括的"喉舌""声音"等。任何人想要广泛传播信息、营造或影响舆论,必须通过大众媒体。新闻工作者"无冕之王"的美称也来自传统媒体对社会的广泛影响。这种对社会舆论、社会公众的巨大影响,在新媒体时代发生了巨大改变。

(一)新媒体对传统媒体的话语垄断产生了强烈撞击

传统媒体的信息生产传播是以传播者为起点,接收者为终点,是一种线性传播。这种传播模式是少数人对多数人的传播,信息生产的话语权掌握在少数媒体精英手里,他们设置社会话

---

① 何东平.新老媒体"此长彼长"融合发展合作共赢[N].人民日报,2015-08-20.

题、引导舆论走向、控制信息类型、垄断传播渠道。而互联网及新媒体的出现,使普通信息接收者也能够进行信息发布,并且可以不通过传统媒体发布信息、影响社会、引导舆论。这样,新媒体为社会公众提供了话语平台,同时也赋予了公众话语权。草根的话语表达虽然往往有庞杂性、纷繁性、多变性的特点,但也体现了当代社会的基本价值观念,形成了社会主流价值观的传播。

（二）新媒体对传统媒体的内容生产造成了一定的冲击

新媒体的出现降低了传统媒体的内容生产能力。一方面,新媒体掠夺了传统媒体的内容资源。新媒体传播的门槛与成本都比较低,随意引用传统媒体的内容,导致传统媒体的内容资源逐步流向新媒体。另一方面,新媒体重构了传统媒体的内容价值,不再讲究舆论的引导,也不再看重媒体的责任,这也引来社会的一些批评和担忧。

二、解构把关角色

在传统媒体时代,"把关人"是非常重要的概念,它涉及新闻的选择与判断,关系着新闻价值的选择。"把关人"又称"守门人",是指那些在新闻媒介系统中居于决断性的关键位置的人或组织,个人如信源、记者、编辑等,组织如报社、电视台等。他们依据既有的价值倾向或者经验对信息进行筛选和过滤,保证传播给受众的信息是"正确"及"适当"的。而新媒体时代,传统媒体"把关人"的角色遭到了颠覆和解构,信息传播的自由度得到了空前解放。在这种情况下,信息传播容易带有感性色彩,以及助长非理性思潮的泛滥。其表现在社会层面,则是由极端性、冲突性以及情绪性的舆论制造的各种事端,甚至暴力。

三、重构广告产业

广告是传统媒体生存发展的重要依仗,一般来说,一个没有可靠财政来源的媒体,每年吸纳的广告费如果低于全年经费支出的 50％就很容易面临财政问题。发展态势越好的媒体,广告的吸纳能力、吸纳比例也越高。随着新媒体的迅猛发展,新媒体成为广告的新载体,瓜分了传统媒体的市场份额,传统媒体的影响力降低后,广告的吸纳能力也随之降低,然后进入恶性循环。对于受众而言,传统媒体的广告是强迫式的,而新媒体广告是软性的。对于广告主而言,传统媒体的广告像农田的漫灌,片面追求覆盖面,费用高、效率低;而新媒体的广告总体费用低,而且投放精准,效率大大提高。这种结果导致越来越多的广告主把广告投放的重心转移到新媒体领域,这对传统媒体来说无疑是雪上加霜。

第三节　传统媒体的转型与变革

一、广播媒体的转型

(一)转变经营理念,洞察市场需求

1.开发及抢占听众市场,培养受众群体

在当前新媒体时代,广播行业若想得到长足的发展,必须摒弃传统"大众传播"这一发展理念,通过借鉴其他国家的成功经验,打造"分众化传播"这一模式。一方面,资源的丰富性赋予听众更多的选择权。这样一来,弱势媒介组织将会流失大量的受众,在这样的情况下,应稳定一批忠诚度较高、质量好、中小规模的听众,以保证频率的生存以及组织的日常运作。另一方面,当进入信息革命时代之后,信息爆炸现象愈加明显,在互联网上,每一分钟都可能会刷新出数以百万的信息。这一点促使传统新闻变得同质化,丧失了其及时性、便捷性等特征,同时也加大了工作

人员的负担。所以,可通过细化受众来为节目增色、保证传播质量。我国广播新闻同质化现象严重,广播频率缺乏实时性与专业性。在这样的情况下,若要在传媒市场上占有一席之地,势必要做好以下几方面工作。

(1)合理利用人力资源与媒介资源,对节目或新闻进行精准的定位,进而开发分众市场。高质量的媒体内容并非是仅凭想象便能制作成功的,而是需要以发达的媒介资源以及专业化的人才为依托。新闻记者是否有报道新闻的人脉、能力,是否能及时与其他媒体建立合作关系,将重大新闻或突发性事件传播出去,这两点在很大程度上影响着新闻内容的质量水平。特别是与民生、体育、科技或财经相关的报道,对新闻工作者的人脉、专业要求更高。倘若不考虑自身的实力,盲目地追求"尖、精、高",那么久而久之广播媒体将会失去竞争资本,新闻质量与及时性将无法保证。所以,要全面估量广播媒介所能覆盖的高度、地域与行业,并以此为依据来打造优质的、符合受众需求的广播节目,以此来吸引客户群体。

(2)在保留原有用户的基础上,开发新的分众市场。20世纪初期,我国广播行业便致力于频率专业化改革工作,截至目前已完成初步分化,并建立了很多具有代表性的地方电台,且均拥有一大批忠实的听众。细分目标受众以及对节目的定位,并非是一项艰巨的、难以完成的任务,而是对原有结构、理念进行提升与改良,开发出更多的分众市场,这是媒介组织生存与发展的必要条件。所以,分众传播的改革工作并非是一蹴而就的,需要历经长久的岁月方可完成。

(3)了解受众对节目的需求,以此作为开发节目的依据,并吸引更多的忠实受众。分众化传播的改革,是为了寻求更多的忠实听众,以增强品牌的影响力。广播媒体需充分了解受众的节目需求,并以此为依据开发新的、具有创意的节目,以充分满足受众个性化、多样化的需求。由此我们不难看出,开发分众市场是一个不断改善、调整的动态过程,这主要是因为受众对节目的偏好与需求是变化的。在锁定目标受众之后,应开展大范围的调研活动,以了解他们的喜爱与偏好,并依据他们的评价与意见,对节目内容进行修改与调整。同时预知他们新的需求与动态,作为调整节目、开发新节目的核心依据。

2.进行广泛宣传,提高市场影响力

随着时代的进步和科技的发展,各种新型传播载体越来越多,媒体的范畴已不再仅仅局限于传统的广播、电视、报纸等。如今是一个信息爆炸的年代,单靠某个人或某一类组织的力量想网罗所有的信息,已经是完全不可能的事。新闻媒体想要获得更多的公众支持,必须与同行相互竞争。对于广播新闻传媒来说,要提高节目收听率,一方面需找准切入点,提高节目质量,另一方面也需要广泛的宣传,听众们只有在高强度的听觉轰炸中才能把节目深深地印在脑海里,才能对节目产生兴趣,才有可能锁定节目。如此这般,对广播新闻传媒提出了更高的要求,广播人在策划节目时,需把与节目本身关联不大的其他创收性的内容加入节目元素中。那些不以广播形式面向观众的节目,可以多开展与受众的现场交流活动。人们一般通过收音机收听广播节目,主持人的声音是听众和广播间唯一的连接渠道。我国有句俗语"耳听为虚",人们对单纯的广播新闻从心理上就很难建立起信任感,如果能有面对面的交流和巨大的感官冲击,人们就能迅速产生信赖感。缘于此,大量的线下广播活动层出不穷。

线下广播活动形式多样,如广播节目与广大听众面对面交流、组织听众朋友大聚会、联合商家合作各类营利或非营利的活动等。这类线下的广播活动有广播团队和广大听众参与进来,二者面对面进行细致的交流和沟通,更容易产生感情共鸣。遥远的声音近在耳边,熟悉而又陌生的主持人站在面前,参与者通过线下的接触对广播节目团队有了更深的了解,在以后收听广播时他们会时时回忆起主持人的形象和动作,能够对节目产生依赖感和情感共鸣,最终会在情感共鸣中成为节目的铁杆粉丝。此外,组

织者在活动现场设置各种环节调动参与者的热情,热烈的氛围会吸引周边的人群。出于凑热闹的心理,很多人会进入活动现场并参与活动内容,从而对节目人员和节目内容有了一定程度的了解,今后在某些特定条件下可能就会回忆起节目现场的氛围,最终对节目产生熟悉感进而锁定节目频道。

开展广播活动的目的不在于即时获利多少,而在于树立媒体形象,提升影响力,在开展活动时需注意以下两点。

(1)活动现场一定要有鲜明的节目辨识标志。在活动现场,首先映入人们眼帘的肯定是辨识度高的的标志。如果自家辛辛苦苦筹办了活动,仅仅因为现场没有足够引人注目的节目辨识标志,而被参与者误认为是其他节目组的活动,为他人作嫁衣裳,这种结果得不偿失。所以,活动现场一定要有鲜明的节目辨识标志,以此来树立节目的品牌形象。

(2)现场活动的内容要与组织单位的节目有一定的关联性。不能将广播活动片面地理解为靠频率来传播信息,在策划广播活动时,需要考虑听众的感受,开发人民群众喜闻乐见的节目。所以,在进行广播活动的策划时,要科学地规划推送的栏目,选准目标群体。在广播活动举办之前,必要时还需要做些前期的推广活动,最终结合具体的节目,使得听众更乐于接受广播活动推送的内容。

广播作为一种信息传播的媒介,在运用过程里尤其要注重这种传播方式的社会影响。与其他类别的节目相比,广播活动更多地偏向于民生和社会热点话题,和一些综艺娱乐节目有着本质的差别。广播活动要明确自身的定位,结合自己的长处,关注社会最新动态,关注百姓民生问题,通过这种方式,有效地凝聚人民群众,听取群众心声,从而创造更好的社会效应,而且在广播活动的推广过程里,要尽量发挥活动的实际作用,不能游离于表面形式。在实际生活中,还要不断拓宽广播活动和其他媒体的交互作用,在强化这种媒体与电视、纸质媒体等传统传媒联系的同时,还要引入微信、微博等网络传媒方式,拓宽传统广播活动的空间领域。

当今阶段,广播活动这种传媒与传统企业的运营方式有很大的类似点,要想取得突破性的发展,核心要素在于变革对自身的认知和定位,要把自己作为企业来看待,并借助专业的市场管理模式,使自身的发展更符合时代要求。

3.利用网络渠道,拓宽经营视野

借助网络这种全新的模式,能够高效率地整合世界各地的信息资源,不同区域的距离被缩小,交流与沟通更加便利。相对于传统性媒体来说,网络模式的引进是一种全新的途径,为广播活动的发展提供了有利的条件。就目前发展状况而言,尽管网络的介入打破了广播媒体在不同地区间传播的限制性因素,但很多广播活动仍带有较强的地域性特色,这就导致了听众范围的狭窄,这类电台的听众一般也只能局限于本地的居民。

所以,对于一些地方层级的电台,应该注重对自身本土化特征的研究,这样才能有效凝聚听众。这种方式的积极意义在于:第一,立足于本地特征,征集居民身边的素材和热点事件,能更好地服务于本地民众;第二,只有立足于本地,传播的新闻才能引发听众的共鸣,才能更好地维护当地民众的利益,听取民众心声;第三,广播活动只有先巩固了本地听众,才能进一步拓展自身的影响力,才能具备稳定的发展基础;第四,广播传媒这种方式要积极寻求与其他大众媒体的互助,这样既能拓宽自身新闻素材的搜集面,也能提升自己的影响力,确保广播活动的涉及面和覆盖范围。

4.打造播音主持品牌形象

对于媒体而言,听众接触最为直接的便是主持人,主持人自身的形象以及言语等在很大程度上决定着一个传媒的成败。对广播活动来说,最为核心的评价因素便是主持人的言语。观众通过听觉来评测这一媒体,主持人的言语是民众获取信息的唯一途径,这就说明了主持人在广播活动中的重要性。在广播业界大多数工作者都认可主持人是节目的核心力量这一说法,任何一个成功的广播节目都难以脱离一个优秀的主持人,主持人在节目中发挥着举足轻重的作用。

要打响主持人的品牌,就必须使主持人形成自己的个人魅力和个人特色,提高受众对主持人的辨识度,使受众即使仅凭借声音也能够辨别出主持人,增强观众对其的认可。就现阶段我国广播业的发展状况而言,目前音乐和交通等专业的主持人发挥平台较多,相对来说能够较为容易形成自己的个人特色。这种现象形成的主要原因在于,这种类型的节目没有固定的形式,安排相对灵活,而且有足够的时间和固定的区域与观众进行互动,通过包装有针对性地展示自我个人魅力,就能够给观众留下较为深刻的印象,获得观众的喜爱,使观众愿意再一次收听。近年来,在广播新闻行业中,虽然主持人个性化的重要性不断被承认,但在种种因素的影响下,无论是广播媒体还是电视媒体,其主持人都很难在全国范围内出名。同样,新闻主播由于新闻政治性的要求,对自身特色的限制较多,因此,全国著名的新闻主持人也较少。

当前,随着居民生活水平的提高,在广播的普及化和大众化的影响下,我国的新闻行业也开始有目的性地作出转变,更贴近民生。广播新闻节目的主持人更加注重打造自己的品牌特色,注重以个人魅力拉动节目的收听率和观看率。打造主持人的个性品牌是一个长期的过程,首先需要节目给予主持人一定的发展空间。受到传统观念和应试教育的影响,我国具有创新思维和足够强的表达能力的媒体工作者并不多,多数的主持人只是根据节目策划进行主持。

因此,只有新闻节目创新思维,改变原有的节目固化安排,将节目定位与观众需求相结合,突破自我,创新发展,才能给予主持人更多的个性化发挥空间。

(二)借助新媒体资源,加强媒介合作

1.利用新媒体信息资源,丰富新闻信息

与传统的广播新闻不同,新媒体有着明显的技术优势和资源优势,它其实就是依靠网络技术手段建立的一个巨大信息库,这些海量信息给广播新闻媒体也带来了不小的冲击。但是如果广播媒体能够充分利用新媒体的优势,必然也会得到新的机遇。

新媒体的技术特性体现在其方便、快捷的网络手段,更重要的是其互动性。当一个用户的“自媒体”信息出现,马上就会有相关信息的评论、留言,而这些评论、留言中往往蕴藏着重要的新闻线索,这时我们就要充分利用这些有价值的信息。对新闻媒体而言,如何保证获取有较高价值的新闻线索是其长期发展过程中最应该考虑的问题。因为一个广播新闻媒体要想成为行业的领头羊,就必须在第一时间获得更多、更有价值的社会热点新闻线索。

传统新闻媒体可以在新媒体的巨大信息库中寻找有价值的线索,并进行核实补充、整理,最终形成一则新闻报道。这些新闻报道随着各大媒体网络进行广泛的传播后,又会产生新的舆论焦点。比如著名的证明“我妈是我妈”事件,就是由一个奇葩证明事件引发的来自全社会的关注,这些都是通过新媒体网络爆料出来,再由传统媒体跟踪报道的。再就是随着网络社交工具越来越多,新媒体为广播新闻记者带来了不少方便,比如足不出户就可以进行 QQ 采访、微博微信互动、电子邮件采访、视频采访等,节约时间的同时采访效率越来越高,采访范围也逐渐扩大。

新媒体还可以充当广播新闻的信息来源进行穿插播报。现在越来越多的新闻播报厅都会放一台显示器,在主播播报新闻的同时,显示器中也会出现相关信息的群众留言、评论或者相关视频。多媒体和传统播报相结合的方式互为补充,进一步丰富广播新闻的内容。

新媒体信息也可作为直接新闻来源进行广播播报。比如2015 年 11 月 13 日发生在法国巴黎的恐怖主义袭击事件,许多照片、视频都是通过现场受害群众记录拍摄的,并且即时上传到网上,广播媒体也在第一时间利用这些消息图片进行了新闻播报。各大新闻媒体相继开设专栏,越来越多的市民自发组织为受害人提供帮助。这些都是新媒体带来的巨大影响,相比传统的新闻记者采访,新媒体的信息来源是全社会。某一事件发生时每一位在现场的群众都可以通过新媒体技术直接上传事件的发生过程,但同时也会出现很多需要甄别的信息,媒体需要判断其真伪,以免出现假新闻造成播报事故。

2.利用新媒体途径资源,扩展播出渠道

只有通过新媒体,广播新闻才能进行较好的传播,其中的原因主要为:(1)在移动互联网与服务终端的积极作用下,网络广播面临着良好的发展契机。大力推广移动网络广播,既可以扩展其覆盖范围,从而构建新型的传播机制,也能够与新媒体社会化的发展要求相适应。为此,在应用终端的功能方面,广播新闻媒体要进行大力发掘,在确保同步播放网络节目的同时,也要满足大众点播与下载节目等需求,并通过终端对音视频资源的调整,全方位地呈现出新闻事件,确保当中并没有技术障碍方面的问题。(2)借助于新媒体技术,传统广播仅依靠音频来传播的方式得以改变。广播可采用微博等新媒体传播机制用图片与文字的形式来报道新闻事件,同时也可以借助于别的网络渠道来进行视频报道,如此便使广播媒体具有可视性。

从实际而言,以图片来描述新闻事件的方式在诸多广播节目的官方微博上屡见不鲜,通过录音、摄像、拍照等形式来进行访问的情况也大量存在。同时,在新媒体的积极作用下,广播新闻不再受到节目制作形式的局限,可以及时地公布时效性较强的突发事件。值得注意的是,作为极具专业性的领域,新媒体的营销与管理对从业者的专业技能具有较高的要求,可该问题并未得到广播新闻媒体的高度重视。目前,该类媒体虽然已经朝着新媒体的方向不断发展,可管理媒体的工作却交给身兼主持与记者工作的人员,这就使新媒体的技术优势不能充分体现出来,这也是该类媒体需要高度关注的问题。

3.利用新媒体互动资源,增强受众参与

目前,大众对信息传播权的保障、传统媒介传播体系中的主体要求日益强烈,因此,搭建激发受众广泛参与的平台是媒体发展的要务。现阶段,社会冲突广泛存在,并亟待解决,在此种形势之下,我国需要创建出良好的社会舆论环境,满足大众各抒己见、表达利益诉求的需要,这也高度体现出了诸如广播媒介等大众传媒的社会发展功用。可是,节目资源不足、媒介管理机制较为严格,限制着传统媒体节目的开放性发展,而在提高大众参与度方面,新媒体的出现正好弥补了传统媒体的不足。

通过新媒体平台,广播节目可以利用微信、社交网站、微博等途径来进行制作,进而在听众、频率与节目间构建良好的交流机制,并在节目中体现出大众的各种言论与看法。同时,作为专业的传媒组织,广播媒体在社会上具有一定的影响力。广播节目可凭借此种优势,开设以知名主持人为主导的网络讨论平台,构建颇具规模的社会舆论体系,并在节目中展现出最终的讨论结果。如此便提高了大众对节目的参与度,而且在互动的过程中增进了二者的感情,使节目的思想性与影响力得以加强,逐步树立了良好的社会形象。作为诸多广播频率与节目普遍拥有的新媒体平台,官方微信的影响力与日俱增。利用微信实时语音沟通的性能,河南省的音乐、交通、郑州交通与经济等广播节目,均相继在官方微信群中与大众展开了微信交流,这就使节目的亲民性与灵活性大为加强。

（三）明确自身定位,挖掘核心竞争力

在当前竞争日益激烈的市场环境下,广播新闻应不断完善与优化自身的内容与形式,以乐观的态度来迎接挑战。这就要求广播新闻充分挖掘自身的核心价值,不要局限在单纯地参照网络媒体等新媒体以及电视与报纸等传统媒体在新闻上的方式。只有这样才能够最大限度地发挥自身优势,弥补不足,积极应对各种媒介环境。

1.通过媒介融合打造广播新闻的品牌

广播新闻的优点较为明显,即信息含量大、信息传播便捷、信号覆盖面积广等。但是,随着新媒体的出现,上述优点不再是广播新闻的独特优势,其已然成为当前所有媒体的共性。与新媒体相比,在新闻传播上,广播处于明显的劣势地位,但是,广播在新闻客观性、权威性方面仍然占据无可取代的位置。由于新媒体新闻具有很强的互动性,公众成为发布新闻的一个主体,在管理机制上,新媒体也存在缺陷,因此,极易出现虚假性的新闻。

为了将广播新闻的优势最大化,需要有效融合各个媒介,需要促进广播新闻的品牌化建设。依托媒介间融合途径,对广播新闻节目加以创新,打造新品牌与当前社会环境较为契合的广播新闻节目有评论类、访谈类以及现场直播类。其中现场直播这一类型最为常见,其对新闻的实效性尤为关注。采访人员用口头表达的方式力图将正在发生的新闻事件最为全面地呈现在观众面前,使得观众产生身临其境之感。

在广播新闻中,现场直播类新闻最具代表性,能够将广播的长处最大程度地展现出来,所以,受到了观众的广泛认可。例如,在大型的节庆活动或者突发事件中采访人员将现场状况客观地描述给听众,使得后者通过想象能够感知现场状况,从而对此留下深刻印象。媒介间的互融,在将新闻直播形式的长度扩大化的同时,还为其融入了新的理念,使广播新闻直播节目朝着可视化形式发展。依托网络广播、移动广播等方式,此种可视化形式得以实现。与电视相比,可视性广播有以下不同:播放平台不同,可视性广播平台为网络与手机 APP,这一平台对于观看时间没有限制,较为自由;在发送时间上,传统广播新闻以及网络广播新闻发送时间相同,在收看直播视频时,受众具有自主权;能够全面展示直播间情况,这一特点能够带给观众亲切感,拉近与观众的距离。通过可视性广播,受众不仅能够收听新闻还能够观看相关视频,在获取新闻资讯上实现了听觉与视觉的统一。此外,植入视频类广告能够为广播新闻带来一定的经济效益。而且,依托媒介间的融合途径,还可促进主持人的品牌化。主持人为受众与媒体两者相连的桥梁,其功能不可小觑。在主持人方面,影响新闻信息传播效果的因素主要有音色、语调以及语速等。

除此之外,节目的风格与内涵的呈现主要是通过主持人的主持风格。依托各媒介的有效融合,将处于"幕后"的广播新闻主持人转移至"台前",呈现在观众面前的不仅有语言、声调,还包括肢体语言、面部表情等,进而拉近节目与观众距离,使节目内容更加生动、更富吸引力。面对可视性广播的出现,新闻节目主持人需要应对诸多挑战,只有在肢体语言、外部形象上多加关注,主持人才能够变挑战为机遇,促进自身成长。当前,传媒界已经普遍认同"节目的核心在于主持人"这一观点,大量表现突出的电视以及广播节目都具有能够体现自身品牌的主持人。主持风格以及声音是区别节目主持人的主要因素,通过这些因素可以提高收视率。所以,积极促进广播新闻品牌化建设,能够提高其收视率,提高其市场占有率,促进其健康发展。

2. 强化广播新闻内容的思想内涵,以观点制胜

在媒介融合背景下,专业媒体间的竞争焦点不再单单是新闻的"独家性"。数字化发展促使新媒体取得了巨大进步,受众随之对新闻内容以及深度赋予更大期待,受众的关注点开始放在新闻的内涵以及观点上。针对同样的新闻,在竞争中占据优势地位的是见解独特、观点富有深意的新闻。如果想要在新闻广播中占据领先地位,需要新闻事件解读与点评具备及时性、权威性,同时能够引领舆论导向。新闻节目的品牌化,以及树立起领导地位,需要建立在视角独特、观点新颖基础上,只有这样,受众才能够获知直观、有效的评论建议,才能成就新闻节目品牌。在当前竞争日益激烈的媒介市场,为了谋求发展,各个主流媒体都积极开拓提升路径,媒体间的实力日益均衡。因此,当前媒体竞争力的强弱主要在于观点。新闻所传达的思想性,并不单单建立在技术层面上。面对新媒体的挑战,广播新闻应当更为关注新闻内容的思想性,从事新闻工作的团队整体需要将工作重点放在信息分析以及信息阐述上,可以邀请专家对当前的社会焦点问题展开讨论与阐

述,或者参照公众舆论方向给出相应评论,与此同时还要阐明媒体自身观点。一方面,需要对新闻进行深度解析;另一方面,面对日益增多的要求,新闻工作者的使命有所增加,除了传达信息,还需要帮助公众理解新闻事件,从而正确引导舆论导向。为此,新闻工作者需要具备高度的专业性与社会责任感等。"观点致胜"这一观点,能够促进广播新闻发挥优势,弥补不足,依靠特有的新闻视角来提高收视率。

3.利用媒介间的融合创新节目形态,增强悦听性

广播节目的具体结构模式通过其播出形式来体现。通过播出形式,具体信息内容得以展现,实现了形式与内容的结合。所以,在广播新闻中,创新节目形态是关键工作。只有始终致力于创新,才能够优化节目悦听程度,才能够迎合越来越广泛的受众口味。《在线聊天下》为中国国际广播电台的一档广播新闻录播节目。其播出时间为:周一至周五晚5点40分,播出主题为新闻资讯(主要为国际新闻)。其中每期节目的新闻焦点有3或4条,选取范围集中在国外社交媒体热点评论上,对此展开讨论。在传统广播媒体播出的同时,网络广播媒体也会在同一时间播出。该种节目形式较为新颖,在新旧媒体融合基础上有所突破,其不同于传统的时政新闻,在亲和性、轻松性、悦听性上有很大提升。在广播新闻界,此种创新形式带来全新的收听感受,应予推广。

受到广播单信道传播特点的影响,在广播新闻中,声音起着主导作用。因为听众获知信息的唯一途径为声音,所以,如果节目信息量过大、内容繁多会严重影响收听效果。为了避免这一问题出现,网络广播新闻做了诸多努力,并取得了一定成果。如为了避免听众出现听觉疲劳问题,播出时采用"碎片化"方式,精简信息、分期播出,持续转换新闻的兴奋点,加大力度增强新闻悦听性留出一定的时间来供听众休息,以便消化信息,进而提高收听效果。此外,受到日益进步的传播技术影响,媒介间加剧了融合步伐。作为新旧媒体融合的产物,一些创新型节目形式,如网络

广播、数字广播等,给广播新闻注入了新的活力。

2008年8月底,国家广电总局发布了《关于加强广电媒体互联网视听节目服务的若干意见》。根据这一意见,广电媒体的工作重点开始放在网络视听门户网站上,如中国广播网、央视网以及国际在线等。通过上述工作,在广播上,能够实现播出方式的多元化,即在线直播与点播。同时元素也趋于多样化,如图片、音频以及视频等。此外,受众能够通过检索手段来查看往期节目。一旦有重大新闻事件发生,将广播电台直接连线网络广播,能够强化传播效果。依托网络广播的特长,广播新闻对自身的报道形式也有所开拓。但是,广播新闻具备"喉舌"性质,这个特性在一定程度上限制了新闻节目形态在内容与编排等方面的创新。因此,创新需要把握好度和范围,这无疑对新闻工作者的专业性要求有所提升。此外,国家政策对节目的创新与改版进行掌控,那么,"把关者"需具备创新意识,支持创新,这样才能激发相关工作者的积极性,促进更多优秀节目的产生。

二、电视媒体的转型

(一)坚持"内容为王"的基本原则

尽管移动网络和数字终端的发展越来越成熟,形式也越来越丰富,普及率也逐渐升高,但是,这些都只是信息的传播媒介,是一种信息内容的承载工具,不论电子终端如何多样,其内容都是相同的,信息的传播都是通过文字图像等进行传递的。因此,在各种信息传递过程中,其只不过是将同一种信息通过不同的加工处理形成形式各异的信息资源,传递给受众。但是,受众获取到信息后的效果是相同的,也就是说,信息的核心价值仍然是内容本身,信息内容的本身才是信息传递的关键。为此,在进行信息传播时,要加大对信息资源的编辑处理力度,形成各种形式的内容,并通过不同的信息平台发布,以适应不同的信息种类的需求者。这样不但能够扩大信息的传播范围满足各式各样的人群,更能实现媒体自身发展的目标,最终获取更大的利润。

电视媒体只有以信息内容为中心,将内容作为信息传播的关键,努力打造出受观众欢迎的节目,形成强大的吸引力,才能够成功实现新媒体形式的发展。面对日益多样化的需求,人们对于信息的接收已经从被动转向主动,更多地选择适合自己的信息,因此,电视媒体要发展出更多的形式各样的节目,以满足各种观众对信息的需求,同时还要实现与观众的互动,让观众能够亲自参与到节目的评论中,对节目提出自己的见解及在新媒体平台上与其他人进行交流。电视媒体只有制作出更多吸引人的、更为丰富的节目,才能够保证和提高受众的人数。在不断的发展过程中,不但要坚持电视媒体的优势,同时还要不断地扩大与其他媒体的合作,形成更为广泛的媒体传播途径。

电视媒体要想更好地发展新媒体业务,就必须坚持内容为王的原则,内容仍然是吸引受众和保持受众的主要因素。另外,要坚持受众至上的理念,受众就是客户,只有认真地对待受众,才能够赢得受众的青睐。在传统的电视媒体中,电视节目的传播主体仍然比较单一,无法满足逐渐增长的受众的需求。因此,面对各种电视终端设备的应用,电视节目的播放不仅仅局限于电视的单一频道,要将节目的传播渠道扩展到各种电子终端设备上,形成更加广泛的传播途径。而在节目内容的选取上,要利用各种终端大众发布的新闻信息,采取比较有吸引力的信息资源,将其作为节目的互动话题,能够在很大程度上吸引受众,扩大受众的响应力度。另外,各种电子终端的互联网迅速传播是节目快速传递的一个重要工具。

需要特别注意的是,在内容的传播上,电视媒体要改变传统的宣传方式,避免枯燥的上下级别的宣传讲解,要将节目内涵化,将节目设计得更加吸引人,更加的生动有趣,能够引起受众的兴趣,激发受众的感官,刺激受众,这样做出的节目才会牢牢地吸引住观众,逐渐增加受众。随着社会的发展,网络语言逐渐地成为广泛使用的文化,因此,在主持节目方面,要进行语言方面的创新,尽可能地融汇各种网络文化,这样能够很大程度地吸引受众的注意。另外,在借用广大网友发布的各种火爆新闻时,要注意对这种消息进行适当的加工处理,尽可能地进行信息的整合和深入的挖掘,因为毕竟广大网友没有专业性的知识,所以发布的信息大多是浅显的,如果直接作为节目发布出来,就会显得比较低俗,无法吸引大众。只有将各种信息进行全面的整合,深入的挖掘,才能够尽可能地在节目中提供更加有价值的信息,也才能真正发挥电视媒体的价值。

电视媒体还要更多地增加节目的互动形式,在各种节目中,互动性会更多地让观众参与进来,才能够满足观众参与的需求性。让观众更亲切地感受到节目的制作氛围,从而能够真正地融入节目中。观众互动功能的时限,不仅给了观众一个平等的交流平台,而且电视媒体也能够更加平和地融入到社会生活中来,成为社会生活中重要的一个组成部分。在媒体的内容传播方面,要实现内容的多渠道和重复利用,将制作的节目进行跨媒体传播,这样才能够实现资源的最大化利用。而传统电视媒体的节目一般都是不可跨媒体或不可重复的,制作过程又要消耗巨大的资源和信息内容,这就造成了资源和信息内容的巨大浪费,难以产生较好的效益。

跨媒体内容数据库,其实就是电视媒体在制作节目中产生的各种资源数据,电视节目就是通过挑选和编辑在这一数据库中的各种数据信息然后进行组合而成的。而仅仅将这一数据库提供给电视节目使用就显得比较浪费资源,电视媒体应该发动资源优势的主动权,为各种新媒体提供其所需要的数据信息资源,充分发挥数据库的价值。这样不仅能够降低新媒体发展的成本,提高其各种信息的制作效率,而且能够成功地将电视媒体与新媒体联系得更加紧密,且为电视媒体争取更多的价值。

（二）实施电视产业结构调整

伴随着新媒体的不断发展扩张,传统电视媒体的发展受到了很大的挤压面对新媒体的竞争,传统电视媒体正不断进行产业结构的调整,实施产业链战略,以保证在媒体领域的领先水平。产业链就是指在一个产业中,由于各种生产关系而形成的一系列企业联系。在一条产业链中,有从生产到销售服务等一系列活动企业的参与,它们形成的是一种条状的链条关系。在产业链中,通常包括上下游企业。面对现代社会,单个企业的独立生产已经很难适合社会的发展。因此,在一个产业中,会有多个企业的分工合作,它们彼此之间形成一个特定的产业链,而媒介这一产业,也已经不再是电视媒体能够独立完成的。一般来说,电视媒体的运行必须要通过四个产业环节共同运作来完成。第一环节是内容的供应商,一般由电视台提供专业的电视媒体内容;第二环节是节目运营商;第三环节是平台运营商,是电视媒体的运营平台;第四环节是节目的受众,是享受电视媒体服务的人群。随着互联网的发展,电视节目不再仅仅出现在电视平台上,同时也出现在网站网页上及观众的智能终端上。由于新媒体是结合互联网形成的,因此,在进行运营时,产业链还增加了另外两个新的供应商,一个是提供移动和固定网络资源等互联网运营的网络运营商,另外一个是提供各种智能终端设备的终端提供商,包括手机、电脑等设备。在传统的电视媒体产业链中加入这两个供应链,就形成了新媒体的产业链。

不难看出,在发展的新媒体产业链中,各环节之间的关系更加紧密,形成了更加强劲的合作机制。而由于环节的增加,产业链也变得更加复杂。从整体来看,产业链的基础和关键仍然是处于最上层的内容提供商,因为整个行业的发展都是围绕其提供的内容进行的。新增的网络运营商则是整个产业链发展规模扩大的关键所在,是运营渠道的主要提供者,也是传统电视媒体融入互联网、形成新媒体发展的必然结果。在我国电视媒体向新媒体转型的过程中,产业链的核心和关键出现了严重的问题。虽然其发展的电视节目越来越多,但是,其中原创的内容却非常有限。很多电视节目都是雷同或者相似的。

尽管有些节目进行了创新化的制作,但是由于资源有限,这些节目的制作规模都相对较小。随着时间的推移,这些创新的节目逐步会面临着被模仿的困境。这些都是因为内容的缺失,缺少新鲜的内容,就无法形成节目的创新,也就无法真正实现产业链的升级。另外,在产业链中,每个环节的主要目的都是创造利益,而我国现在的产业链利益分配却出现了失衡状态。产业链利益分配不均衡的现象,在很大程度上导致整个产业链的不协调发展,各个环节之间的分工合作也出现了问题,无法发挥出应有的整体效应。所以,要想发挥整个产业链的整体效果,提高整体产业链的水平,就要处理好各利益关系之间的利益分配,实现产业链内部的合作共赢,促进产业链的发展和平衡。

当前,人们的需求日益多样化,为了满足这种多需求的发展需要,新媒体的产业链要进行统筹兼顾,不但要发展产业的水平,提高产业的能力,同时还要增强各产业链内部的合作,实现资源的优化配置。电视媒体要提高与其他媒体企业的合作意识,加大合作力度,最终形成一条健康发展的产业链。

(三)促进全方位的多媒体融合

当前,新媒体也在不断地更新变化,各种新媒体之间不但有着强烈的竞争,同时也不断地进行着融合,以此来形成适应能力更强的新媒体。电视媒体的发展同样面临着这样的选择,只有将自己融入日益变化的新媒体中,才能够实现自身的跨越式发展和质的飞跃。在融合的过程中,电视媒体要坚持自身的优势,坚持内容和资源两个层面的共同创新,促进市场和组织方面全方位的融合。

电视媒体的融合过程,不是被淘汰的过程,而是不断更新变化的过程、不断前进发展的过程。电视媒体融入新媒体中,是两者相互之间的融合发展,是相互的弥补,而不是简单的替代。在媒体融合的过程中,根据融合程度的层次,可以将媒体融合战略划分为媒介互动、媒介整合及媒介大融合三个阶段:第一阶段是媒体的计划性接触和融合,是尝试性的融合;第二阶段是多种媒体之间进行的组织之间的融合,并形成全新的媒体组织,相互之间融合力度加大;第三阶段是多种媒体进行互融,形成全面全方位的大融合,这是一种成熟的融合表现。一个媒体平台的建立,是由多个媒体融合而成的。

在电视与新媒体的融合中,一个新词汇"一云多屏"应运而生,这是在互联网进入后才出现的。云其实是互联网中的一个概念,最开始是电信网的代指,后来就广泛地代指整个互联网,是一种抽象的概念。从根本上理解,"云"就是互联网技术的一个集合体的总称。在电视媒体与新媒体的融合过程中,"一云"指的是电视媒体播放的内容,是一种视频等的集合,这里的"多屏"是指视频内容播放的屏幕,如手机、电脑或者是广告大屏等。电视媒体与新媒体的融合,在"一云多屏"技术的实现下,能够将一个节目的内容在各个屏幕之间传播播放,能够实现信息资源的广泛传播,充分发挥资源的价值。并且,在扩大传播规模的同时,这种传播模式也给电视媒体带来了更为广大的观众,实现了更大的收益。

在实施多媒体融合战略后,电视媒体的新媒体发展毫无疑问会受到很大的影响,其不仅对电视媒体的本身产生影响,同时也会改变这一产业的效益,并且还会影响到产业方面的政策法规的制定和实施。媒体融合会改变原有的产业链,形成更加科学有效的产业链,实现产业升级。而产业升级能够给电视媒体带来更多的收益。在多媒体融合战略中,电视媒体自身的价值得到了提升,电视媒体的产品具有更大的价值,具有更大的收益效应,而互联网等的融合,也增加了电视产品的传播规模以及受众群体,增加了传播的渠道。电视产品已经形成了多方位多渠道的全面发展。并且,在各种技术的融合下,电视产品的生产成本大大下降,盈利能力逐渐提升。

此外,多媒体融合战略,不仅是改变电视媒体的结构,更是对其盈利模式进行一定的改变和创新。在传统的电视媒体中,盈利模式一般只有卖广告和卖电视节目内容两种,这种盈利模式太过单一。其他媒体的竞争,使得电视在广告方面的盈利受到很大冲击。而互联网的发展,又对电视节目内容的传播产生了很大的影响。所以,传统的电视媒体盈利模式已经无法适应时代的潮流,而多媒体融合能够为电视媒体提供更加多样化的盈利渠道和盈利模式,能够为电视媒体的盈利开创新局面。

传播行业相关的法律规定是根据传统电视媒体的特点制定的,其适用于传统电视媒体。在多媒体融合战略发展下的新媒体时代,各产业之间的划分逐渐模糊,相互之间都有不同程度的渗透,原本单一的法律规范已经无法对现在的媒体领域进行管制。为此,要根据新媒体融合后的特点制定出适合多媒体发展的新的法律法规。随着融合力度的加大和融合层面的加深,电信和电视行业之间的区分越来越模糊,有些产品业务的归属也无法确定,在面对这些问题时,法律法规的制定要更加细致化和科学化。

在各国不断争夺发展市场的现代环境下,具备更加强大的竞争力,才能够保证自身的发展,也才能够保证国内行业的健康发展。我国的电视媒体在发展新媒体业务的过程中,只有不断地发展多媒体融合战略,进行多种多媒体的融合,才能够保证电视媒体的强大发展动力,也才能增强国内行业的竞争力,在应对国外行业的渗入和冲击时,也才能保证自身地位的稳定和市场份额的扩展。

(四)重视电视新媒体专业人才的培养

人才是关键,人才是企业的动力来源和创新来源。对于电视媒体来说,人才同样是其转向新媒体发展的不可或缺的重要因素。所以,新媒体的发展关键还要看人才战略,人才战略包括人才的培养、人才的吸收及人才的安排和使用。在新媒体的发展过程中,多种媒体的融合发展是必然的趋势,因此,新媒体发展需要的人才必须是适合媒体融合的多样化复合型人才。只有保证相应适合人才的发展,才能保证媒体融合的顺利完成,也才能实现媒体的跨越式发展,实现电视媒体的新媒体转型。

（1）在人才选择方面，虽然专业学校出身的工作人员具有较为专业化的基础知识，也具备各种传统的编写能力，具有比较丰富的电视业务经验。但是，新媒体更加地接近民生，是一种更现实的、更贴近生活的新闻文化，其需要的不仅仅是电视媒体专业人才，更是关注民生、融入社会、与时俱进的真实传播者。另外学生的专业知识与实践是不同的。在真正从事电视媒体行业后，即使具有丰富的专业知识，他们仍然要接受实践培训学习，这就影响到了人才的及时供应。为此，我们必须进行人才培养的改革。

（2）在人才培养方面，要考虑到新媒体的发展特点。由于新媒体具有时代性和大众性，因此，在进行人才的培养时，必须要保证知识与技能的先进性，保证相关人才能够运用新媒体中的各种先进设备，掌握各种专业的知识，并且还能够贴近民生，走进社会。随着社会的发展，传播行业对人才的要求也有了更高层次的体现。人才不但要具备较强的专业素质，还要具有较强的社会适应能力和优秀的综合素质。

（3）在人才要求方面，相关人才必须具备较强的专业性知识技能，并且能够灵活地运用各种知识和先进的设备，另外，还要具有较强的创新意识，这也就是所谓的全媒体人才。全媒体人才能够运用各种先进的设备进行拍摄，能够进行新闻的排版编辑，能够根据不同的媒体平台制作出不同的新闻内容，并且，能够判断出突发事件中的可报道和不可报道部分，能够较为迅速地采集突发事件中的关键信息资料，能够灵活合理地运用各种网络资源，保证制作的新闻内容合理新颖。而面对观众，他们要有服务意识，能够将观众作为需求的主体，根据观众的需求制定出适合的节目和方案。发展全媒体人才，能够将不同需求的观众分开并归纳出不同的需求，并根据新闻资料提取出适合每一部分人群的信息进行编辑，为不同需求的观众提供人性化的信息服务。

（4）在人才管理方面，如果不进行合理的管理，人才就会流失，人才的引进和保留是人才战略的另外一个重要因素。对于已有的人才，要建立科学的考核机制。对人才进行有效的奖惩能够激发人才的积极性,提高员工的工作效率,为电视媒体的发展提供更加强大的动力。而我国现在的人才管理就存在很大的问题,管理机制落后及没有正确的奖惩措施等造成人才的大量流失。另外,要注重人才的引进,虽然可以进行人才的培养,但是,面对外部优秀的人才,合理的人才引进机制能够给电视媒体注入新鲜血液,让电视媒体内部的员工更加活跃,工作积极性更强。在吸引和留住人才时,要从人才的角度考虑其需求,为人才提供满意的职位以及薪酬,保证其事业发展和电视媒体的发展是一体的,保障人才与电视媒体的共赢,这是人才战略发展的要求,也是人才战略的关键。

（五）积极开展品牌化经营战略

品牌是一个产品的象征,是消费者对某一类产品使用后的感受。一般来说,每种商品都具有自己的品牌,而消费者对该种商品的使用情况,将逐渐形成这一产品的品牌,消费者对产品的满意程度也决定着品牌影响力的好坏。商品质量越好,消费者使用后的感觉越好,对产品的印象越深刻,则对品牌的评价也就越好。而且品牌是产品销售使用后自然而然产生的,是产品的一种附加品,是一种无形资产,在企业的生产中,具有重要的作用。品牌战略就是指企业以品牌为竞争核心,开发销售产品,创造品牌效应,提高产品的知名度等。

品牌对于企业的发展有突出的作用,要想创造出品牌效应,就要大力发展品牌战略。尤其是面对同类产品的竞争越来越激烈的现代社会,只有发展出自己的品牌才能够赢得更大的市场,获得更多的利润。在新媒体的发展过程中,竞争更多地表现在新媒体媒介品牌的竞争。各种电视媒体在发展出自己的品牌后,才能够在这一领域获得自己的市场,处于领先的地位。拥有更强大的品牌,才能够赢得更多客户的信赖,也才能吸引更多的投资,投入的广告效应也才能发挥出更大的作用。但是,要创立一个知名的品牌,并不是短时间内能够完成的。品牌的形成,需要整体的发展和完善。电视媒体的品牌战略,首先要做的就是要标新立异,要进行创新,只有创新才能发展,也才能实现品牌。这就要求,在制作节目时,要强调节目内容和形式的创造性,要打造出良好的节目,才能创造出电视媒体的新品牌。对于电视媒体而言,一般品牌创立可以通过台标、版块名称以及主持人明星化等方面进行实施。

(1)在台标方面,要制作出能够让人容易识别的台标,这也是最基本的,只有容易识别、容易记忆的台标,人们才能更加清楚地了解某个电视节目。另外,台标还要具有创新性,能够让人引发联想,从观察台标就能够产生对这一节目的好感。如湖南卫视的台标,形状如同芒果,让人有一种清新的感觉,很形象地给它赋予了"芒果台"这样一个贴合外形的昵称。台标的清晰和新鲜,能够让观众对电视节目有一个最初的好印象。(2)电视节目的版块名称,通常一个电视台的节目分为多个板块,在每一个板块中都会有相似的节目内容。而在设计各板块时,就要考虑到节目的内容,尽可能地实现板块名称能够清晰地反映出这一板块的节目内容,让人们一目了然。这样,也适合在网络媒体中更为广泛地传播。(3)将电视台的主持人明星化。明星具有一定的群集效应,人们对明星有一种追捧心理,将主持人明星化,能够吸引更多的人关注明星所主持的节目,也就间接地成为电视台的忠实观众。

在传统电视媒体的业务发展过程中,要注重品牌的建立。建立的品牌要顺延到相应的新媒体业务中,给新媒体业务创造一个成功的品牌发展平台,这样才能够有利于新媒体业务的快速发展,也才能在多种媒介的新媒体发展中形成品牌的资源共享,达到较好的发展前景,实现更大的利润。

三、报纸的数字化转型

(一)数字化转型的理念

传统报业在数字化转型道路上发展都比较缓慢,有的人认为必须转型,而有的人认为过早的转型是一种企业自杀行为,当然还有的观点说盲目转型也是一种自灭的行为,各种观念都影响着管理者们的决定。那种坚持不要过早转型的观点阻碍了传统报业数字化转型的发展,成为其转型道路上的绊脚石。其中"早转型早死"的想法制约着传统报业数字化转型的步伐,所以必须坚持正确的观念来引导发展。必须把过去那种传统的以媒体为本位的观点抛弃掉,要坚持以用户为中心,不断创新,以此来推动数字化转型的发展。

1.摒弃"媒体本位"传统观念

传统报业数字化转型是比较全面、多样发展的,它主要是在理念、技术、组织和经营上进行多方面的改变。不同的报业集团和报业机构在探索推动数字化转型的过程中,研究办法和手段都是不一样的。但是它们都共同坚持着要抛弃掉过去的那种以媒体为本位的观念,坚持着以用户为中心的观念。

媒体本位观念主要是以媒体为中心,通过单向的方式进行传播,媒体在数据收集、加工和传播过程中是垄断的。如果媒体和记者没有选择这个新闻素材和事件,那么它是不可能会通过媒体被传播的。这种"媒体本位"观念阻碍着人的思想的发展和转变。但是自从互联网不断发展完善,传统媒体不能再对市场进行垄断,这样一来媒介的系统发生改变,人们可以通过更多的渠道和方式来获得新闻信息。

在当前竞争激烈的社会环境中,如果还是一味地坚持以媒体为本位的观点,那么肯定是会被行业的发展所淘汰的。所以传统报业在发展过程中,必须放弃过去那些传统的观念,不断学习和引进先进的媒体技术,推动媒体的传播,从而推动整体经济的发展。所以不管什么时候一定要学会首先改变过去的思维方式和方法。

2.改变"读者平移"思路

传统媒体的数字化转型已经经过了 20 多年的发展,行业内的精英也不断研究探索,寻找合适的方法。早在 2009 年,浙报集团便通过两个研究小组进行试验,主要是对新媒体的运营模式和产品体验进行分析研究。浙江日报报业集团党委书记社长高海浩认为,要想实现传统媒体的根本转型,必须要对整个系统进行调整,而不是研究单个产品,必须通过改变系统来推动转型和发展,而且必须要做到扩大范围和提高质量。

默多克新闻集团创刊不到两年的 iPad 版日报《The Daily》,于 2012 年 12 月宣布停刊了。行业精英对此进行了分析研究,他们认为失败的根本原因在于它没有加强与社交网站的联系,也没有引入创新的技术吸引消费者。而且它的阅读方式仍然局限于过去那种传统的方式,只不过是转移了一个位置而已。《The Daily》给我们的经验教训是,要想实现真正的数字化转型,必须对整个系统进行调整。

3. 建立"以用户为中心"的数字化转型理念

传统报业和新媒体具有不同的传播形态,传统报业的传播是单向发展的,比较单一化,有很多局限。而新媒体的传播是多向的,它可以实现多方位的传播和互动。在这两种传播方式下用户的体验感受都是不一样的。传统报业只是单纯为了满足自己的读者,而新媒体传播是为了满足所有的用户。这两者相比较,明显新媒体占有绝对的主动权,有更大的选择空间。所以传统报业必须抛弃传统的观点,坚持创新,坚持以用户为中心,来推动数字化转型的发展。

传统报业不断改革,经过转型实现以用户为中心,把用户的体验和满意程度作为重点,从而实现传统报业向数字化转型的发展,提高其传播效益。浙江日报报业集团副社长蒋国兴对传统行业的转型提出了自己的看法,他认为应坚持以用户为中心,找到精准的客户源,进行信息传播,从而提高传播效益。但是要真正实现转型必须不断发展完善数据库,不断更新数据。

在新媒体的迅猛发展下,新兴市场对传统报业的发展产生了一定的影响。用户作为新兴市场的主人,它们和媒体的联系日益密切,它们可以充当记者或是摄影师的身份,与媒体进行互动,共同传播交流信息,从而推动传播的发展。而这个新兴市场的地位不断提高,它们把所看到的、听到的和拍到的都用心记录下来并且传播出去,构成了非常美丽的信息蓝图。全球传媒业不断地在发展完善,但是并不能实现数字化转型后的可持续发展,就是因为没有形成能够承担传播过程成本的那样一个市场。

（二）数字化发展的模式

集成服务最早出现在工业领域,这些年来国外的媒体一直在探究分析这些事情。时任光明网副总裁陈建栋提出了自己的观点,他认为通过把媒体和社交网络、互联网和大数据结合起来共同发展,相互联系,能够对媒体的发展产生一定的有利影响。这些因素带来的影响,就是要求媒体必须不断创新,实现整个媒体全方位的发展,提高服务的独特性和针对性。所以,传统媒体在改革过程中必须坚持对生产组织和传播方式进行调整,推动集成服务的发展,从而能够更好地推动企业发展,提高经济效益。

1.优化内容集成

在报业数字化转型过程中,主要通过将报纸的内容转移到新的载体上来达到传播的目的。但是经过长期的探究和实践,我们发现这种传播方式不仅导致投入的成本增加,而且使企业的利润降低,最终导致企业的经济出现危机。其实出现这些问题的根本原因就是传统的报业并不能很好地和互联网结合起来共同发展。随着技术的不断发展,尽管传统报业改变了媒介,但是生产运行模式依然是过去的旧模式,没有从根本上改变,因此,阻碍了报业的发展和进步。

但是传统报业在数字化转型过程中的主要核心竞争力就是信息的内容。如果信息内容不够科学完整,那么便不会有什么改变和发展。所以必须要注重对信息内容的收集和整理,优化资源,让新闻信息能够被用户接受和支持,具体而言应做到以下几点。

(1)报业数字化产品内容在生产来源上是需要相互交流的。在传统的新闻工作中,新闻线索主要是由记者和线索人进行收集。随着社交媒体的不断发展,以及信息传播力量的不断扩展,记者在实际业务中必须利用这些社交媒体来寻找线索和信息。但是,记者在寻找信息源的过程中,必须充分发挥其主观能动性,否则单靠自己薄弱的力量收集信息,效率会非常低。如果在收集新闻信息的过程中,把互联网和社交平台结合起来,不仅可以提高其效率,还能大幅度地增加信息来源,从而推动报业的发展。

(2)报业数字转型产品内容必须要重新选择。随着社会的不断发展,人们的工作生活节奏不断加快,压力也不断增加,城市规模也在扩大,这样一来用户使用产品的时间减少,这是报业在发展过程中遇到的问题。所以报业在数字化转型过程中应该调整内容的结构来满足用户的需求和习惯。同时必须要不断创新发挥本企业的独特性,借鉴学习先进的技术和优秀的传播方式,取长补短来推动媒体的发展,从而不断建立健全数字产品的结构,提高经济的整体效益。

(3)报业在转型过程中必须发挥其独特性,提高数据资源的整合效率。用户一般希望不仅仅只是获得目标性信息,更加希望得到相关内容的信息,希望通过关键词来搜索自己想要了解的内容,这就需要充分发挥网站的优势,通过互联网和移动终端来传播媒体的信息内容。所以传统模式下的数字化转型是比较落后的、不适应社会发展需要的,而且互联网在内容上还有很多的问题和不足需要改善,特别是在公信力和经验方面还特别欠缺。在遇到这些问题时,必须充分发挥媒体的作用,要学会去收集优化不同的信息来源,保证其权威性,从而推动传统报业数字化的转型和发展。

2.完善渠道集成

很多人都意识到内容的重要性,而且随着科技的不断进步和发展,获得信息的方式和速度也在不断发生改变。现在越来越多的人都认为传播方式的重要性在不断代替内容的重要性,它们认为如果没有好的传播方式,再好的内容也无法传播出去。

实际而言,认可内容的重要性和传播方式的重要性都是有道理的,但是它们两者的关系是比较尴尬的,是不能同时存在的。内容和传播方式都对新闻的传播和影响力产生了一定的影响。一方面,报业转型数字化产品的含金量比较高,会让用户感受到内容的科学生动,会更容易让人记住,加之如果内容比较有特色、深奥、耐人寻味,那么肯定会成为新闻头条引起用户们的关注,会在竞争过程中占有绝对的优势;另一方面,如果报业数字化产品有优秀的平台支撑,那么可以利用其来提高曝光度和活跃度,从而让商品占有一定的优势,提高收益,把风险降到最低。传播方式的不断发展,又可以对内容的影响力起到一定的推动作用。

要想不断完善传播方式和渠道,利用媒介来推动报业数字化的转型,从而推动整个行业的发展,需要做到以下几点。

(1)使各个平台相通,真正达到跨平台传播。一个平台可以适用于各个系统,多个平台拥有多种产品,使跨平台传播得以实现。第一,从传播平台存在差异的角度来看,因为现在顾客可以通过多种方式获取自己所需的信息,由传统报业所转型的数字化产品理应满足各种操作系统的适应条件,并且可以适应 iPad 等平板电脑客户,领先对多种系统的适应程度的改进;第二,由新兴媒体平台的角度来看,传统报业所转型的数字化产品如果局限在电脑屏幕、手机屏等范围内,会限制了自身的发展、可与目前数字化高端产品如智能电视、户外交互屏幕等其他区域相融合,深入开发产品。

(2)开放平台,吸引更多的外部资源加入。国外的部分媒体机构与平台,同意其他机构通过媒体使用,进行新的产品与服务的开发。这样不但可以改进媒体的服务模式,增加服务对象,而且可以增多并吸引外部资源,拓宽自身的利益渠道来源。例如,《纽约时报》网站于前几年公布了 API,同意其他机构在网站内容的背景条件下进一步研发其他的应用与服务。现在,《纽约时报》API 已拥有数十种项目,其中包括了政治、经济、文化等多方面的不同内容。

(3)将终端进行整合,对产品立体式分开出售。报业在转型为生产数字化产品的时候,一定不要让思想有所限制,不但要争取自身的平台时期相同并进行开放,而且要使销售产品的网络相互结合,使数字产品具备跨平台的能力,让产品进行立体式的分开发放。两年前,普利策在新闻奖的作品里,通过《纽约时报》发表的"雪崩"就是将多个平台进行融合,成功突破了原有新闻产品的限制而开发的一种新型的产品形式。这种产品能通过多种终端载体进行展示,每个终端也能有所相通,汇集聚合为更有用的网络,可以给产品目前的分销模式带来很大的帮助。

3. 提升服务集成

因报业属性是新闻类,那么这类产品必须以面向用户作为最终环节,其服务水准也就能够直接影响到产品在市场当中取得的效果,并能够对转型的成效构成决定性的影响。过去的报业数字化转型必须有大的变动,特别是对于流水线操作模式和机械化作业要有新的变动,不再局限于本位主义的束缚框架,而能够将服务的理念加以完善和巩固,将服务的水准进行进一步升级。而这整个过程都必须对服务用户的理念进行全方位贯彻,并将用户反馈情况视作考核的重要指标以及奋斗的最终目标所在。

(1)要迎合现阶段需求的多元趋势,给出更具特殊性的服务内容。面对这类产品的激增现状,用户往往会滋生出更多的选择,而选择空间的增大,也使得潜在受众偏好及习惯等发生改变,出现分散、小集群的趋势。那么面对新的导向,报业转型就需要格外重视起专门化打造,将其视作是时代要求和自身发展要求的产物,而在常规板块外,也就需要按照其收集到的用户信息进行分析,深入把握其特征后给出特定的对应内容。不仅如此,在收集之前,必须主动引领需求,经由对技术资源的利用等,在客观分析市场情况的基础上进行发展。而关于高端数字化产品的生产，要看重其功能情况，功能迎合用户要求是产品得以立足的必要前提条件。唯有这样，产品才能从一开始就抓住用户眼球，令用户对转型后的产品形成依赖，增强用户的忠诚度。

（2）同用户的互动必须更进一步。媒体的影响力日益加深，这种现状使得业界认识到交流沟通在现阶段的重要意义；由于社交媒体导致信息以爆炸式方式进行传播，使得过去的报业传播方式不再符合要求，转型必须就此方面进行改变，摒弃旧有的单向模式。单向模式下稿件发布通常不会反馈很迅速，也难以获取到很大的规模效应，但是这些用新的传播模式显然能够做到，互动性的增强使得群众能够更为便捷地获取到新闻内容，并参与到其中。那么转型就要利用这些更具优势的传播方法和途径，增强同用户间的互动，才能够令受众用户感受到新闻的影响力，对相关产品产生更大的热情，令其投入到再次传播的活动中去，实现服务对于双向性的要求。这样一来，用户给予的反馈能够被用于下一轮传播，也就容易形成一个良性的循环线。

（3）打造出体系化的用户服务聚合流程。转型中必须注意，切勿将服务的部分分割成完全没有联系的各方面。产品设计生产环节同用户反馈环节其实并不是完全独立的两个步骤，在整个理念贯彻过程当中，对于服务完整性必须加以强化。而在实际操作过程当中，要将其落实下来，令服务能够作为完整产品被推出。而服务本身也不是各步骤的叠加而是整合，那么，体系化也就成为重要的了。

（三）数字化产品质量的提高

转型的整个过程呈现出阶段性的特征。然而走到现今这一阶段时，却遭遇了停滞的困局；不仅没有对多元传播的要求进行满足，而且也难以突破过去遗留下来的框架束缚、传播不灵活、产品的市场影响力弱等问题，这些现状都使得数字产品传播方面的打造更为必要，相关建设刻不容缓。

1.完善数字化阅读客户端

手机出现智能化与平板电脑日益普及,这些工具已成为上网的不二选择。由于智能手机有方便携带、速度快等优势,因此也从一定程度上促进了用户使用它阅读新闻的倾向性。现阶段,这一方面的转型从形式上看大致上包含了独立网站搭建、网络媒体内容提供和应用软件开发等。而从内容上看,新增功能更是颇为丰富,诸如新闻资讯、生活服务、社交媒体等,甚至会提供超过需求本身的内容。那么对新闻客户端进行开发和设计,又会被视作是传统报业媒体较量的焦点所在。这段时间以来,国内相关方面也有着很大的进步,现阶段以安卓系统为基础的新闻客户端在国内有很多,而一般会涉及两大类生产商:一种是商业门户网站像搜狐等,它同腾讯、新浪、网易三家都相继形成自身独有的新闻客户端;还有一种来源则是传统报业,像《人民日报》就属于由其开发的新闻客户端类型,而《解放日报》等其他家也相继投入这一开发过程当中。

出现这一现象的主要原因在于相关的互联网门户网站移动新闻客户端的信息资源主要存在丰富性、服务性和多元化等方面的独特优势。

(1)多数报业新闻客户端所能够呈现给用户的资源,仅仅只是其自身的报纸资源或有关本企业和集团旗下的其他报纸资源的总体化集合,对于门户网站而言,其大多数是利用相关与其他多家媒体合作的独特性优势,呈现出有关文字、图片和视频等相关海量信息,其中的内容较多,覆盖面较大。

(2)对于相关网站新闻客户端来说,基本上大多采用 RSS 技术进行加强版的"定制性"。比如,网易新闻客户端是允许相关用户定制当地或者选择关注其他的城市新闻,但是对于搜狐新闻客户端而言,就是选择不同层次需求的刊物订阅的服务。同时,对于传统报业新闻客户端而言,依旧能够强调其中的部分重要内容,虽然没有明显的突出性特色,但是总体而言发展较为稳定。

（3）针对社交互动来说，相关的门户网站新闻客户端和许多社交平台进行合作，提供了丰富的分享化渠道，纸质媒体新闻客户端在这一方面还是比较闭塞的。

因此，对于纸质媒体新闻客户端来说，应该着重增加应对性竞争策略，争取能够取得相关的主动权，具体应该做到以下几个方面。

第一，对于线上的报纸新闻客户端，应该着重立足于自己的自身优势，吸引更多的相关用户进行关注，内容上要注意深度和推广性。由于没有深度的新闻在当下来说比较普遍，对于用户来说，非常容易通过搜索引擎在网站上查阅到相关资料。因此，对于传统的新闻客户端来说，应该深化相关的新闻评论与观点解析部分，也是最为核心的竞争力。

第二，在大数据时代当中，传统的报业移动客户端主要是需要根据用户的个性化定制，所以加强用户的数据与管理是非常重要的。总的来说，对于用户的偏好，主要是根据相关的互联网丰富性、个性化的发展而设置，这就从需求化的角度增强了传统媒体报业的巨大特色。对于新闻信息阅读的总体性个性化定制，不单单是能够提升客户的有效体验，还可以从一个侧面大力增强相关客户的黏性需求，甚至将总体的新闻客户端直接转换为纸质的新闻产品用户。从另一个角度来说，传统的报业媒体是需要不同用户进行对新闻内容的关注性区别的，因为掌握用户的新闻阅读规律，根据相关的数据采集，能够根据不同的需求提供相关的服务，对客户进行优化的资源配置。总的来说，对于用户的数据精准化的统计，是有利于精确的广告投放、广告绩效考核的。

第三，在相关纸质媒体移动的新闻客户端内，应当注意对相关用户的互动性提升，总体对于用户的阅读性体验的考虑。在相关报业媒体当中，应该充分考虑移动终端的特殊优势及特点，在相关产品设计和布局上，可以多考虑用户的阅读习惯，增加相关的贴心服务，比如离线阅读可以增加用户的阅读体验感。

2.积极搭建有关数字化的营销网络

对于数字化营销的概念界定,指的是以计算机信息和网络技术为主要基础性内容,通过电子手段和相关的通信技术,有效地带动相关企业资源和市场的营销活动,以此达到有关企业的产品和服务有效率的销售一体化进程。总的来说,数字化营销是能够实现精准化和量化的一个过程,是能够谋求到新的市场、挖掘到新的消费者的一种高层次活动。而当下很多学术界的专家认为,所谓的数字化营销网络的信息化构建,就是指在相关报业的数字化转化的过程当中,借助种种不同的数字化的经销手段,同时利用多元化的销售途径,让用户彻底地了解相关的报业数字化的新闻产品,从而实现对传统报业数字化的转型。同时,为了强化其相关的传播效果,也可以利用相关的数字化营销理念,形成多方位的网络体系。

在当今社会大数据时代来临之后,相关新闻产品的竞争,已经形成了有针对性的数据库化的营销模式。对于报纸营销者来说,应该根据相关顾客的状况和相关需求,大力建设相关的数据库,并且不断地丰富数据内容,对相关的目标客户进行分析,以细分化的受众市场为基础,制定出个性化的产品营销策略,同时要提供相应的产品和服务化的组合,切实地形成"精准的营销"。

基于此,本书认为,对于不同用户,相关报业数字化产品选择不同的设计理念和个性化的营销步骤,形成数字化的营销网络,具体应该做到以下几点。

(1)要树立相关的报业数字化产品品牌个性理念,通过相关产品与服务的组合,切实将报业数字化的品牌打响。对于品牌的建立是对相关传播的重要用户考虑项目之一,同时拥有品牌也拥有了相关的竞争权,并且还可以以主体化的身份去进行社会赞助和相关的品牌化服务等。所以对于报纸数字化的转型来说,相关的新闻产品应该加大宣传力度,借助相关的新闻事件,积极举办相关的活动,树立统一的品牌。

（2）应该积极主动地建立用户的数据库。传统报业的转型新闻产品营销，习惯于单向化的被动适应用户，所以选择了"推广"的过程。因此往往会无法真正捕捉到用户的需求。第一，对于报业转型的新闻产品需要建立自己专属的数据库，比如，经济报刊的相关数字化产品，就会凭借自己本身在领域内所积累起来的相关信息和专家资源，彻底地实现数据库的营销策略。因此，对于专家和相关的专业数据库来说，可以给用户提供全方位的服务。对相关报业转型的新闻产品数据库的构建来说，这是一种基础性的工作。第二，在当前大数据的时代背景下，报业转型的相关新闻产品需要进行用户的数据化搜集，及时掌握相关数据为报业转型的数字化发挥相关的导向性作用，获得更多用户的关注。

（3）对于平台限制的打破，能够形成多元化的渠道。就当今而言，越来越多的人用现代化设备进行资料获取，比如，在公交车上的车载电视已经成为相关信息的重要来源。报业转型的相关新闻产品，不单单能够局限于传统的电脑和手机等，更应该能够运用各种其他平台进行资料的宣传。比如，相关的光明日报远端读报，往往注重在智能手机的预装上。云端读报推出后，先后与华为等手机厂签署协议。

3.加强报网屏互动

在当今社会下，网络媒体发展迅速，对传统报业形成了较大的冲击，一方面传统报业能够紧紧抓住机遇，形成与网络媒体的合作态势，拓展相关的业务范围。另一方面，相关的 UN 媒体也在通过自身的网络平台进行有效化的建设。从当前来看，通信技术的发展和相关科技产品的迅速迭代，将会创造出越来越多的信息内容。总的来说，从终端来看，获取海量信息的人数也在不断增长，越来越多的人开始使用相关内容获取自己想要的信息，这将得益于移动终端的自身优势：用户将能够随时随地根据偏好方式来获取信息。形成时间与空间上的限制性突破因素，同时拥有更多主动与支配的权利，也能够更加便捷灵活地获取信息。对于用户而言,其灵活地在终端获取信息这一优势,是单一的报纸、电视等传统媒体所无法达到的,所以手机和iPad能够成为当下年轻人更喜爱选用的工具之一。

当下的移动互联网更注重用户体验,不少报纸都开始进行网络媒体的互动化,注重相关领域的开发与合作,形成动态的发展趋势。"报网屏"的存在已经形成了以手机媒体为主要终端,与传统媒体进行结合的跨越。

总的来说,当代报纸与网络媒体的结合,应当发挥以下几个优势。

(1)从传统的报业上来说,应当注重发挥内容资源的优势。就当下我国的新闻产品生产而言,其相关的采写工作仍旧来自于传统的报业,网络媒体只有极少数拥有采访权,绝大多数的网络媒体文字均转载于相关的实体报纸。因此,大量的专业人员为"报网屏"提供了强有力的支持,使得其内容更加的个性化、特色化。

(2)就当下的网络媒体来说,应该注重有关数据和相关互动性的主要优势。在网络媒体依托的巨大用户群内,可以直接关注相关的新闻产品。同时,从互联网"分享精神"来看,大都比较乐于进行自己观点的发表。这也为新闻产品提供了很强的风向标。

(3)从相关"屏"的手机终端来说,需要给予技术上的创新和支持,增加相关的用户体验与需求。增强其功能性将有助于满足现当代用户的多元化需求。

因此,就当前而言,"报网屏"属于一种强强联合化的产品,也是传统报业立足不败之地的重要转型举措。

第四章　媒介产业的融媒趋势

当前来看,媒体融合伴随着技术的更新迭代向更广阔的天地行进。人工智能、虚拟现实等技术为内容呈现、融合报道提供了多种样态,这些创新性的因素正在向媒体乃至整个互联网行业深处蔓延。新技术、新平台的出现与媒体融合的各个阶段紧密结合起来。

第一节　媒介融合的概念界定

一、媒介融合的定义

产业融合是媒介融合的最早表现形式。当前各媒介之间的竞争已经到了白热化的程度,这里既有传统媒体之间的竞争,也有传统媒体与新兴媒体之间的竞争。要在激烈的竞争中立于不败之地,只有互相联合、互相借鉴、互相补充、做大做强,才能推动各传播媒介之间产业融合的步伐。这既包括传统媒体之间的融合,也包括传统媒体产业与电信产业、互联网产业、物质生产产业等的融合。

(一)从传媒产业链范畴理解媒介融合

媒介融合将渗透到整个传媒产业链中的各个部分,主要包括横向融合、纵向融合。

1. 横向融合

横向融合指的是同类型的传媒企业或非传媒企业之间的融合。由于处于供应链的相同阶段,比如同处于内容制作环节、包装环节、传输环节、操作环节或终端环节,企业为了扩大共同的市场份额、合理利用资源,就会发生横向融合。

2. 纵向融合

纵向融合指的是在传媒产业内部子产业的重组过程中,传媒上游企业(如内容制作企业)和下游企业(如传播渠道企业)之间的融合。纵向联盟的经营业务上至媒体产品的创造,包括新闻、视听节目、书籍等,下至各种形式的产品分销和零售。

(二)从传媒生产形态范畴理解媒介融合

媒介融合使得传媒产业在内容生产形式、传播形式、产业范围、市场占有等方面产生巨大变化,主要包括信息产品形态的融合、传播渠道的融合、业务范围的融合等。

本书认为,应该从广义的范围来考察和学习媒介融合。在广义上,媒介融合的演进是递进式、立体式的:"媒介融合"是指媒介产业在媒介形态、媒介功能、传播手段、资本所有权、组织结构等要素方面所进行的聚合和演进。它既指代这些要素相互融合的过程,也指代新闻生产过程的融合,同时也指代新闻产品以文本、声音、图像、视频、数字等形式呈现出来的信息服务方式的融合。

二、媒体融合的特征

在新技术,尤其是新媒体技术的推动下,媒介融合的趋向越来越显现。媒介融合不仅在技术和形态层面影响着媒介发展,更在深层次上改变着整个媒介生态环境,并由此影响着人类的经济结构、社会生活和文化形态。与此同时,媒介融合也在逐步向更深层次发展的过程中表现出鲜明的传播学特征。

（一）技术先导性

科技是第一生产力，也是推动媒介融合的直接因素。随着数字技术、卫星技术、互联网技术、多媒体技术的进步，这些技术在传媒领域的应用日益成熟，而以数字技术为代表的新技术的高度渗透性和无边界性使得相同技术可以应用于不同媒体终端，从而导致不同媒体之间的界限日益模糊，新的媒体形态不断出现。无论是早期传统媒体与新媒体之间的融合，还是不同新媒体之间的融合，媒介融合的过程都表现出明显的技术先导性，技术在媒介融合的兴起和发展中起到导向性的作用。

（二）媒介内容的多媒体化

媒介内容的多媒体化是指在媒介融合的背景下，媒介制作、生产的内容资源能够且必须适应多种不同媒体的传播特点或发布要求。

媒介融合过程中的技术创新为媒介内容的多媒体化提供了技术支撑和硬件支持。在媒介融合的大背景下，以数字技术为核心的新媒体技术不断进行发展和创新，催生出新的数字媒体平台，从而能够将所有内容资源都集纳到这一平台之上，进行统一整合、加工，为媒介融合提供内容资源基础。以报纸为例，数字技术、网络技术的融合创新催生出网络报纸制作与发布平台，让传统的报纸内容有了网络媒体发布渠道；移动通信技术和数字技术等的融汇则催生出手机报纸制作与发布平台，由此也让传统报纸内容可以通过手机媒体广泛传播；此外，随着数字技术、显示屏技术等新技术的发展进步，形态更加多样化的电子报纸不断涌现，这又给传统报纸内容提供了新的传播平台。

除了技术融合所提供的拉动作用，媒介内容的多媒体化在很大程度上还是媒介融合给媒体带来的市场竞争压力的产物。随着媒介融合的不断深入，各种新的媒介形态和媒介实体不断出现并迅速发展。"内容"作为传媒业的稀缺资源,在媒介融合的时代背景下更具稀缺性。在媒介融合的过程中,内容资源的稀缺性不仅体现在多个(种)媒介瓜分有限数量的内容资源,也体现在同一内容资源需要被发布到不同的媒介平台。由此,内容资源的制作主体就需要在对信息进行编码时就考虑不同媒介平台的传播特点,使内容产品能够适应多媒体传播的要求。以广播为例,在媒介融合的推动之下,广播媒体的数字化趋势愈加明晰,传统广播在延续传统新闻采编等内容生产的同时,也已经开始针对互联网、手机、iPod等新兴媒体终端进行内容资源整合,推出网络广播、手机广播、移动电台等数字化广播形式,传统广播音频内容的发布与传播正在逐渐实现多媒体化。

媒介融合所带来的媒介内容的多媒体化,使得内容生产分工变得精细化;而内容融合所带来的各内容生产环节之间的高度关联性,又增加了每一个生产主体在产业链中所扮演的角色。可以说,在媒介融合背景下的媒介生产活动就是一个不断平衡细分化的角色分工与高度关联的生产环节之间关系的过程。在这一背景下,媒介内容的生产者必须具备较高的职业素养,才能适应媒介融合所催生的精细、复杂的媒介生产流程。

(三)系统性

系统性是指媒介融合并不是单向度的,而是一个多维度、逐渐拓宽和纵深的系统化过程。媒介融合的系统性主要表现在三个方面。

第一,媒介融合是多维度的,且各维度之间具有紧密的联系。媒介融合是随着媒介技术的发展而不断向纵深发展的。在传统媒体时代,媒介融合仅指不同媒体内容之间的相互借鉴、相互融汇,这只能看作是媒介融合的初级阶段,甚至不能算作真正的内容融合。随着媒介技术的进步,尤其是以数字技术为代表的新媒体技术出现,媒介融合才开始向纵深发展,除了在内容层面的融合之外,在技术融合的推动之下,内容接收终端也不断融合出新,新的媒介形态不断涌现,由此也进一步带来电信网、互联网、广电网的相互融合。

第二,媒介融合还是一个由弱到强、由表及里的历史性过程。无论是传统媒体时代初级阶段的媒介内容融合,还是新媒体兴起之后真正意义上的媒介大融合,其过程都不是一蹴而就,而是循序渐进的。首先是技术的融合与创新,以及初级阶段的内容移植;在此基础上催生出各种新的媒介形态,为了适应不同媒介形态的传播特点,内容融合也开始由初级阶段简单的剪切和移植向更高水平的内容创新转型;随着技术融合的进一步发展,不同的媒介形态又将成熟、裂变、融合,终端融合随之而来。

第三,媒介融合的系统性还表现在其多层次、立体化的影响力上。媒介融合不仅对媒介形态、传播内容、传媒产业有着深刻影响,同时还能改变受众或用户的媒介使用行为;此外,媒介融合除了能影响媒介及其传播过程和产业结构,还有其独特的社会功能,对整个社会环境系统影响重大。

(四)选择性

选择性是指媒介融合的发生和发展是在特定的媒介之间进行的,并不是任何媒介都能够成功地融合,也并不是所有的媒介融合都是按照一个套路、一种模式进行的,这关涉到不同媒介的固有特征、传播特点、产业价值链等诸多因素。

当今媒介融合是整个媒介生态的发展趋势,也成为媒介研究不可忽视的时代背景。但媒介融合并不是一股完全不可控的媒介发展潮流,而是有其规律性,这种规律性就显著地体现在不同媒介融合的选择性上。报纸能与网络媒体和手机媒体顺利融合产生新的媒介形态(网络报纸、手机报纸),但如果让报纸与广播媒体、户外彩屏相融合,则其过程可能不会像前者那样顺利。因此,媒介融合所应有的选择性不可忽视,这种选择性根植于不同媒介的特性之中,是决定媒介融合顺利与否的关键因素。

从实践来看,媒介融合大体上可分为两种:一是具备相同特性的媒介"组装"在一起,这种融合大多是为了携带、使用上更加便捷,其重点并不在于拓展媒介功能,比如将报纸与广播相融合,将收音机模块直接嵌入手机中等;二是具备不同特性的媒介"组合"在一起,其意义在于媒介功能的互补,最终起到拓展媒介功能的作用。显然,相较于前者,后者更符合媒介融合的题中之意——媒介融合的重要思路之一,就是它不是淡化媒介的性质,而是强化媒介的性质,分门别类地利用它们的性质,形成功能互补。

第二节　媒介融合的分类及其基本形态

一、内容融合

由于消费者对内容消费的规模化需求,同时数字化技术提供了大规模内容生产的可能,因此出现了以内容产业作为生产形态的融合性生产,进而形成了内容融合。

(一)内容融合的成因

在以数字技术为基础的现代信息技术的推动下,内容的形态可以得到统一,规模化的信息内容生产应运而生。内容生产有可能独立于传统的各种传媒机构之外而形成独立化、规模化、专业化的内容生产,满足广大受众日益高涨的信息内容需求,从而形成内容融合。

现代信息技术使信息内容的表述通过数字化技术得到统一,使内容的融合成为可能,这是内容融合产生的决定性因素和必要条件。此外,激烈的市场竞争、广大受众的要求和政府相关政策的转变都对内容融合的产生起到了巨大的推动作用。

1.现代信息技术的推动

现代信息技术的产生使传媒活动有了巨大变化,其中最为重要的就是数字化技术的出现。数字化技术将过去不同形式的信息统一成由"0"和"1"构成的数字化信息,打破了过去各传统媒体之间互无联系的局面。因此,以数字技术为核心的现代信息技术一直是内容融合的形成基础,同时也对内容融合产生着巨大的影响力。

（1）信息内容的数字化处理

当今是信息化时代,而信息内容的数字化处理也越来越为人们所重视。所谓信息内容的数字化,就是现实世界中的文字、图形、图像、动画、声音等各种形态的信息,都可通过计算机的处理,以"0"和"1"来表示,因此用数字媒体就可以代表原先的各种媒体,就可以描述千差万别的现实世界。

人类自从进入文明社会以来就一直在进行信息内容的生产和处理,每一次技术的进步都会让人类在信息加工处理方面发生巨大变化,但是没有任何一种信息技术的出现像计算机技术那样对信息处理的变革产生如此巨大的影响。以前我们在处理信息内容时,总是根据信息内容的种类和形态分门别类地进行,彼此互不交叉。例如,在处理平面信息内容时通过文字和平面印刷来进行;处理声音、影像信息时通过声音、影像的录制、后期编辑来进行。这就使信息内容的处理彼此之间有了分离,也就形成了目前各自独立的媒介形态单独生产信息内容的局面。而计算机的应用则使信息内容的处理方式进入了一个崭新的时代。计算机技术投入到信息内容的生产环节之后,为我们提供了一个统一处理各种类型信息的共同平台,在这个平台之上,原先分离的媒介形态的信息内容生产可以共同进行,从而实现信息共享、资源互通。这主要依赖于计算机技术在两大方面的不断进步。

第一,半导体技术提高计算机硬件处理能力。1946 年,世界上第一台电子计算机出世,但是当时的计算机由于体积巨大、性能有限,主要被用于大型计算,难以在信息处理方面广泛应用。随着半导体技术的飞速发展,计算机的体积不断缩小,性能不断提高。特别是自 20 世纪七八十年代开始,半导体技术的发展日新月异。正如摩尔定律所预言的:"同样面积的电脑芯片上集成的晶体管的数量每隔 18 个月会增加一倍,也会将芯片的处理速度和处理能力提升一倍,而成本则会降低一半。"随着这种技术的进步,计算机的信息处理和信息存储能力都大幅提高,使计算机的普及应用和参与信息处理、特别是多媒体信息的处理成为可能。最终计算机成为一种被大众广泛使用的生产和处理信息的公共平台。

第二,软件技术优化人机交互的信息生产环境。半导体技术的提高使计算机成为信息生产和处理的平台,但人才是信息内容的生产者,如何使人们在简单、直观的界面下使用计算机进行信息的生产和处理是计算机信息处理的另一个重要问题。

计算机在早期时人机交互界面较为复杂,也缺乏直观性和友好性,对使用者有较高的专业要求,需要使用者具有大量的计算机专业知识和技能,这种情况严重阻碍了计算机信息处理的发展。随着软件技术的不断进步,从 DOS 系统到 Windows 系统,从字符界面到图形界面,近年来计算机的软件环境越来越人性化、智能化,人们不需要掌握较多的计算机知识也可以轻松完成信息的生产和处理,使计算机信息处理的广泛普及成为可能。

(2)信息内容的快速存储和检索

随着计算机技术在信息生产和处理领域的广泛应用,信息内容的数量和形态都得到了大幅度提高,这就需要我们找到一种可以便捷、快速地存储这些信息内容的方法。传统媒体在生产出大量信息内容的同时,又需要大量空间和设备来存储这些信息内容,无法实现信息资源的快速共享。如平面媒体的信息内容以纸质形式存储,广电媒体的信息需要添置另外的设备才能进行存储,两者均需消耗大量的额外资源。此外,其所保存的信息内容也无法被方便地检索,最终导致内容融合所需的大规模信息资源共享无法实现。

随着数据存储技术的发展,不同形态的信息被数字化以后可以存储在大容量的数字存储设备中,这种存储设备具有存取速度快、体积小巧、容量巨大的特征,非常适合大容量的信息数据保存,为信息内容融合后产生的海量信息数据提供了良好的存储空间。

内容融合将导致信息内容的大量增加,如何管理和使用这些信息非常重要。20世纪六七十年代,数据库技术的出现使人们找到了一种高效管理这些存储的信息内容的方法。通过各种类型的数据库系统,我们可以按照各自的需求进行信息的输入、修改、删除、检索等,极大地提高了信息内容的管理效能。尤其是随着网络技术的发展,网络检索技术和网络数据库技术在为我们提供了一个近乎无限容量的信息存储空间的同时,也为我们提供了一个高效的检索信息内容、共享信息资源的统一平台。通过这个平台,可以随时、随地以各种形式来收集、管理、汇总和检索信息内容,为内容融合所需的大规模内容生产提供了一个良好的信息内容管理平台。

2.市场需求的引导

无论是传统媒体还是新媒体,任何传媒企业要生存和发展,都要适应受众市场的需求,获取最大的市场份额,这也是各个传媒企业的基本要求。现代传播技术使信息内容实现规模化生产,从而带来海量的信息内容产品,并通过各种媒介终端将这些信息内容产品传递到受众面前;同时由于新的传播模式打破了传统媒体所固有的时空限制,受众在信息获取方式上的自由度也随之提高,多样化、便捷性成为人们追逐的目标,这也在信息数量和受众信息获取方式上体现了市场需求对内容融合的促进作用。

3.竞争的压力

长时间以来,传统媒体依靠信息资源的稀缺性及其对信息内容的垄断性,一直在大众传播中占据着不可替代的统治地位。但是随着传播技术的发展和新兴媒体的出现,信息的数量和形态都大大增加,这种稀缺性在逐步减弱,受众的关注也逐渐转向新兴媒体。面对传播技术的发展和新兴媒介的冲击,传统媒体逐步向数字媒体领域发展,从进入互联网络到与其他数字终端媒体不断结合,这种竞争对内容融合起了极大的推动作用。

4.政策的促进

传统大众传媒对社会的影响力很强,政府必须从政策上进行严格管制。在大部分国家,传统的媒介规制方式都由基础技术平台的分类所决定。新兴媒介形态的产生改变了传统媒体一统天下的格局,广大受众不再仅仅依赖传统媒体获取信息内容。随着其影响力的下降,政策的保护力度也应相应降低;新兴媒介以其特有的优势获得越来越多的受众关注,同时其在信息内容的生产、传播方面也需要更大的自由空间和更为宽松的政策管制。

(二)内容融合的形态

1.内容形态融合

信息内容只有通过各种具体的符号才能被受众获取和使用。根据符号的不同,受众获取的信息包括文字、图片、声音、影像等。在传统的内容生产中,这些形态是独立存在的,这使受众在获取信息时,无法全方位地了解信息内容。如以传统报纸为平台的平面信息只有文字和图片,人们无法直观地看到、听到具体的信息内容。现在通过数字化技术,这些独立的信息形态能够融合在一起,使受众能够以多媒体的形式获取信息,满足其对信息内容的多样化需求。例如网络报纸,我们在阅读文字、查看图片的同时,还可以听到声音、看到视频内容。信息内容形态的融合是内容融合的最基本形式。

2.媒介载体融合

传统的信息内容生产是和不同的媒介形态紧密相连的,针对相同的信息内容,不同形态的媒介按各自的特点生产出不同类型的信息内容,彼此无法兼容。内容的融合通过数字化技术将各种形态的信息内容统一在一个信息生产平台之上,使信息的形态呈现出多媒体的特点。在这种情况下,原先各种媒介单独进行内容生产的形式已经无法满足海量信息内容生产的需要,各个独立的媒体也不具备单独进行多媒体内容生产的能力。这就需要各种媒介载体在内容生产上进行联合,信息互通、资源共享、集成生产,从而导致传媒产业链的重新构建。

3.技术属性融合

传统的信息内容生产是以模拟的方式进行的,不同的媒介有各自不同的方式,需要各自独立的设备和技术,容易造成资源的浪费。通过数字技术将模拟内容转化为数字内容,就可以使信息内容的生产统一在以计算机为主体的共同平台上进行。通过统一的平台,可以将相同的信息内容加工成各种不同的形式,面向不同需要的广大受众。这个平台既整合了内容生产的手段,也提高了信息资源的使用效率,并且使信息内容产品具有单独生产所不具备的规模化和标准化特征。

二、网络融合

(一)网络融合的概念界定

广电网、电信网、互联网的融合主要包含两个层面的内容:一是三网基于技术的融合;二是三网基于业务的融合。

1.三网基于技术的融合

电信网、广电网和互联网在刚出现时,由于各自不同的业务种类,其在构成和应用技术上是相互独立的。电信网主要用于语音交换,采用的通信方式主要是电路交换,这种方式可以使用户之间实现双向、一对一的实时连通,具有较强的实时性。但是其也存在自身的缺陷,那就是电路交换在用户通信过程中要求独占线路资源,易造成资源的浪费。广电网主要用于语音和图像的广播,采用总线连接的方式,所有的用户共享一个信道,不用进行交换。但它是一种单向的传输网络,所有信息都是以广播的形式传送的,用户只能被动地接收,无法进行双向互动。互联网是一种点对点的网络,主要采用分组交换的方式进行通信,采用 TCP/IP协议,实现用户间的数据传送和信息资源共享。

由此可以看出,三网之间本身存在着很多不同,也分别用于不同的领域。但是随着技术的不断进步,三网之间出现了技术上的交融。数字化技术将三网原先各自传输的语音、图像和数据都转化成了由"0"和"1"构成的符号,使传输的内容实现了统一;IP技术将原先独立的网络资源统一起来,构成了一个统一的网络平台,在这个平台之上,各种业务、各种服务、各种软硬件资源、各种传输协议得到融合;光通信技术极大地提高了网络的传输带宽,使得各种多媒体信息也可以通过电信网和互联网来进行实时传输,三网的传输介质得到了统一。由于技术的不断进步、不断融合,三网自身在技术融合的基础之上进行相关的改造,逐步向彼此的业务领域渗透,才导致整个网络功能的融合。因此,三网融合的一个重要方面就是技术融合。

2. 三网基于业务的融合

最初,电信网只是用来提供话音业务的。1877 年贝尔电话公司成立,标志着电信网的诞生,1936 年英国开始电视广播,1953年美国开始彩色电视广播,用户通过电视天线接收广播电视信号。1969 年,阿帕网(ARPANET)建立,成为今天互联网的雏形。阿帕网在设计之初主要是为了在军事和科学研究中进行数据传送,不涉及话音、视频的传输。可见电信网、广电网和互联网在设计之初是用于各自特定的业务的,分别针对语音业务、视频业务和数据业务。

但经过相关技术的改造,三网的业务范围逐步扩大了。电信网早期只传输语音,但是随着IP技术的应用,电信网中无论是固网还是移动网络都可以通过IP技术进行数据信号的传送,再加上流媒体技术的成熟,电信网也可以向用户实时地进行音视频信号的传送;广电网早期只负责传送音视频信号,但是随着数字化技术的出现,数据、语音与普通的音视频信号已经没有区别,再加上有线电视网络双向改造的不断推进,广电网也可以进行语音、数据信号的双向传输;互联网早期是用来传送数据的,但是广播电视节目通过数字化后变成数字信号,通过IP协议可以将这些包含广播电视节目的数字信号放到互联网上变成数字媒体流,用户能够通过相应的软硬件来获取并播放节目。

由此可以看出,随着技术的融合,三网的业务逐渐出现交叉,这就导致三网在业务层面上的互相促进、互相融合。

(二)网络融合的成因

1. 网络技术进步是网络融合的先决条件

网络融合是网络技术不断向前发展的产物,这里包含两方面的内容:一是参与融合的网络本身就有成熟的技术,经过融合实现了强强联合;二是参与融合的网络通过技术改造具有融合的可能性。

三网在自身技术的不断完善过程中,在技术上也不断进行着相关改造,使三网融合具有良好的技术基础。广电网是一个单向传输的网络,无法实现信息的双向传送,通过广播电视网络的双向改造,可以完成信息的实时交互;电信网以前主要是传输实时语音,传输速率较低,随着宽带技术,特别是光纤通信技术的发展,信道带宽大幅提高,可以传送实时的音视频内容;互联网采用IP技术,以分组交换进行数据传送,随着IP技术的广泛应用,互联网也拓展了自身的业务范围。由此可见三网都具有通过技术改造实现融合的技术条件。

综上所述,技术的发展是三网融合的基础和先决条件,其所涉及的技术主要包括数字化技术、宽带通信技术和 IP 互联技术。这三种技术的进步为三网融合提供了必要的支持条件,为三网融合的进行奠定了坚实的技术基础。

(1)数字化技术

数字化技术将原来分属于不同网络传输的语音、数据和图像都转变为"0""1"符号,将三网中不同的业务都转化为统一数字化网络上的二进制数据流,突破了各个网络之间的业务壁垒。如此,二进制数据流就成为三网传输的统一符号,使三网所涉及的语音、数据和图像可以通过不同的网络进行传送,并通过用户自主选择的终端设备来进行信息内容的获取。

(2)宽带通信技术

宽带通信技术的发展大大提高了网络传输信道的带宽,特别是光纤通信技术的出现和发展,极大地提高了传输线路的传送能力,使语音、视频等多媒体内容可以进行实时的传送,满足了原来三网中各种业务的数据传送需求。同时由于光纤自身的优越特性,其传输的内容质量大幅提高,而消耗的成本却大幅降低。

(3)IP 互联技术

20 世纪 70 年代 TCP/IP 协议的出现让互联网得到了极大的发展。TCP/IP 协议的中文名称为"传输控制协议/网络互联协议",其最大特点是,无论网络之间的结构如何,只要在通信时采用该协议,数据就可以在异构网络中进行畅通无阻的传送。这就突破了原来异构网络之间无法进行互联互通的壁垒,实现了大量异构网络的相互融合。基于这种特点,以 TCP/IP 协议为核心的 IP 互联技术也为三网融合奠定了坚实的基础,使各种基于 IP 技术的业务可以在不同的网络上实现资源共享、互联互通。

2.巨大的商业利益是网络融合的引导条件

技术的进步让三网融合有了可能,但是要进行三网融合就需要进行大量的技术改造,需要投入大量的人力和物力资源,如果没有巨大的吸引力是很难使各产业实体主动推进三网融合的。

（1）互联网业务

互联网由于其覆盖范围广泛,加上具有实时性、交互性等优势,拥有了大量用户。同时,我国通信运营业的互联网业务也在稳步推进,围绕实施网络强国战略,不断推动网络提速降费,提升4G网络和宽带基础设施水平,积极推动移动互联网、IPTV等新型信息服务普及。

（2）IPTV业务

自1999年英国Video Networks公司推出IPTV业务以来,国外的许多电信运营商相继进入了IPTV市场。当前部署IPTV业务的运营商集中在欧美地区以及亚太部分国家和地区。我国IPTV业务开展较晚,但在不长的时间内也取得了较快的发展。

（3）移动通信业务

新兴媒介所拥有的巨大潜在客户群意味着巨大的市场空间,这为网络融合提供了巨大的产业空间。其对各传媒企业具有巨大的吸引力,促动着它们积极寻求网络融合以获取更多的商业利益。

3.激烈的行业竞争是网络融合的压力条件

随着传媒业的急速发展,信息传播活动对时效性、覆盖范围以及传播形式的多样性等都提出了更高的要求。在这种情况下,传统的传播媒介所面临的竞争越来越激烈。这种竞争的压力主要来自以下两个方面。

其一,传播产业内部竞争陷入停滞阶段带来的压力。传媒业的竞争首先来自于行业内部的竞争,各传媒产业为了获得更多的市场份额,不断进行兼并,以获得更多的信息资源和受众资源,从而做大做强,以期在竞争中立于不败之地。但是,当竞争发展到一定程度,内部的竞争已经达到饱和,要进一步发展就需要向其他相关领域扩展。这就涉及与其他产业的交融,需要网络融合的支持。如美国有线电视产值约 600 亿美元,有 15 家较具规模的运营商和数千家的小代理商并存,呈现群雄割据局面;由于有线电视内部的竞争空间已经十分有限,为了寻找新的经济增长点,电视业通过三网融合将其发展的触角伸向电信领域,以促进产业的进一步发展。

其二,产业间竞争带来的压力。随着互联网、数字电视、IPTV、移动通信等新兴媒体的出现,广电网与电信网、互联网之间在经营业务方面出现越来越多的相互渗透,这意味着基于这些业务的竞争在三网之间会越来越激烈。新媒体所拥有的技术优势使它们获得了大量的受众关注度,特别是众多的年轻受众已经将他们获取信息的渠道由传统媒体转移到新媒体,如果传统媒体不与新媒体联合,必将丧失大量的受众;同样,新媒体在信息内容的占有方面比不上传统媒体,如不与传统媒体联合将使信息的真实性、权威性受到影响,从而失去大众的关注。因此,面对激烈的竞争,无论是传统媒体还是新媒体都迫切希望能通过互相连通,实现信息共享,从而在竞争中获得双赢。

4. 政策引导是网络融合的促进条件

网络融合的必要条件就是需要有一个成熟的网络,市场的诱惑和竞争的压力是传媒产业进行网络融合的主观动力,在这些条件具备的前提下,政策上是支持还是限制,管制上是宽松还是严格,就成为影响三网融合发展形势的关键因素。

广电系统拥有对视听节目的制作控制权、频道管理权、内容监管权等垄断性权力,牌照和许可证成了广电系统的经营资源;电信系统拥有网络建设与传输、通信设施的先天优势。为了保护两个行业的相关利益,各国都规定和限制两个行业的经营范围。但是随着媒介融合的不断发展,欧美等国都相继修改了相关法律规定,美国于 1996 年在法律上解除三网融合的禁令,造成了世界性的管制放松加速的局面,使三网融合成为行业不可逆转的发展趋势。

(三)网络融合的形态

1.技术融合

以广电网、电信网和互联网为主的三网都有着自身的核心技术,在融合之前三网各自在技术上是完善的,但是要进行跨网络经营,向其他网络业务进行渗透,实现网络应用层面上的融合,就需要在现有技术的基础上进行相关的技术改造。

(1)广电网的改造

广电网在三网融合中所面临的最主要技术问题有两个:一是数字化问题,传统的广电网络主要是传输模拟的音视频内容,要进行数字化改造;二是传播方向的问题,传统的广电网络是一个单向传播网络,要进行双向改造。

一是进行数字化改造。数字化改造就是将现有模拟信号转化为数字信号播出,要求在接入网局端加装模数转换装置,并在用户端加装机顶盒(STB)进行信号调制输出。

二是进行双向改造。广电网是一个单向、实时、一点对多点的广播网络,所有用户共享一个公共信道,不存在交换技术,无法实现承载话音业务和数据业务所必需的双向互动。广电网络要实现三网的业务融合,就首先要进行双向改造。广电网络在构成上分为核心网和接入网,目前核心网本身具有双向传输的能力,所以所谓双向改造主要是对接入网的双向改造。

(2)电信网的改造

电信网络面对三网融合主要应进一步提高信道带宽,从而使其可以传输非语音类的多媒体音视频内容。电信网络的核心网目前基本已经实现光纤化,即核心网的带宽是足以承载相应的业务的,主要的瓶颈出现在接入网方面。随着电信网络的不断升级改造,目前已经有大量用户采用宽带接入,但是也还存在很多的窄带接入用户,如何对其进行改造是电信网进行三网融合的重要任务。主流的宽带接入技术主要有 XDSL、以太网接入技术等。

（3）互联网的改造

三网融合中互联网主要需要解决数据实时传送的问题。互联网在设计之初主要是用来进行数据传输的，对传输的准确性要求较高，而对于数据传输的实时性要求较低。但是随着三网融合时代的到来，大量的多媒体数据要求在互联网上传送，特别是流媒体技术的广泛应用，对于数据实时传输的要求越来越高。过去互联网主要采用"尽力传送"的方式，这种方式面对需要传送的数据平均分配网络资源，无法适应实时数据所需的数据实时性和突发性要求，无法满足语音、视频等实时多媒体传送业务的要求。经过改造，互联网开始采用"实时传送"的方式，此种方式针对不同的业务，将网络资源按照业务的优先级进行分配，能够很好地解决数据实时传输和突发数据流的问题，为三网融合改造提供了坚实的技术基础。

总之，三网的技术融合主要体现在通过自身相应的技术改造，为三网之间业务的相互渗透提供可靠的技术保证，为三网在应用层面上的融合奠定基础。

2. 产业融合

在技术融合的基础上，三网原来各自的业务逐渐渗透，在应用上彼此交叉、逐渐融合。同时，随着相关政策的宽松化以及资本的推动，原先分属于三网各自对立的产业之间也逐步形成了融合之势。主要有以下三种情况。

（1）以全业务为基础的产业融合

三网融合使得三网各自的业务之间产生融合，这就形成了"全业务"的概念。所谓全业务，是指三网通过融合将原先各自的业务捆绑在一起，通过一个共同的传播渠道提供给广大用户，这种业务提供集语音、视频和数据于一体的全方位服务。在全业务的要求下，广电产业、电信产业和互联网产业纷纷进入彼此的市场。

（2）以资本并购为基础的产业融合

三网融合的另一表现形式就是通过资本市场的运作，使分属于三网的产业互相之间的资源进行整合，调整业务范围，扩大市场份额，以增强自身的竞争实力。

在这种情况下，电信产业、广电产业、互联网产业通过资产重组和并购，实现技术、资本和市场的互动前进。

（3）以统一业务平台为基础的产业融合

随着三网融合的不断推进，居于新型传媒产业链中游的传播网络与上游的内容产业和下游的终端产业也在积极地进行融合。在这种情况下，传播网络成为联系内容和终端的平台。

三、终端融合

终端融合即"3C"融合，主要体现了硬件的产品端，包括通信（Communication）、计算机（Computer）和消费类电子产品（Consumer Electronic）的三合一。

（一）终端融合的成因

终端融合的形成条件与内容融合、网络融合一样，也需要在技术、市场、竞争等方面提供必要的条件，这些条件的具备是终端融合产生的前提。

1.技术的支持

终端融合的技术基础是终端设备可以使受众方便地连通到各种信息网络，跨网络、跨平台地获取所需的内容和服务，选择任何一种网络连接就可以方便地享受三网提供的海量内容服务。其中，IP技术和无线网络技术是最为核心的技术，它们使各终端设备可以实现无缝连接。

IP技术利用IP层协议，在TCP/IP确立的网络层次结构中起核心作用。其一，终端网络采用无连接方式传递数据报，如此，上层应用不用关心低层数据传输的细节,可以提高数据传输的效率;其二,终端网络通过 IP 数据和 IP 地址将各种物理网络技术统一起来,达到屏蔽低层技术细节、向上提供一致性的目的,这样可以使物理网络的多样性对上层透明。早期的 IP 技术使原本互不连通的局域网络可以进行信息交换,使得 Internet 得到广泛普及,使 Internet 可以充分利用各种通信媒介将全球范围内的计算机网络通过统一的 IP 协议连在一起。现在在网络融合的基础上,IP 技术进一步发展,可以承载更多种类的信息服务。各种接收终端只要使用 IP 技术进行通信,将使所有的终端设备彼此连通,实现信息通信和资源共享。

无线网络技术是对网络覆盖范围的一种延伸和补充。通过无线通信技术,各种终端设备之间摆脱了笨重的实体连接线路的束缚,真正做到了跨地域、跨时间地发送和接收信息数据,实现数据、资源的共享。无线网络技术所具有的这种灵活性、移动性,为受众提供了实时的、移动的、便捷的信息获取平台,可以保证受众随时随地以各自希望的方式来获取信息内容,实现最大范围、最大自由度的资源共享。

2.市场的吸引

在新兴传播技术的支持下,信息内容从数量到形式都有了很大变化,面对新的传播环境,广大受众已经不满足于过去那种定时、定点获取信息的方式了。受众获取信息、接受信息服务,逐步由单媒体向多媒体、由固定接收向移动接收、由被动获取向主动互动等方式转变。终端设备是广大受众获取信息的工具,受众接收信息方式的变化势必影响到终端设备的变化,从而催生出巨大的市场需求。

(1)数字消费产业兴起

随着数字内容逐步取代模拟内容,广大受众越来越将关注点投向数字接收终端。以我国为例,据相关数据显示,2015 年我国有线电视用户达 2.39 亿户,其中有线数字电视用户 2.02 亿户。

此外,经历了此前的萌芽、发展,我国的数字消费产业变得越来越成熟,形成了以网络内容、数字影音、动漫、移动数字内容为主体,数字教育、数字出版等行业协调发展的产业格局。数字化为生产厂商带来巨大的商业利润,从产业规模上来看,我国数字内容产业的总产值已处于世界前列。但从人均消费水平上来看,我国数字内容产业规模还将有较大的发展空间,甚至在未来一段时间部分子产业有望超过一些发达国家。

(2)多功能一体化移动终端成市场主流

以手机、MP3、平板电脑、电纸书、数字彩电等为代表的多功能一体化数字终端设备以其特有的便捷性、灵巧性、多功能性和时尚性受到了广大受众的喜爱,逐渐成为终端市场的主流产品。据国际电信联盟(ITU)发布的2015年度互联网调查报告显示,目前全球已有32亿人联网,而移动通信正在快速发展,全球手机用户数达到71亿,手机信号已覆盖了全球超过95%的人口。大量用户通过手机平台所使用的,都是非语音的内容服务。由此可见,终端设备的多功能一体化趋势不可逆转,必将成为市场主流发展方向,并带来可观的商业价值。

(3)以统一信息服务平台为终端的IPTV拥有巨大发展空间

IPTV作为终端融合的代表,有着巨大的发展空间。IPTV不仅是终端设备的融合,也是将广电网、电信网、互联网三网的各种服务集于一身的综合性信息内容服务平台。IPTV将三网的信息内容和信息服务集中于一个平台之上,再通过单一的终端传送给广大用户,是一种崭新的信息服务模式。一方面,IPTV简化了用户获取信息和服务的途径,降低了用户获取信息服务的成本,提高了用户进行信息交流的效率;另一方面,IPTV的发展极大地带动了相关产业的发展,其为内容生产商提供了具有实时交互能力的信息发布平台,为网络运营商提供了统一的终端接收平台,为设备生产商提供了大量的终端设备消费市场,具有相当可观的商业价值。

3.竞争的压力

(1)传媒产业介入终端生产竞争

随着媒介融合的发展,传媒产业链也有了根本的改变。内容产业使信息内容实现了规模化生产,三网的融合导致了信息传播渠道的统一化和多样化。面对这种改变,受众在信息的获取上具有更大的自主性,因此如何获得更多的受众关注度就成为传统媒体进一步发展所必须关注的问题。在新的传媒产业链中,传媒产业为了直接将生产的信息内容传播给广大受众,也开始逐步向终端生产领域渗透。

(2)各高新技术产业投入终端生产竞争

随着产业间竞争的加剧,全球的软硬件技术、电子技术等高新技术产业开始面临着原来领域的竞争基本饱和、难以进一步发展的局面,要想得到发展就亟须找到新的发展空间。

如软件业巨头微软公司,其所取得的辉煌成就是无可比拟的,它长期垄断着全球操作系统软件市场,为电脑的普及做出了巨大的贡献。然而,尽管目前微软还能够实现盈利,但已经出现了业绩下滑的迹象。大量的企业利润依然来自于 Windows 和 Office 这两项数十年前开发的项目。面对这种局面,微软也开始了向终端设备生产的积极渗透。

(3)终端融合使全球家电厂商展开新一轮竞争

随着数字技术的不断发展,人们对于各种终端设备的要求也逐步趋向于个性化、网络化、智能化和便捷化。传统的模拟家用终端产品逐渐被人们所抛弃,智能化家电越来越受到人们青睐。目前,这一趋势正成为全球家电产业的发展潮流,全球家电厂商将展开新一轮竞争。

(二)终端融合的形态

通过终端融合的定义可以看到,所谓终端融合,实际上包含两层含义:一是基于单一终端设备的功能的融合,二是以终端设备为平台的服务的融合。第一种含义主要是指在单一终端产品上不断增加其功能,以实现多功能一体化为目的;第二种含义则主要是指各种终端设备在公共的功能平台上实现互联互通,提供统一的服务。对于这两种终端融合,落实到终端生产企业上,其核心就是终端产品技术标准的融合。

1. 设备的融合

终端设备的融合主要是指将多种功能集中于同一个设备,这里有两种方式:一是硬件和技术上的融合;二是特定的内容和服务与特定的终端设备融合,从而产生含特定内容和服务的终端设备。前者是终端融合的初级形式,主要是通过增加终端设备的功能组合,形成多功能一体化的新型设备,如游戏手机、照相手机、导航手机等;后者是终端融合的高级形式,如亚马逊推出的电子书阅读器 Kindle。Kindle 小巧、轻便,阅读方便,能够保存 1 500 本以上的电子图书。同时,其提供的无线下载功能可以让用户在任意时间和地点无线连接至 Kindle 商店,并在 1 分钟之内下载并收到新内容,且无须为此支付无线费用、数据包月费等。Kindle 电子图书商店提供 23 万多本图书以及许多杂志和报纸,Kindle 杂志每月的订阅费用为 5.99～14.99 美元不等,杂志的月订阅费用为 1.25～3.49 美元。此外,Kindle 电子图书商店还提供 1 200 个博客内容。正是 Kindle 所拥有的这种针对特定设备的特定服务,使其日益受到用户的喜爱。

2. 标准的融合

无论是设备的融合还是服务的融合,要想最终实现终端的融合,其关键就是要制定一种新的标准来协调各个终端产品的互联互通。只有建立了统一的标准,产品之间才能互相兼容,互相联通,避免用户在选择终端产品时的重复购买,避免生产企业生产终端产品时的重复投资。对于终端生产产业来说,谁先掌握了标准的制定权,谁拥有了主导技术标准,谁就掌握了市场的主动权。

目前来看，无论是国内还是国外都没有实现标准的统一，还同时存在多个标准，这将严重阻碍终端融合的发展进程。

在国内，3C 融合技术领域存在两大标准联盟：一个是"闪联工作组"，另外一个是"e 家佳"联盟。国际上，由包括富士通、Gateway、惠普、英特尔、IBM、健伍、联想、松下、微软、NEC CustomTechnica、诺基亚、三星、飞利浦、夏普、索尼、STMicroelectronics 及 Thomson 在内的 17 家业界领先的消费电子、计算机和移动设备公司发起的"数字家庭工作组"（DHWG），主要致力于简化网络消费电子、移动设备和个人电脑等设备间的数字内容共享，如数字音乐、数码照片和数字视频等的互联互通。

第三节　媒介融合对我国媒介产业的影响

一、内容融合背景下传统媒体的变化

内容融合的产生造成了内容产业的出现，使得传媒产业链的结构发生了改变，这势必对传统媒体产生影响。

（一）内容占有是主导方向

在传统的传播产业链中，内容的生产不是独立的，而是和不同媒介形态的传播渠道联系在一起，被传统媒体所垄断。这种信息内容的稀缺性使得传统媒体认为自己的信息产品是"皇帝的女儿不愁嫁"，因此不会特别重视内容的占有。但是，随着传播技术的发展，信息内容的数量和形式都有了极大的增长，内容的稀缺性已经不复存在。传统媒体为了适应这种新变化，在内容的形态上开始向数字化方向发展，在内容的数量上向规模化方向发展，在内容的生产形态上逐步与数字技术相融合。这种融合也有一个渐进的发展过程，最初传统媒体在内容生产中加入数字化元素只是为了满足广大受众对信息内容多媒体化的需求，以后随着传播技术、网络技术的不断发展,特别是内容的生产已经可以与传统的传播渠道相分离,传统媒体越来越感到内容占有的重要性。

在当今的传媒环境中,无论内容的数量多少,形态如何变化,采用哪种渠道传播,影响传播效果的一个最重要因素就是内容资源的占有。谁占有更多的内容资源,谁就拥有更多的受众关注度,谁就更能占有市场,从而在竞争中处于有利地位,这就是所谓的"内容为王"。

要真正做到"内容为王",需要从以下三个方面入手。

第一,坚持内容生产的原创性。传统媒体在相对较长的发展过程中,早已形成了一套完善的内容生产机制,又有着具备高度专业能力的内容生产团队,能够获取信息内容的第一手资料。这些都可以很好地保证内容生产的原创性。

第二,保持内容生产的独特性。传统媒体依靠其雄厚的资金能力,拥有最为先进的内容生产技术设备,也拥有一支专业化的技术团队,通过与数字技术的融合,能够将其生产的信息内容包装成各种不同的形态,满足广大受众对信息内容的个性化需求。

第三,保证内容生产的实用性。传统媒体在长期的发展过程中,由于政策的引导,可信度比较高,也拥有较多的受众,人们更相信传统媒体所提供的信息内容,习惯于从传统媒体获取信息。这就使传统媒体所生产的信息具有更大的实用价值。

由以上三点可以看到,与新兴的传播媒介相比,传统媒体在信息内容传播时间的灵活性和传播空间的广度上不具有特定的优势,而在信息内容的生产方面却具有得天独厚的优势。因此在内容融合所带来的信息内容大规模生产中,传统媒体在新兴的传媒产业链中更加适合以内容拥有者的角色出现。

(二)内容交互性不断提高

传统媒体内容的特征是单向性,是通过单向的方式传递给受众,但是在网络技术和数字技术的平台上,新的另一大类型的内容涌现出来,并占据重要的位置,即"交互性内容"。

1.间接交互

间接交互是指受众和内容生产商共同完成内容的生产。在这一过程中可以明确地划分出内容生产者和受众,其中内容生产者居于内容生产的主要地位,但受众的参与对内容的生产也起着举足轻重的作用。间接交互一般有两种方式:一是由内容生产商构建基本的内容框架,受众在框架的基础上进行内容的填充和修饰,内容生产者要负责内容的管理与审核。以网络论坛为例,作为内容生产者的网站要确定论坛的主题,创建论坛的结构,并对论坛进行相关的管理;论坛用户可以在论坛的构架之内进行内容的创建和交互。二是内容生产商根据受众的要求完成内容的生产,这主要包括定制和点播两种形式。

定制就是用户根据自己的需要和喜好,向生产商提出对产品的相关要求,再由生产商按照这些要求进行产品的生产加工。定制可以有简单定制和高级定制两种方式。简单定制就是用户只是针对所需产品提出自己的要求,而不参与产品本身的生产。如手机报,用户根据自己的兴趣爱好,向手机报发行者提出自己所需的信息内容的种类和形态,发行者根据用户的要求把相关信息内容进行整理、汇总,编辑出相关的手机报内容,再以特定的形式发送给用户。高级定制是用户在向生产者提出要求的同时,也参与产品的生产。如风行一时的网络春晚,由网民通过票选决定节目创意、演员、导演和主持人,受众和传统媒体共同完成晚会的设计和演出。

和定制不同,点播是一种单向的交互方式,是用户对已有内容的交互式使用,而不参与内容的创建。如各种电台的点歌节目和 IPTV 中的视频点播就属于这种内容交互的方式。

2.直接交互

直接交互是指在信息内容的生产过程中,无法区分谁是生产者,谁是受众,两者在内容生产的过程中没有明确界定,并且其身份也是可以随时发生变化的。传统的受众可以独立进行内容的生产,而且生产出的产品在其他受众的参与下不断丰富。在这一过程中,受众不仅是受众,也可以成为生产者。如博客、播客等"自媒体"就是采用这种直接交互的方式。

直接交互是对信息内容生产的彻底改变。在以前,传统媒体生产的内容都是以单向形式传播给受众的,是一种由点到面的传播方式。直接交互式的内容生产将信息传播的方式改变为网状结构,在整个信息内容传播过程中信息以点到点的方式进行传播,大大地加快了信息传播的速度,拓宽了信息传播的空间,同时也深化了信息的内涵。

（三）内容生产突破时空限制

传统媒体的信息内容生产是和其信息传播方式紧密相连的:平面媒体在内容生产时要考虑版面容量、发行范围和发行时间;广电媒体要考虑生产内容的线性传播方式,这些都会对内容的生产产生影响。广大受众长期以来由于受到传统媒体信息传播的时空限制,形成了定点、定时获取信息产品的习惯。但是随着数字媒介的出现,这种习惯正在被打破,受众越来越希望按照自己的方式来获取信息。

内容融合的生产方式能够很好地适应这种变化,报业与网络结合后形成的网络报纸,其内容生产不必再考虑版面的限制,网络的超链接方式可以突破传统的版式和容量制约。

二、网络融合对相关产业的影响

从本质来看,网络融合是使未来的电信网、广电网和互联网都可以承载多种信息化业务,创造出更多种融合业务,而不是简单地将三网在物理上合成一张网。三网的融合有利于推动信息技术创新和应用,满足广大受众日益多样化的信息内容需求,拉动消费,带动产业发展,对相关产业都有巨大的影响。

（一）三网融合对广电产业的影响

三网融合对于广电业是一次很好的发展机会，依靠丰富的内容、巨大的带宽和广泛的受众，广电业在技术、业务和市场运营等方面都将得到巨大提升。

1. 技术不断提高

随着三网融合的推进，广电网络大力进行数字化、双向化的网络改造，与电信网、互联网密切配合，不断对节目形态进行创新，建立新的传播模式，在信息内容的采集、编辑、播出等各个环节进行技术改造。同时，广电网络通过对全网资源进行重新整合，提高了网络的承载能力和多种业务的支撑能力，建立了面向全业务要求的技术管理系统和业务支撑系统，逐步实现整个广电网络的统一规划、统一建设、统一运营、统一管理。

2. 业务范围不断扩大

在技术不断提高的情况下，广电网络势必向双向、互动、多业务的方向发展。在这一过程中各种新兴的业务不断出现，广电网络的业务范围也将不断扩大，主要有：基本服务业务，包括模拟电视广播、数字音频广播、数字电视广播等；基本互动业务，包括信息服务、应用服务和交易服务等；基于广电网络的集团数据服务业务，包括语音/视频会议服务、集团数据服务和无线移动服务等；基于广电网络的宽带互联网业务，包括为大型客户提供高带宽互联网接入的集团接入服务和为个人提供可达百兆带宽的互联网访问的家庭接入服务；基于广电网络的多媒体通信服务，包括 IP 电话、视频电话、语音聊天、电视邮箱、电视短信等。

（二）三网融合对电信产业的影响

1. 加速电信网络的升级改造

随着多种业务形态的出现，电信网络已经没有了原有的带宽优势,原有的网络结构也需进一步调整。例如,新兴的 IPTV 业务需要对电信网络进行相应的技术改造,进一步拓宽带宽、采用以 FTTx 为主导的新型接入网,提高用户的接入能力。同时加快以光纤为主要传输介质的宽带接入网的建设,大力推进城镇光纤入户,扩大广大农村地区的宽带网络覆盖,全面提高网络技术水平和多业务承载能力。

2. 扩展经营范围,拓展盈利模式

在技术进步和政策宽松的引导下,电信产业在统一机构的监管下也能够从事时政节目之外的广播电视节目生产制作、互联网音视频节目的传送、IPTV 节目传送和手机报纸、手机电视等增值业务。这些新增业务的出现使电信企业获得了更多用户,并可以通过对用户的行业、性质、喜好等特点的分析,进一步了解新兴传媒产业的市场动态,为广大用户提供多样化、差异化和个性化的服务,拓展盈利渠道,提高经营效益。

(三)三网融合对终端设备生产产业的影响

三网融合为终端设备生产企业带来了巨大的发展机会。随着三网的逐步融合,原来面对独立传输渠道的终端设备已经无法满足受众接收、获取信息内容的需求,新兴的具有多功能、多接收渠道、便捷化、一体化的接收终端成为必然的发展趋势。终端设备生产企业应该抓住机遇,大力开发新产品,制定新标准,参与到内容生产、内容传播和内容获取的多个环节中去。

1. 大力发展新型终端设备

三网融合的发展最终使得终端接收设备的相互融合,各种多功能一体化设备必将得到受众的青睐,如电视与机顶盒的融合、手机与电脑的融合、各种智能型家电的产生等。各种终端设备生产企业应该抓住机遇,向智能移动多媒体终端的生产方向发展,不断更新技术,推进新的终端设备的研发和生产。同时在三网融

合的过程中,各个网络都需要进行网络升级和技术改造,因此在业务系统融合、运营体系调整、管理系统更新等方面,终端设备生产企业都将发挥重要的作用。

2.大力拓展新兴业务

终端设备生产企业具有与广大受众直接接触的优势,最了解受众对信息内容的各种要求,终端设备生产企业在三网融合的基础上不满足于仅仅向用户提供终端硬件设备,也逐渐向内容生产、内容传播的方向发展,将设备与服务两者相结合,直接向用户提供包含特定内容和特定服务的统一内容接收平台。未来三网融合的终端设备应该是开放的、集软硬件于一体的、结合内容与服务的综合性统一信息平台。

第四节　媒介融合的未来趋势

一、内容融合的问题和发展方向——版权问题

传统媒体进行内容生产时信息产品只通过特定的单一渠道进行传播,信息内容产品不会以独立的形态出现在流通领域,因此版权的问题能够通过对传播渠道的控制得到保证。但是随着信息内容的规模化生产,内容产业与传播渠道发生了分离,内容产业的信息内容产品再也无法得到传播渠道的保障,如果不解决内容产品版权保护的问题,作为传媒产业链上游的内容产业的利益将无法得到保护,从事内容生产的内容产业将没有生存的可能。因此,对于内容产业而言,版权管理的问题不只是简单的知识产权问题,更是关系到相关企业能否在竞争中生存下去的问题。在数字技术平台上,内容生产企业对于内容产品的版权保护主要是通过数字版权管理来实现的,而且随着内容产业的发展壮

大，还要涉及数字版权管理的标准化问题。

（一）数字版权管理面临的问题

数字版权管理是目前对网络中传播的数字作品进行版权保护的主要手段。

DRM(Digital Rights Management)技术作为一种较可靠的数字版权保护技术在发展过程中也经历了不断的变化，同时也面临着一些问题。主要的问题有两个：数字版权保护能力的提高和数字版权保护技术的标准化。

第一，数字版权保护能力的提高。任何一种技术在其刚刚出现时都很难做到尽善尽美，总会有一些缺点和漏洞，DRM 技术也同样面临这个问题。但是随着技术的不断进步，DRM 已经可以实现对同一内容、针对不同客户不同的使用需求随时变更授权内容、对授权时效进行控制、设置免费浏览内容、建立个性化消费模式、设立多元化付费方式等多种功能。

第二，数字版权保护技术的标准化。目前来看，DRM 技术可以说是比较可靠的数字版权保护技术，特别是对于通过网络媒体传播的数字内容，非法用户即使获取了内容本身，也无法使用内容中所包含的各种信息。但是，这样一种较为完善的版权保护技术也有不足之处，那就是由于 DRM 技术目前缺乏统一的行业标准，造成各内容生产企业各自拥有不同的 DRM 标准，而且这些标准之间互不兼容，既造成了内容生产中成本的增加，也为合法用户在获取数字内容时设置了人为的障碍。目前主要存在 Windows Media DRM 标准、Helix DRM 标准、Apple DRM 标准和 OMA DRM 标准等不同的标准。

（二）数字版权管理的标准化

针对 DRM 技术存在的两大问题，其中保护能力的问题随着技术的不断更新和提高已经基本得到了解决。当前来看，数字版权管理的最大问题是标准不统一，这反过来也会影响对数字内容版权的保护,进而影响内容融合的进一步发展。这一问题的解决主要依靠数字版权管理标准的建立。

第一,建立全球范围内的 DRM 统一标准体系。在 DRM 标准体系中,由开放移动联盟制定的规范最具代表性。但标准的发展永远滞后于技术的发展,而数字技术的发展速度更快,因此想有一个放之四海而皆准的方法只能是一种理想。

第二,由内容生产商根据自己的偏好来选择标准。由内容生产商根据自己的偏好来选择标准,可以允许不同的标准进行充分的竞争。这种方法在促进市场竞争、推进融合发展的同时也会带来资源的浪费,在这样的标准环境下,承载融合业务的网络设备、终端设备必须支持多种标准,这无疑加重了产业负担。

第三,建立包括监督、认证、计费等在内的信用机制。在传播网络方面建立一套包括监督、认证、计费等在内的信用机制,使整个网络成为可以信赖的安全社区,从而实现对版权的管理。这是一种从行业运作的高度来引导市场,把 DRM 放在整个网络建设和网络业务安全的层面上来思考的方法。虽然这种方法在技术上没有问题,但要求包括内容提供商、网络运营商、终端设备生产商在内的各种利益主体要有大局观,从长远发展考虑,而不能只顾眼前利益的争夺。

随着数字版权管理标准化的深入发展,我国相关标准的建立也在稳步地进行之中。目前来说,我国已完成数字版权管理标准体系的初步建设,颁布并实施了面向消费电子设备版权保护应用的数字接口内容保护系统规范的两项行业标准,形成《信息技术·数字版权管理·术语》草案,组织行业企业和科研院所取得了一大批具有自主知识产权的专利技术、产品和产业示范点。

二、网络融合的问题和发展方向

(一)网络融合存在的问题

随着三网融合的发展,原来相互独立的三网要做到底层联通、业务渗透和应用融合，必然会使三网在技术、业务、管理机制上产生碰撞。这些碰撞会涉及资源重新分配、受众日趋分化、经营范围逐步扩大、行业利益充分竞争等多方面的问题，这些问题会在各个方面对三网融合产生影响，处理不好就会严重影响三网融合的进程。

1. 监管问题

从本质来看，三网融合是为广大受众提供一个便捷、高效、多样、统一的信息传送平台，这必将影响到各网络原来已经形成的一套监管体制。原先各个网络彼此独立，互不干涉，都有一套成型的管理体制。要进行三网融合，就必须打破原来的监管格局，在法律层面确立统一的监管策略和管理机构。

2. 技术问题

三网在融合过程中，技术上逐渐趋于一致，网络层面可以实现互联互通、形成无缝覆盖，业务上互相渗透和交叉，应用上趋向使用统一的 IP 协议。对于用户而言，只需要面对一个平台，就能满足上网、看电视和语音通话等多种需求。但是三网如何互相渗透，如何互联互通，还面临诸多技术挑战。

第一，网络技术需要进一步提高。要真正实现广电网、电信网和互联网中的任何一网都能承载电话、互联网和广电业务，在技术上还有着不足之处，如网络带宽，特别是用户接入带宽还应该进一步提高。以电信网为例，借助 ADSL 宽带网络接入技术，电信网的一根电话线终端可以承载固定电话、宽带互联网业务。如果 ADSL 带宽能够达到 4 Mbps 以上，就完全可以承载 IPTV 业务，具备高清点播的网络条件。为此，我国一直在不断努力。伴随"宽带中国"专项行动的有序开展，我国固定宽带的接入速率以及普及程度逐年提高。

除此之外，广电网络也还存在着单向传播、无法进行信息交互的问题。目前广电网络正在投入巨额资金进行有线电视网络的双向改造,以成为一个拥有上行和下行数据传输的网络。

第二,三网标准需要统一。三网在构建之初所处的不同业务领域都有各自的技术标准,网络结构、通信协议都不相同,虽然 IP 交换能够作为融合后统一的通信协议,但要使 IP 技术能够在三网融合的过程中充分发挥其优势,还需要对其做进一步改造。一是要解决如何使 IP 协议兼容多种传输介质的问题,使 IP 数据包可以在各种网络中传输;二是要解决在面对不同业务类型时,如何保证其实时交互传送的质量问题;三是对于全网的安全、IP 协议的安全性等问题也还需要进一步完善。

3. 业务问题

三网融合将形成一个统一的信息传播平台,这个平台可以为受众提供多种服务,承载多种业务,这必将会使得三网的业务互相渗透,从而导致原来隶属于三网的企业之间的激烈竞争。这种竞争一定要以满足受众和市场的需求为前提,否则将阻碍三网融合的发展。

三网业务的竞争不应该是分割现有的受众资源和市场份额,而应该是充分调动各企业的参与积极性,做大现有市场,促进网络改造和技术升级,最终为受众提供更为丰富、便捷的内容和服务。

(二)网络融合的发展方向

1. 网络融合催生新的网络形态

广电网、电信网和互联网的融合可以催生出新型的网络形态,如我国所提出的 NGB 就是一种由网络融合催生的网络应用形态。

NGB 是指下一代广播电视网(Next Generation Broadcasting Network),是有线无线相结合、支持"三网融合"业务的、全程全网的广播电视网。

在宽带方面,NGB能够将广播电视核心网和城域网的带宽提高到每秒百万兆比特以上,接入网的带宽能够支持40 Mbps。

在服务方面,NGB将原来的单向广播服务方式改变为双向互动与广播相结合的服务方式,将原来的区域性服务扩展成跨区域的服务。

在业务方面,NGB能够提供高带宽、复杂交互的互动电视类、社区服务类、电子商务类、在线娱乐类、个人通信类、医疗教育类、金融证券类等内容或服务,还可提供视频、数据和语音等多种业务结合的混合业务。

在管理方面,NGB将原来的区域化、分极化管理变成全局化、统一化管理。

2. 网络融合催生新的市场格局

三网融合既能实现在单一平台或设备上获取多种服务,也能利用多个平台和设备来获得所需要的某一种服务。这种变化将形成一个崭新的市场格局,为产业发展带来新的经济增长点。

以广电为代表的传媒产业通过三网融合,充分发挥对内容占有的优势,降低了构建传播网络的成本,借助其他网络扩大了自身的传播范围;电信、互联网产业通过融合获得了信息内容的资源,也提升了自身的品牌。同时手机电视、互联网电视等新兴业务也得以实现,它们的产生和发展又使得相关行业,如生产电子元器件的公司和光纤光缆公司同时受益。而设备生产商方面,人们更青睐于那些具有复合功能的电子消费类产品,由此,多功能手机的生产商和生产互联网电视的厂家将有更多机会。此外,在运营商方面,广电有线网络的上市公司、电信运营商和一些传媒公司也将获益于网络融合的发展。

3. 网络融合催生新的监管措施

网络融合不仅有物理技术的对接问题,更重要的是如何面对广电"一对多"和电信"一对一"的传播规则的问题。如果将"一对多"融合到"一对一",则表明放开必要的宣传控制权,这必然是不可能的;而若反之则会造成传播资源的大量浪费,且无法满足受众对信息获取便捷性的要求。

因此,网络融合需要有新的监管政策来加以保证。目前主要有两种监管方案:一是设立国家通信网络监管委员会和国家网络内容监管委员会,分别对网络运营和网络内容进行监管;二是设立国家通信监管委员会对网络运营和网络内容进行统一监管。这两种方案都要争取为三网融合发展和融合监管提供法律制度的依据和框架,从而为三网融合的体制改革提供法律层面的支持和保障。应该积极推动《电信法》的出台,并在《电信法》中对融合监管、网络融合问题以法律形式予以明确,出台有利于三网融合进程的新法规和新政策。

三、终端融合的问题和发展趋势

(一)终端融合面临的问题

从终端的功能到终端设备提供的服务,终端融合都扩展了单个媒介的应用范围,体现了受众要求整合服务的需求,是终端设备发展的必然趋势。但终端融合也面临一些问题。

1. 标准问题

终端融合的关键是标准的统一,各类终端之间的数据交换和兼容性问题是融合的关键。在融合初期,各种标准必然会带来竞争,内容提供商、网络运营商、终端设备生产商以及各类技术联盟都将展开标准的争夺,各类标准之间的冲突会阻碍融合的进程。

2. 政策问题

目前来说,国外对新媒体领域的对称开放策略较为利于终端融合的发展,但我国对新媒体领域的管理是包括在整个媒体管理体系中的,首先保证的是广电系统对媒介内容的绝对控制权。在终端融合的服务领域,广电行业居于主导地位,国家政策倾向于对广电业的支持,电信业没有获得对等的开放。

3. 管理问题

目前来说,终端的管理还处于多元化状态,主要体现在多重行业的监管造成的对进入的限制和对发展的制约。要解决这一问题,在统一监管还难以实现之前,只能靠加强广电和电信之间的监管合作来实现。如诺基亚推出的手机电视采用的 DVB-H 标准的运作方式是用广电的基站进行手机电视信号传输,同时又使用移动运营商的渠道来收取费用,这既造成成本的增加和资源的损耗,还涉及广电和电信行业的利益分配问题。

(二)终端融合的发展方向

1. 进一步满足受众的需求

随着内容融合导致内容产业的出现,信息内容的生产实现了规模化。受众面对海量的信息内容,对于信息内容的需求逐步由单一到多样,由单向接收到双向互动,由定点、定时获取到任意时间、任意地点、任意形式的使用转变。随着终端融合的不断发展,新型的多功能一体化终端设备不断出现,新兴的基于特定终端设备的特定服务不断开发,使得广大受众进行信息交流的效率大大提高。

2. 促进产业链成员的业务扩展

随着媒介融合的不断发展,传媒产业链发生了巨大变化,由原来各种媒介单独进行信息内容的生产、传播、接收向统一的内容产业、网络产业、终端产业转变。在转变过程中,整个产业链中上下游产业成员相互之间也在不断进行业务的融合。上游的内容产业不仅仅满足于进行信息内容的生产,也开始向终端设备生产发展,使其生产的信息内容能够在特定的终端中得以广泛传播,如由北京人民广播电台、北京广播公司共同推出的 1039 新媒体机,就是上游内容生产产业向下游终端设备生产产业渗透的结果。

第五章　媒介融合背景下的新媒体传播

新媒体与媒介融合有着十分密切的联系。从某种程度上说,二者是一种相互影响、相互构建的关系。一方面,新媒体在媒介融合的过程中有着无可取代的地位和作用,数字技术、网络技术等新媒体技术为媒介融合提供了技术支撑,基于此,媒介融合才得以发展、勃兴;另一方面,媒介融合对于新媒体的发展来说意义重大:"融合"不但是新媒体与生俱来的特质,更在产业层面决定着新媒体产业模式的选择与创新,并由此使得新媒体成为推动媒介融合向前发展的主体力量。新媒体与媒介融合的这种你中有我、我中有你的互构关系,为二者的相互促进提供了先决条件。

实际上,新媒体几乎存在于当今媒介融合的每个角落,不仅有发展已久的新媒体与传统媒体的融合,也有日渐兴起的新媒体之间的融合。作为新兴的媒介融合形态,新媒体之间的融合主要可以分为两类,一是基于手机平台的新媒体融合,二是基于网络平台的新媒体融合。这两类新媒体融合在我国已经开始起步发展,但仍然存在技术、内容、政策等诸多方面的瓶颈。当然,无论是基于手机平台的新媒体融合,还是基于网络平台的新媒体融合,都不是一成不变的。同其他媒介融合的形态一样,新媒体融合也是一个不断变化和发展的过程。

第一节　互联网时代背景下的新媒体传播

一、新媒体的表现形式

就像新媒体没有一个明确的定义一样,业界对视听新媒体形态的界定也仅限于三种常见的类别,依然缺乏严格意义上的界定,其中 IP 电视与网络电视经常混用,手机电视的定义也不够严谨。在讨论视听新媒体这一问题时,我们经常需要对这些概念进行说明,为了讨论方便,下面对新媒体业务形态的内涵做些说明。

（一）IP 电视

对于 IP 电视的概念,目前比较权威的说法是国际电信联盟（以下简称"国际电联"）给出的官方定义:"IP 电视是指通过可控制、可管理、安全传送并具有 QoS 保证的无线或有线 IP 网络,提供包含视频、音频（包括语音）、文本、图形和数据等业务在内的多媒体业务。其中,接收终端包括电视机、平板电脑、手机、移动电视及其他类似终端。"英国电信、意大利电信也大致认可这个说法,不过意大利电信不包含手机、平板电脑等移动终端。这些定义的共同特点是强调在可控制、可管理的 IP 网上运营,区别在于终端的限定上。国际电联的定义几乎囊括了所有与 IP 有关的业务,具体界定时可能存在一些不便,对基于不同终端的 IP 电视业务似乎还要做进一步界定。这里讨论的 IP 电视是指通过可控制、可管理的有线 IP 网,提供基于电视终端的多媒体业务。我国管理部门所指的 IP 电视基本上是指这类业务。

（二）网络电视

网络电视是指采用 IP 协议,通过互联网以计算机为终端的视频传播业务。网络电视与 IP 电视的最大区别是传播内容的网络是开放性的。网络电视与 IP 电视是两个完全不同的概念。

（三）网络广播

网络广播是指采用 IP 协议，通过互联网以计算机为终端的音频传播业务。业界已经习惯将提供网络广播业务的站点叫作网络电台。

（四）手机电视

按国际电联的定义，手机电视最初是 IP 电视的一种，是运行在可控制、可管理的移动互联网上，以手机为接收终端的多媒体业务。但在具体应用中，手机电视的概念却比这一定义复杂。一方面，移动互联网虽然是可控制、可管理的网络，不过当其和互联网对接之后，互联网上的所有问题都会体现在移动互联网上。从这一方面来说，说运行手机电视的网络是可控、可管理就不太准确与合理。另一方面，业界经常把以手机为接收终端的卫星及地面移动多媒体广播业务也称作手机电视，谈到手机电视时不得不做特别说明。鉴于手机电视是由电信部门率先提出的概念，因此不妨将手机电视限定在移动互联网提供的视频业务上，广播方式的手持移动多媒体业务可称为手持移动电视。这样，概念的内涵与外延均非常清晰。以此类推，除了手机，还有平板电脑作为终端的新形态。

（五）播客

播客的概念比较复杂，通常的解释是指英文的 podcast 或 podcasting，这个词是苹果设备的"iPod"与"broadcast"（广播）的合成词，指的是一种在互联网上发布文件并以自动接收新文件的方法允许用户订阅的传播形式。这种新方法从 2004 年下半年开始在互联网上流行，并用于发布音频文件。播客软件可以定期检查并下载新的内容，并与用户的便携式音乐播放器同步内容。早先的播客仅指音频播客,从 2005 年开始,已经有一些播客软件可以播放视频。目前人们更为关注的还是视频播客。

(六)电子报纸

多媒体技术与信息技术的结合衍生出了电子报纸。电子报纸作为信息时代的报纸新形态,具有传统报纸所不具备的"电子化"特点。

首先,报纸电子化。电子报纸的内容,如文本、图片、音频、视频等,电子报纸的形态、电子报纸的发行载体以及电子报纸的存储方式全部是电子化的;其次,出版电子化。电子报纸的制作过程,如电子报纸内容的收集以及内容的编辑、版式排版等是完全电子化的;再次,发行电子化。电子报纸是以互联网为发行载体的,成本低、时效性强、传播不受时间和地域的限制;最后,阅读电子化。读者利用台式电脑、笔记本电脑、平板电脑等电子设备即可直接进行电子报纸的阅读,以及任意复制、打印、存储电子报纸的内容并体验电子报纸的互动功能。

二、新媒体产品的创新

(一)第二屏幕

目前有一个新的概念就是"第二屏幕",指的是观众用手持设备(通常指平板电脑和智能手机)来增强在观看内容(通常是电视或电影)时的体验。比如在看电视节目的时候使用手机配套的互动 APP 来进行观看过程中的互动。只要你仔细想想,"第二屏幕"其实已经深入到了我们生活中的方方面面。

目前,一些中国的电影公司正在关注互动科技及社交习惯带来的观影变化,并且正在准备随之进行改变。如果电影公司想要占领年轻人的市场,迎合第二屏幕影院的发展也许就能赢得未来。

当然,第二屏幕也并非没有缺点,它最大的缺点莫过于会分散观众的注意力,破坏观众观影的整体感受。比如《小美人鱼》的一些观众感觉实在很难集中精力在看电影上面,因为每两分钟就有一个需要观众全情投入的新游戏。再加上互相比赛竞争,结果是一些关键性的电影信息都被错过了,影片最终败给了游戏。如果观众熟知故事情节还好,但对第一次接触剧情的那些人来说就漏掉了很多信息(第二屏幕如果设计得当,反而会有助于观众对电影原本内容的关注)。一言以蔽之,目前由于技术的限制,大幅度地改变观众的观影习惯似乎不太可能。但是,未来几年,第二屏幕一定会越来越普及。

(二)关于视频与弹幕

新媒体的语言风格体现在影像与图式风格的奇观化上,奇观呈现是"复合的、被想象与放大的影像化场景","融合了宇宙太空、宗教经典、历史隐秘、域外传奇、童话演绎、考古发现等多种内容的影像奇观,这种奇观在新媒体中的表现反而很自然"。当然,并不是所有的新媒体都能像电影一样具有宏大的叙事功能,但是从电影中汲取营养却是许多新媒体艺术的共同特点。

下面举一个 Bilibili 网站的例子。Bilibili 网是中国一个关于 ACG(Animation、Comic、Game)类的弹幕视频分享网站,其前身为视频分享网站 Mikufans。该网站于 2009 年 6 月 26 日创建。建站的初衷是为用户提供一个稳定的弹幕视频分享网站。站内大多数视频都是来源于日本电视台播出的新番动画、NICONICO 动画、YouTube 等视频分享网站,也有不少国内的动漫爱好者制作的二次创作内容。视频内容也多是储存在新浪播客、腾讯视频、优酷等国内的视频分享网站中。后来该网站于 2010 年 1 月 24 日更名为 Bilibili,其最独具特色的一点就是弹幕系统。

这种弹幕方式可以很好地体现新媒体的创新展示方式,增加了与观众的互动性。当然,其最大的缺陷就是不能约束有些观众过分消极的言论,因此 Bilibili 在创始之初也有自己的审核制度,比如对弹幕字幕的周期性审核,大约 5～10 小时审核一次,这样做既能满足观众的实时要求,也控制了杂乱无章的局面。再比如不容许重复发布已有的视频,但允许高分辨率视频替代同内容的低分辨率视频,这样可以保证高品质画面的视频的播出。

(三)电视节目的多屏化内容

电视在变,电视内容也必然在变。今天的模式化节目很多已经有配合多屏的内容,NBC 推出的《百万秒问答》节目,并非是一档技术完美的节目,甚至其技术问题已经在一定程度上影响了节目的播出效果,但是多屏的内容呈现必然是电视内容改变的第一步。未来的电视内容有很多想象的空间,大量文科出身的制作人是否能感受到这种压力,我们的电视台能不能适应这样的场景变化,这仍然是个未知数,不过多屏的内容呈现必然是电视内容改变的趋势。

在新技术和网络高速发展的今天,新媒体的视频内容已经发展到多种形式,远远超过了短视频形式的发展阶段。举个例子,就像卡拉 OK 是非常普通的娱乐形式一样,从激光唱片时代开始,历经 VCD、DVD、蓝光,终于走到今天的网络时代。应该说卡拉 OK 如果作为电视内容并不奇怪,因为它一直就是与电视同步的,但确实没听说谁办过卡拉 OK 电视频道,毕竟大家公认这样的内容是不能用于广播的。可是今天,借助新的技术,卡拉 OK 电视作为电视内容被呈现出来,而且具备商业价值。美国的卡拉 OK 频道主要借助微软 Xbox 上的功能和其会员系统来实现。创办这个频道,能够在版权和唱歌两个方面获取利润。所以在中国,有些手机应用可以根据这样的电视内容,创立一种根据用户需要来定制内容的生产方式,这可能是新媒体电视节目发展的未来。

第二节 我国新媒体传播产业的融合现状

我国新媒体产业正在突飞猛进地发展,用户规模和盈利规模呈现爆炸增长态势,新媒体产业链不断完善,产业模式不断创新并趋向成熟。尽管仍存在诸多问题和不足,但新媒体产业依旧无可辩驳地显现出巨大的发展潜力和广阔的发展前景。

同时,伴随新媒体产业的高速发展,多元化、融合式的发展趋势也越来越明显。从某种意义上讲,"融合"不仅是新媒体产业最重要的发展趋势,更是新媒体产业与生俱来的发展特质,新媒体产业的发展在很大程度上要归功于"融合"。

总体来看,新媒体的融合包括两个方面:一方面是新媒体技术的融合;另一方面是新媒体内容和服务的融合。不管是技术融合还是内容、服务融合,最终的发展方向及结果都会在一定程度上推动新媒体产业在不断融合中实现发展。我国新媒体在发展初期就显现出融合的态势。然而,新媒体融合真正进入产业化还是近几年的事情,尤其是随着移动互联网的飞速发展和手机 4G 技术的推广应用,我国新媒体产业融合已经初现曙光,并呈现出快速发展的势头。

一、新媒体产业融合的形式

目前我国新媒体产业的融合主要有两种形式:一是基于手机平台的融合,即以手机为终端的网络应用;二是基于网络平台的融合,即以网络为终端的手机应用。

(一)基于手机平台的融合

在手机 2G、2.5G 时代,网络已经或多或少地融于手机,比如许多手机中内置腾讯网络公司的即时通信工具 QQ,用户可以通过手机登录 QQ 进行即时会话。许多 2.5G 手机已经具备了上网功能,用户只需缴纳一定的流量费或包月费就可以用手机浏览网页,但其网速实在不能令用户满意。

随着 3G 尤其是 4G 技术的推广应用,网络与手机的融合在规模和质量上得以迅速提升。2013 年 12 月 4 日,工信部正式向三大运营商发布 4G 牌照,中国移动、中国电信、中国联通均获得 TD-LTE 牌照。这标志着我国正式进入 4G 时代,同时这也成为网络融于手机的里程碑。

对于广大用户而言,4G 带来的最直接体验是更为丰富的互联网内容和更为优良的网速,用户可以通过手机更便捷地使用互联网业务,如移动 Intranet/Extranet 接入、移动 Internet 接入、高级语音服务、手机网游、GPS 定位等。

在为越来越多的用户提供手机与网络的融合性业务的同时,4G 更为各相关产业带来了巨大的利润增长空间。通过手机的网络接入,不仅可以使互联网产业不断与手机产业融合,提高盈利能力,还会促使手机运营商对自身角色和盈利模式进行重新定位。

4G 技术使用手机访问网络逐渐变为一种生活习惯和生活方式,这也必将带动相关产业的发展。手机网络、手机浏览器成为各大门户网站和相关企业必争的一块市场。此外,除了可以使用手机随时随地浏览网页信息,网络信息的移动化写入也是手机接入网络的又一表征。从产业价值链来看,类似于微博、微信的手机客户端和社交应用为手机生产厂商、销售商提供了多媒体手机的新营销策略;增值服务提供商也可以从中挖掘新的收费模式。

(二)基于网络平台的融合

我国基于网络平台的融合项目起步较晚,早期比较典型、相对活跃的融合形式主要有以下三种:移动运营商的网上营业厅、电脑对手机的即时通讯软件以及手机存储的网络化。

移动运营商的网上营业厅把实体营业厅的全部功能几乎都

搬到了网络上,手机用户只要注册就可以办理手机缴费、话费查询、个人信息管理、手机彩铃下载等各种业务。这种发展拓宽了运营商的营销渠道,使手机的功能与网络结合在一起,增加了用户黏性,最终赢得了市场空间。

目前网络上有许多针对手机的即时通讯软件,如腾讯 QQ 在其基础业务——网络即时通讯的基础上,也开发出可以直接向手机传送文本、语音信息的相关功能,类似的软件还有新浪 UC、校内通、VoIP(Voice over Internet Protocol)网络电话等。2007 年,中国移动公司推出的、曾风行一时的飞信(Fetion)软件也具有类似功能,不同的是它由移动运营商推出,采用免费的资费策略,在短时间内吸引了大量用户。中国移动的这一举措有助于增强用户黏性,降低用户离网率;同时这也是中国移动从运营商向信息服务提供商进行战略转型的重要举措。

手机存储的网络化是一种重要的手机增值业务,指用户通过手机同步软件将手机上的信息(包括联系人信息、照片、视频等)备份至受密码保护的网站上,同时可以通过网络界面同步访问相关数据。目前国内的这类网站多而杂,真正形成规模的却并不多。

二、新媒体产业融合存在的问题与发展思路

总体来说,目前我国新媒体产业融合已经取得了不小的成绩,尤其是网络与手机的融合,已经显现出大规模产业化的趋势。然而,这种融合毕竟正处在发展中阶段,不可避免地会存在诸多问题。

(一)新媒体产业融合发展的瓶颈

1.管理机制不健全

在传统媒体发展的过程中,其管理机制相对严格,人力资源

管理中无法进行合理、有效的资源配置,这种现象的出现对从业人员的考核及薪资的调控都带来了不少问题。在新媒体产业发展的背景下,其管理制度并不成熟,而且,也没有健全性、完善性的法律法规对相关制度进行约束,导致新媒体在媒体市场运行中处于一种不稳定的状态。因此,在传统媒体与新媒体融合的过程中,其信息的优先发布严重阻碍了两者的进一步发展,主要是在新媒体产业发展中,由于产业化运营实现的时间相对较短,而且,在发展过程中存在机制不健全的现象,这为传统媒体与新媒体的融合带来了一定的限制。

2.人员综合素质较低

在媒体产业运行及发展的过程中,为了实现快速性的发展,需要相关的从业人员具有较高的专业知识以及综合技能。但是,一些传统媒体从业人员对新媒体的专业知识的掌握能力相对较弱,这成为传统媒体与新媒体融合中需要面对的困难。对于现阶段传媒产业中的工作人员而言,较多人员从事的是专业性的计算机网络技能。但是,在新媒体与传统媒体融合的背景下,一些人员缺乏专业性的媒体知识,这导致传统媒体与新媒体在融合发展中受到了一定的制约。

3.创新不足

这里的"创新"包括技术创新和内容创新两个层面。

在技术创新层面,我国新媒体产业还缺少具有自主知识产权的核心技术,许多技术标准都要通过海外引进。技术创新的缺乏必将阻碍我国新媒体融合的进一步发展。

在内容创新层面,目前我国新媒体的融合大多模仿国外的内容模式,缺少原创的内容创意。新媒体融合后的产品内容往往只是单一新媒体形态内容的简单平移,甚至是对传统媒体内容的照搬。不可否认,新媒体本身就具有传统媒体不可比拟的丰富新颖的内容形态,然而,在新媒体融合之后,原有的内容形态并不是全部适合新的传播渠道,许多内容在融合后的新媒体平台中并不能顺利传播、产生经济效益,这就造成了渠道资源的相对浪费。

4.版权保护有待完善

版权开放是随着技术发展而来的一个新生事物,它的出现给现有的版权管理安排带来了很大的冲击。

(1)封闭产权转为开放产权

新技术的出现总是带来社会变革。随着互联网这种全球化的开放的新媒体出现,世界软件产业的生产方式也随之起了革命性的变化。传统的由软件商主导的实验室封闭开发模式逐渐转为建立在互联网基础之上由技术精英主持、众多普通程序员参与的开放开发模式。这种模式与以前相比,最重要的一点就是作品版权的开放。在此种开放模式下,全球的资源能够自由地被任何人使用。这些资源通过互联网自发地集合在一起,共同工作,互补优势,极大地缩短了大型软件作品的开发时间。另一方面,由于软件程序的源代码是公开的,任何一个对该程序有兴趣的人都可以通过互联网随时下载、使用,再进行反馈,这可以极大地缩短软件纠错的时间。Linux 在短短的 10 年时间就直追有 40 年历史之久的 UNIX 以及有 20 多年历史之久的 WINDOWS,便是采用互联网模式开发软件优势的一个明证。

但在另一方面,互联网模式开发软件也不可避免地存在一定的不足,其中匿名性是一项重要内容。匿名性(或者说虚拟性)这一互联网的特点目前在现实的法律操作面前遇到了很多问题。这一问题对版权开放软件的发展影响尤为突出。匿名性意味着软件所有者的产权不清晰,意味着在软件某一部分可能会掺杂不良的品质(病毒或者侵权的代码),意味着难以追索最终的责任者。这些缺陷如果不被改进的话,那么版权开放模式也就无法得到社会的主流视野(如讲究关系清楚的法律)的接受与认可。

(2)版权中人身权与财产权开始分离

以往采用版权这种法律形态保护作者的产权,作者从来都是人身权与财产权须臾不可分。但是版权开放模式的出现打破了这一既定规则。版权开放重新定义了软件的价值。以雷蒙德、李纳斯为代表的开放源码阵营认为,随着软件业的进步、发展,如今已不再是靠买软件的使用许可这样一种低级的生产方式营利,而应该立足于如何提供更好的软件技术服务。通俗点说,软件业已从卖产品转向了卖服务。这种发展模式的转变,正在逐渐地改变软件发行许可模式,一种以版权开放为特点的许可模式逐渐被一些大的软件商(如 IBM、Oracle、Sun 等)所接受。在这一模式下,软件商们发行软件所用的许可证只强调软件的如署名权之类的人身权,而放弃了如复制、发行等能直接带来经济利益的财产权。

版权开放虽然放弃了复制权等财产权,但它却可以迅速、大量地吸引用户,赢得了市场和客户,为进一步开发其他衍生产品奠定了扎实的基础。媒体业产品在销售过程中要经历两次销售过程,第一次销售复制权,第二次销售观众。因此,将这种新的版权经营方式引入到媒体业,特别是盗版特别难以防范的数字媒体业,具有重要的现实意义。

(3)寻求个人利益与社会公益的平衡

知识产权制度设计的目的是为了促进全社会的知识生产、技术进步。其中,一个重要的考虑就是在立法设计上力求保持个人利益与社会公益的平衡。但就版权产业的现状来看,一些发达国家的跨国公司已发展成为垄断全球文化市场的寡头集团,严重威胁到整个社会的技术创新。"保护知识产权的本来意义,在于在产品供应者(生产者)之间建立一种竞争秩序,然而过度强调版权页会在一定程度上影响消费者的选择自由。而消费者不能选择商品,那么生产商品的技术提高也就变得更难,其结果开发能力就更为降低。"[1]寡头集团垄断地位的确立,一方面与其霸道的商业行为有关,另一方面也和现有的版权保护制度过于侧重产品生

---

① 富田彻男.市场竞争中的知识产权[M].北京:商务印书馆,2000:190.

产者(软件商)密切相关。

法律的发展需要经历漫长的过程,不过现实生活的改变则是快速而难以预测的。当大家对垄断法也拿微软无能为力而一筹莫展时,革命的种子其实已在萌发,这就是以 Linux 为代表的版权开放软件的出现。在微软的内部备忘录中,他们把开放源码视作死敌;在微软反垄断案的法庭辩论中,微软公司也认为自己并没完全垄断市场,Linux 就是一个很强的竞争对手。在法律拿微软的垄断无能为力时(因为微软的垄断正是法律自身的产物),社会内在追求进步的技术因素起了作用。但别有意味的是,这种内在的进步因素却和现有的法律体系格格不入。它不能得到法律的保护,相反却很容易被垄断利益阵营拿现有的法律条文做武器而受到攻击,这对我们的法律理念简直就是个莫大的讽刺。从现实来看,我国要大力发展新媒体版权产业,我们的法律框架也应适应技术进步的发展变化,把技术的创新性变化纳入其中,从而更好地维护个人利益与社会公益的平衡,促进社会整体的进步、发展。

(二)新媒体产业融合发展思路

1. 推进技术水平发展

技术融合作为新媒体及其产业融合的先导,在新媒体产业未来的发展中将继续起到先决作用。"科技是第一生产力"。互联网技术与手机技术的融合促成了网络产业与手机产业的融合,催生出了巨大的经济价值。在移动通信领域,尽管诸多 2G 增强型技术先行打开了移动数据业务的大门,但真正令人满意的移动互联网体验还是从 3G 开始。在欧美地区,Vodafone 推出 3G 后的两年,数据业务收入平均增长率为 31%,2008 年年底数据业务收入已经占到总收入的 20%;在日本,NTF DoCoMo 推出 3G 后的两年内,数据业务收入平均增长率为 24%,2008 年年底数据业务收入占到了总收入的 37%。在我国,3G、4G 用户在之后的几年内更是快速增长,同时带动了 3G、4G 手机的销量大幅提升。当前 5G 手机已经正式投入市场,并显示出强劲的发展势头。

技术融合不仅是新媒体融合的先导,也是市场的主要驱动力。因此,我国新媒体产业应该主动改进技术,提高科技水平,突破制约产业发展的技术瓶颈,建立技术创新体系,以适应新媒体融合的趋势,也只有这样才能抓住机遇,促进新媒体相关产业的发展。

2. 构建多元化的传媒产业运行方向

随着传媒产业及新媒体产业的融合发展,为了促进产业的有效发展,需要将多元化的媒体传播渠道的构建作为基础,并构建多元化的项目经营理念,为传媒产业的发展奠定良好基础。同时,在社会主义市场环境经济体系运行的背景下,行业之间呈现出一定的竞争机制。因此,传统媒体需要在打破原有产业结构的基础上,实现跨企业经营的管理方式,从而形成以传统方式为主、网络信息方式为辅的经营理念,构建综合性的传媒产业运行管理机制,实现产业资源的快速优化,为传统媒体及新媒体的融合提供良好机制。

3. 提高内容的品质

就中国目前的新媒体发展以及融合现状而言,最大的问题不是技术方面的障碍,而是缺少好的内容整合模式。内容产业作为新媒体产业的核心和支柱,将使"内容为王"这一在传统媒体环境下形成的"圭臬"在新媒体时代表现得更加突出。而找到合理、合适的内容整合模式,正是让新媒体内容和服务适应新媒体产业融合式生产方式的必由之路。

探寻好的内容整合模式是一个系统性过程,除了需要在技术、渠道、用户需求等方面下功夫之外,服务提供商和内容提供商这两大产业链环节也要注意适当地整合。2007 年 11 月 19 日,国内最大的服务提供商之一华友世纪与内容提供商光线传媒正式合并,这不仅标志着全新的"光线华友"公司诞生,更揭示出服务提供商与内容提供商紧密整合的行业转型趋势。然而,这一合并成果很快在 2008 年 3 月因为双方的战略分歧而终止,这从一个侧面显示出我国服务与内容提供商进一步整合仍面临重重困难。

此外,运营商作为内容与服务的最终整合机构,也应担当起改造、整合新媒体融合后的内容服务的角色。随着 5G 的推广成熟,运营商将从一个单纯的内容提供者转型为内容服务整合者,在新媒体融合后的内容与服务上,运营商需要承担更多的整合工作。

4. 创新思路

从广义来说,新媒体产业属于文化创意产业的一个重要分支,它以文化内容为核心价值,以创意为激活要素,面对同样的文化内容,创意的独创性、原创性越强,产品的市场影响力也就越大。如果没有激活创意,即使拥有再丰富的文化内容,也很难将其转化为具有市场竞争力的产品。

对于以内容和服务为产业链核心的新媒体产业来说,创新尤为重要。甚至可以说,正是创意或创新使得新媒体产业得以存在和发展。同样,新媒体产业的融合也离不开创新,无论是技术的融合还是内容、服务的整合,创新都要贯穿其中,成为其灵魂和精髓。

然而,目前我国新媒体产业融合所缺乏的也正是创新——在技术上缺少拥有自主知识产权的核心技术专利,在内容和服务上模仿国外模式,同质化现象严重。针对这些问题,融合后的新媒体产业链各环节应该主动出击,自主研发更多的技术专利、制定技术标准,在新技术平台上把握用户的多样化需求,制作并提供有创意的内容和服务,用科技辅助创意,开拓新的盈利模式。

具体来说,新媒体产业要做到在融合中推陈出新,首先要创新观念。5G 技术的应用与成熟使得网络与手机深度融合,5G 所提供的服务内容也更具互动性,由此,旧有的简单传受模式被打破,受众不再仅仅是信息的接受者,更被赋予了消费者、反馈者等多重角色,传统的信息传受关系演变成内容提供商、服务提供商、运营商及受众等各个环节间的互动关系。这就需要新媒体产业各方尽快转变思想,确立"用户"观念,并且根据"用户"的多层次需求和全方位反馈做出创新性的应对。

其次,还要建立一套完整的创新机制。创意本身具有很大的偶发性,因此需要通过必要的机制来确保创新的延续,其中包括创新人才培养机制、定期的创新交流活动机制等。除了需要创新观念和建立创新机制,新媒体产业还要在实践中提高创新能力,尤其是在新媒体融合的实践中应用创新理念,使创新最终落实到新媒体融合的实践中。

尽管仍然存在许多问题和不足,但融合式发展已经成为我国新媒体产业发展的必然趋势和必由之路。除了互联网与手机的融合趋势相对明显之外,其他新媒体形态也在逐渐融合并开始形成产业化。针对这种融合趋势,我国政府和新媒体产业链各主体只有认清形势、转变观念,采取顺应融合的措施,才能保持新媒体产业的持续、快速、健康发展。

5.建立健全新媒体融合管理机制

伴随传媒产业与新媒体产业的运行及发展,为了实现两种媒体产业的稳定发展,需要在管理体系项目优化及产业融合中构建完善性的管理机制,通过管理机制的创新,促进媒体产业的积极发展。通过传媒产业的融合及管理机制的优化,需要通过对时代需要及时代发展步伐的分析,进行传媒产业的管理及优化,促进改革项目的创新机制,增强传媒产业的活力及社会适应能力,规范传媒产业及新媒体产业的稳定融合,为绩效评价管理机制的优化提供稳定支持。

总而言之,在现阶段传统媒体发展与新媒体融合的过程中,需要认识到传媒产业的优势,针对产业运行及发展的现状,进行传媒产业与新媒体产业的稳定融合,促进产业的优化及创新。虽然在传媒产业与新媒体产业融合发展的过程中,存在着一定的限制因素,需要通过对传媒产业资源的优化及整合,创新产业资源的管理机制,为传统媒体与新媒体的融合提供良好机制,构建多元化的运行及管理机制,促进全媒体产业的稳定运行及创新发展。

第三节　新媒体传播与媒介融合的互构

媒介融合作为当今媒介形态及传媒产业发展变化的时代背景,同新媒体及其产业发展有着不可分割的紧密联系。一方面,新媒体在媒介融合中具有无法替代的重要地位和作用;另一方面,媒介融合对于新媒体的发展也具有不可小觑的影响。

一、新媒体技术为媒介融合提供技术支撑

(一)数字技术实现媒介融合的资源共享

数字技术是一项与计算机相伴而生的新媒体技术,它借助一定的设备将文字、图片、影像、数据资料等转化为计算机能够识别的二进制数字"0"和"1",然后对其进行运算、存储、加工和传播。

在数字技术出现之前,报刊、广播电视等传统媒体根据各自的媒介本体特征,都有各自不同的信息编码和解码方式,不同的媒介之间有天然的划分边界。数字技术出现并应用于媒介业务之后,所有的信息都可以转化为"0"和"1"的形式进行处理和存储,各种媒体内容都可以转化为统一的编码进行传输和交换。

除此之外,数字技术应用于媒介终端,在很大程度上促成了媒介终端的数字化,不管是网络媒体、手机媒体等新媒体,还是报刊、广播、电视等传统媒体,都能够利用数字技术创新或改造接收终端,这就加强了各媒介终端的兼容性。除此之外,对媒介融合未来发展来说更加重要的一点是,数字技术在媒介内容和终端上

的应用使得各媒介之间的边界趋于消解,各媒介之间的内容共享成为可能,这在很大程度上实现了媒介融合的资源共享。

(二)网络技术为媒介融合提供平台支持

网络技术作为网络媒体产生与发展的基础技术之一,也为媒介融合提供了平台支持。网络技术的平台支持作用主要表现在两个方面。

一方面,网络技术是网络融合的基础。以网络技术为核心的网络媒体互联互通,从而构成了互联网络,而互联网则是网络融合的核心所在。网络技术的发展、应用,不仅推动了网络媒体自身的升级,还促进了固定电话网、移动通信网、局域网络、广播电视网等不同形式的信息网络以互联网为平台实现技术升级和相互连通,进而为媒介融合提供网络平台。其中,网络融合最为典型的形态即是三网融合,具体来讲就是建立在网络技术之一的TCP/IP协议基础之上,进而实现互联网(计算机通信网)、电信网和广播电视网的相互渗透、相互兼容。

另一方面,网络技术衍生出媒介融合的多媒体平台①。以网络技术为核心的网络媒体,其本身就为媒介融合提供了一个多媒体平台。无论是文字、图片还是音频、视频,乃至各种数据资料,都能够在网络媒体中顺畅地编辑、存储和传播。随着网络信息技术的迅猛发展,网络媒体不断衍生出更多、更新的服务和应用,这也为媒介融合创造出更多兼容性的媒介平台,这一点对媒介融合的未来发展具备十分重要的现实意义。

(三)媒介融合技术发展前瞻

1.媒介融合技术发展的目标

国内学者彭兰认为,媒介融合大致会经历三个阶段:第一阶

---

① 何娅妮.媒介融合形成因素解析[J].科教文汇(上旬刊),2009(08):266.

段大致是从 20 世纪末到 2009 年,主要表现为媒体陆续开始跨媒体业务拓展,不同媒体间开始合作;第二阶段大致从 2010 年开始,表现为新型媒介产品不断涌现,传统传受关系的再造;第三阶段,随着媒介终端技术的持续快速变革,整个媒介产业都将产生深远而巨大的变化,所有媒介都将迎来全新的发展机遇。媒介融合的各个阶段有自己的发展目标。与此相对应,媒介融合技术在各个阶段也有自己的发展目标。

（1）第一阶段

为了配合和满足媒介业务大规模扩张以及媒介间加强合作的需求,媒介融合技术发展的目标是以互联网、移动通信网和电信网络为依托和基础,在三网融合的技术条件下,通过对传统媒体生产技术的数字化、网络化改造和升级,使得不同媒体产品都能通过网络呈现,受众能通过互联网和移动通信网终端浏览、阅读、收听和下载各种传统信息产品。

（2）第二阶段

为了激发用户的"潜能",彻底改变以传者为中心的单向信息传播格局,媒介技术发展的目标应该是抛弃过去以新闻为媒介主要产品的思路,媒介产品应注重新闻与其他产品并重,重点开发社区、游戏、搜索、娱乐、通信、商务等产品,而社区产品或许是连接各种产品的枢纽。目前腾讯公司开发的即时通信工具"QQ"已经具有了这样的特点。2011 年 2 月,美国新闻集团针对苹果 iPad 平板电脑开发的"The Daily"网络电子报纸已经引起了人们的广泛关注,有可能在媒介终端产品方面形成新的突破。

未来,媒介形态一定将发生更大而彻底的变化。我们现在还很难用具体而准确的语言去描述那个情景,但可以预见的是,在将来媒介一定会无处不在,媒介的数量将是极其丰富的,媒介终端是易于携带且功能强大的,其数量将是极其庞大的。弗里德里克曾做过这样的预言:"假如人能够在宇宙的一棵树上眺望遍及世界的新闻和信息流动,就会发现它完全类似于人体的血液循环系统。换句话说,世界已经成为一个又一个川流不息的信息所连接起来的多重有机体。它血管中充满了不可胜数的数据,连接大陆的海底电缆和相互接通的卫星网络构成了它的动脉。每天充满了血管的是数百小时计的电视节目、数百万计的个人电话和数兆比特的信息。带有银翼的雪茄状飞行体越过辽阔的海洋和天空,将数不清的人运往世界各地,右上角附有彩色标志的小小的纸质物体穿越高山大海,畅通无阻地从发件人那里传达到收件人手中。"

（3）第三阶段

媒介技术的发展目标应重点体现在高速无线通信、信息终端智能化、便携化与柔性化、数据智能输入输出等方面。这方面,国内外科研人员都在努力并力争取得先发优势。我国华南理工大学曹镛院士的研发团队首创,用水溶性发光材料发明了环保型发光界面材料制作显示屏新工艺,解决了采用全印刷方法制备"柔性"显示屏这个世界性技术难题。运用这项成果,不仅可以使显示屏随心所欲地折叠弯曲,还可以使成本大幅度降低。采用这项技术,可预见将来手机、上网本、电子书、iPhone、iPad这些产品都可以像纸一样折叠、卷曲起来,或者直接缝在我们的衣服袖子上,而且价格也能为普通人所接受。

2.媒介融合技术发展的原则

无论是媒介融合的哪个发展阶段,媒介融合技术的发展应体现出以下原则。

（1）可靠性与可用性

即媒介采编系统及设备的高可靠性和系统的高可用性。它要求关键部件可以实现冗余工作,可以在线更换（插拔）,故障的恢复时间在秒级间隔内完成。在多级容错设计基于单个设备高可靠性的基础之上,进一步提高系统的可用性。

（2）智能性和可扩展性

从媒介采编系统到用户的信息终端,到各种媒介的显示设备,都应该是智能易用的,甚至支持学习功能,能根据不同的用户习惯进行调整,以更好适应和满足用户需求,提高用户的使用效率。媒介网络还要具备可扩展性要求,包括现有设备硬件的扩展能力以及网络实施新应用的能力。

（3）规模与用户

在设计网络的方案时,应该从满足现有规模媒介用户的需求出发。同时考虑到媒体未来业务发展、规模扩大的需要,系统应具有灵活的扩充能力。

（4）安全性

互联网络及通信的安全性对网络设计是非常重要的。合理的网络安全控制,可以使应用环境中的信息资源得到有效的保护,可以有效地控制网络的访问,应从系统设计、软硬件开发、用户使用等方面加强安全意识,保证用户信息使用的安全可靠。未来的媒介终端,不仅是用户的信息接收和发布终端,还包含个人身份信息、金融账户信息等个人隐私,安全性是不可忽视的重要问题。

（5）可管理性

媒介网络中的所有设备均可以通过 Web 平台进行控制,设备状态、故障等都可以通过多种手段进行监控,使用计算机、笔记本电脑、手持设备均可以登录管理平台,方便随时进行管理工作。

（6）标准性

网络软硬件系统应采用开放技术、支持标准协议,提高设备的互联互通与可操作性。网络设计所采用的设备要求采用主流技术、开发的标准协议,具有良好的互操作性,既能够支持同一厂家的不同系列产品,又能与不同厂家的产品实现无缝连接与通信。

3. 未来资讯产品形态及使用方式预测

（1）移动数字媒体终端

随着东芝公司 2009 年初高调发布世界上第一款配备 1 GHz

频率 CPU 的智能手机——TG01 以来,手机的性能越来越接近电脑,手机的功能越来越丰富,正在成为个人的移动数字媒体终端。

1)高画质图像拍摄

随着技术的进步和成熟,现在越来越多的手机具备拍摄高画质图像的功能。从诺基亚 N82、LG KU990、索尼爱立信 K858 等带有自动对焦系统 500 万像素高画质的拍照手机的推出,到千万像素拍照手机的面世,无不预示着拍照手机将要取代卡片数码相机的趋势。

这些近期发布的拍照手机的共同特点是都带有自动对焦系统,并且对焦速度和对焦性能都已经远远超过当年索尼爱立信 K750 的水平,多个对焦点的系统也开始出现在拍照手机上。与此同时,手机拍照的画质和色彩的还原都有了质的飞跃。毋庸置疑,未来手机一定可以拥有和卡片数码相机相抗衡的实力,将来,人们一定会看到越来越多的记者在三脚架上架着手机进行拍摄。

2)高质量视频拍摄

2010 年年初,日本 NEC 电子发布了用于手机的拍摄芯片 CE151。该芯片拥有 1 300 万像素的静态照片以及 1 920～1 080 万像素高清视频的图像处理能力,达到了高清视频水平。另一家手机制造商 HTC 不仅在手机中加入 1 080P 全高清视频录制和播放功能,还从雅马哈购买了相关的技术,在 2010 年年底之前在手机上实现了 5.1 声道音频输出。

这使得未来记者可以抛弃以往笨重的摄像机,直接用手机进行电视新闻拍摄,并可以利用高速无线通信网络,将拍摄的视频素材及时甚至实时传输至媒体,实现手机高清视频直播。另外,高清音视频输出也使得用手机和多声道耳机组建迷你家庭影院成为可能,手机的娱乐功能将更加强劲。

3)远程高速控制

随着 IPv6(Internet Protocol Version 6)技术的普及,未来几乎任何设备都可以联网。通过手机终端,利用高速通信网,就可以实现对远程设备的控制。最具代表的例子就是智慧家庭的实现。在家里的相关位置安装网络摄像头,利用手机就可以实现实时监控。具备网络功能的空调、电视、音响等家电,包括汽车中的电子设备。也可以使用手机终端进行远程控制。作为记者,甚至可以用手机远程调用媒体数据库中的文字和音视频电子文档,实现在线编辑等操作,而且操作的速度非常快,让人感觉不到是在进行远程操作。

4)高速网络 5D 游戏

早期的手机由于受到网络速度及本身硬件性能的制约,游戏主要以贪食蛇、五子棋、黑白棋等画面简单的单机益智类游戏为主。近年来,以 NVIDIA 公司和 ATI 公司为代表的图形芯片制造厂商也加快了进军手机图形芯片的步伐。

随着 5G 及更高速的通信网络的使用,手机本身的硬件性能也有了巨大提升,未来手机游戏的主流必将是高速网络 5D 游戏。

(2)网络互动数字终端

与移动数字媒体终端不同,网络互动数字终端的位置相对固定,很难取代家用电视机、车载及机载电视等媒体。随着有线电视网、通信网与互联网的融合,嵌入式芯片技术的快速发展,未来数字电视与电脑的界限将越来越小,集成 CPU、图形处理芯片、微存储器、通信芯片的数字电视,打开电源即可选择上网或观看电视节目。传统的电视机遥控器将变成带键盘和鼠标功能的无线遥控终端。另外,自带摄像头和感应设备的电视机,使得人们坐在客厅沙发上即可实现远距离视频通话、远程医疗、网络体感游戏等新型网络应用。

这样的终端设备除了在家里使用,在汽车、轮船和飞机上也将越来越多地看到它们的身影。未来媒体设备将层出不穷,其共同的特点是双向互动、多媒体多应用、支持各种体感设备的信号输入。

(3)数字媒体管理系统

数字技术和媒介融合的快速发展,使得媒体面对快速增长的数字媒体内容,一方面需要投入更多的资源对媒体资产进行存储、管理和发布,另一方面还需要对数字媒体内容进行版权保护,以确保数字内容的安全发行与使用。将来,新型的数字媒体管理系统必将成为媒体的核心服务/管理系统,也将极大地提高媒体产品的生产效率,提高媒体的核心竞争力。

从数字媒体管理系统架构图(图 5-1)可以看出,将来媒体的资源管理系统可以发挥如下作用。

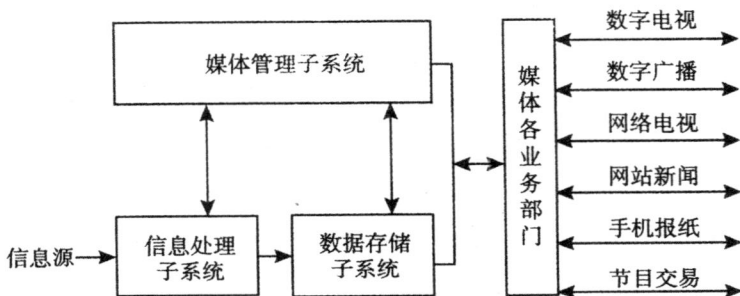

图 5-1　数字媒体管理系统架构图

1)实现对各种媒体资源的统一管理。系统可以处理任何媒体数据,包括音视频、各种办公文档、图像、数字地图、二维和三维动画。

2)统一工作标准和业务流程。可以使系统内部各媒体处理过程标准化,在更大范围实现多员工在线协同工作。

3)建立可扩展的信息发布平台。各媒体在数据库中根据各自的需要提取相应的数据文件,对该文件进行有针对性的修改、编辑,然后在对应的发布平台上进行节目发布。

4)多入口、多出口。全媒体数字采编发布系统支持多渠道的内容录入——内部稿件录入、远程发稿、移动终端发稿、联盟稿件共享、读者网上投稿、数据库导入、互联网信息自动抓取、通讯社电稿接收等多种信息入口。同时,还提供内容导出标准,通过这一标准,可以将全媒体数据库里的内容输出到任何支持该标准的第三方系统。

5）具备升级和业务更新的扩展模块。未来媒介的产品形式难以预测，为了更快地适应新的媒介产品形式，该系统还具备自我升级功能，可以及时更新业务模块。比如能快速适应将来的手机视频点播、多媒体点播等业务。

二、新媒体是媒介融合向前推进的主体力量

从目前的媒介融合实践来看，媒介融合的主要类型集中在两个层面：一是传统媒体与新媒体的融合，二是新媒体之间的相互融合。传统媒体与新媒体的融合是新媒体兴起后，新旧媒体相互学习、相互竞争的必然结果：传统媒体面对新媒体的蓬勃发展和广泛竞争，不得不转向新媒体，通过与新媒体相融合来争取新的发展契机和发展空间；新媒体之间的融合则是不同新媒体之间竞争与博弈的结果，也是未来媒介融合的重要发展趋势。无论是传统媒体与新媒体的融合，还是新媒体之间的相互融合，其主体力量都是新媒体。这主要是由新媒体产业发展模式与媒介融合的密切关系决定的——媒介融合是选择新媒体产业发展模式的关键"变量"。

（一）媒介融合是选择新媒体产业模式的核心语境

一般来说，产业模式的选择要受供应、需求、制度、政策等多方面因素的影响，只有综合全面地考虑，才有可能选择适应产业发展规律和市场环境的合理的产业运营模式。新媒体产业模式的选择同样如此，用户需求、国家政策、行业环境等各种因素综合决定了新媒体产业的发展模式。但是，所有这些因素作用的发挥都不得不在一个前提下进行，那就是媒介融合。

从某种意义上说，媒介融合是选择新媒体产业模式的核心语境。新媒体产业在选择发展模式时，媒介融合的时代背景是需要考虑的首要因素。弄清新媒体产业在媒介融合背景下各个价值链环节的运作规律和结构特征，就相当于对新媒体产业模式的选

择或变动方向有了一个宏观的把握,这也是对新媒体产业模式做进一步考量的前提。因此,选择新媒体产业模式,媒介融合不仅是绕不开的关键变量,更是能够统摄全局的指导原则。

(二)媒介融合是新媒体产业模式创新的内在驱动力

无论何种产业类型,只要它持续运行和发展,就都存在产业模式创新的问题。同样的,整个传媒产业,无论是传统媒体产业还是新媒体产业,都需要不断进行产业模式的创新。然而,与传统媒体产业相比,产业模式创新的问题在新媒体产业领域表现得空前突出和迫切,究其原因,可以追溯到媒介融合的作用。传统媒体产业虽然也存在媒介融合的现象,但并不明显,且只存在于内容融合的单一层面,并不能算作真正的媒介融合。而新媒体产业则不同,正是由于新媒体的兴起,媒介融合才真正出现并发展起来,因此媒介融合的功能和影响最主要地体现在新媒体产业上,其中最关键的影响就是促进和加快新媒体产业模式的创新。

媒介融合作为新媒体产业的本质属性,成为加速新媒体产业变革的催化剂。新媒体形态在媒介融合的促动下层出不穷,新媒体的内涵和外延不断拓展,从而导致新媒体所处的媒介生态环境不断变化,速度之快、频率之高,是传统媒体时代前所未有的。这种变革必将带来新媒体产业发展模式的变化和创新。正如经济学家罗伯特·皮卡特早在 1997 年就预见到的那样:面对媒介融合所带来的各种机会和挑战,无论是媒介形态的变化还是新闻业务的变革,这些传播活动的转型,归根结底是传媒产业经营模式的改写。

媒介融合本身就能带来新媒体产业模式的创新,而由媒介融合引发的产业融合则更能增强新媒体产业的创新动力。新媒体产业链融合主要指新媒体产业链各环节和不同价值网络的融合,价值链环节之间组合方式的变化必然造成新媒体产业结构和组织结构的改变,甚至导致新媒体产业和组织结构出现短时间的混乱或不协调。在交易成本最小化的市场规律作用下,新媒体各产业链主体开始在新的产业结构中寻求新的利益连接点,媒介组织结构开始由纵向一体化向横向一体化、混合一体化转变,最终使新媒体产业结构和组织结构重新趋于合理,从而完成新媒体产业模式的一轮创新过程。当新技术出现,媒介融合引发新的产业融合时,新媒体产业模式又会重复类似的创新过程,如此周而复始,循环创新。

(三)媒介融合为新媒体产业模式提供创新空间

新媒体由媒介融合发展到产业融合是一个循序渐进的过程,也是一个螺旋式上升的过程。之所以要强调新媒体产业融合的过程性,是因为正是这一时间维度的融合过程,为新媒体产业模式的选择提供了创新空间。

首先,媒介融合的渗透性和全方位性能促动新媒体产业链的整体变革,为产业模式在新媒体价值链各环节的顺利贯通提供便利,减小阻力。在新媒体时代,新媒体所引发的媒介融合和产业融合具有极强的渗透性和穿透力,融合所造成的影响能够到达新媒体产业链的各个环节,这就相当于同时为新媒体产业链各主体制造了创新产业模式的动因和目标,可以在很大程度上减小进行产业制度改革、产业组织机构改革时来自产业链内部的阻力。但需要注意的是,由于同引发融合的核心技术或核心价值链环节的距离(产业联系的距离)各不相同,因此各个产业链主体所受到的影响并不完全平衡。有的产业链主体距离引发媒介融合的价值链环节较近,或者与引发融合的核心技术关系较为密切,那么这些产业链主体受到媒介融合的影响就较大;反之,则较小。这种不平衡的"受力"情况就对新媒体产业模式创新提出了挑战,新媒体产业在创新其发展模式时,应该将这些因素纳入考量范围。

其次,媒介融合和产业融合能够创造新的盈利模式或业务模式,从而实现新媒体产业模式创新。从本质上说,媒介融合所带来的产业融合代表着一种新的产业革命——使新媒体实现再媒介化和再产业化的革命。媒介融合突破了各种新媒体形态的边界,创造出全新的媒介生态环境;产业融合则消融了各种新媒体产业的边界,形成了新的产业链和价值网络,带来了全新的新媒体盈利模式和业务模式。

最后,媒介融合导致的产业融合造成新媒体产业环境的改变,为新媒体产业创新发展模式提供了足够空间。以三网融合为例,电信网、有线电视网、互联网的互联互通不仅是新媒体网络的融合,更是电信产业与广电产业的融合,由此导致各种新产品和新服务的出现,新的市场也不断涌现,更多的产业主体参与进来,新媒体产业集群的内涵和外延在这一过程中不断被扩充和修正,新媒体产业链也不断拓展和延伸;在这种情况下,新媒体产业模式具备了广阔的创新空间和回旋余地。从这一角度讲,媒介融合已经不仅仅是简单的生产方式的结合,更是一种涉及新媒体产业乃至整个传媒产业运行发展的新模式。

第六章　媒介融合背景下新闻信息的生产与传播

互联网科技带来的媒介融合热潮，使得新闻界发生了巨大的变化，这就促使相互连接的信息终端可以进行信息的交互传播，实现各媒介信息的融合。媒介形态的发展提升了受众对信息传播形式的要求，新型多媒体化的信息服务方式正成为吸引受众的关键。因此，不同类型的媒体开始淡化界限、相互合作，媒介融合的趋向日益显现。

第一节　媒介融合的新闻生产流程再造

媒介融合已经是国际传媒业发展的大势所趋。融媒体时代彻底改变了新闻的生产与消费。在这个大趋势下，媒介机构要想在竞争中胜出，也需要对以前的新闻生产流程进行全新再造，以期焕发出新的生命力。

一、流程再造的关键——打通与共融

融媒体带来的最重要的一个后果，就是"媒介之间的边界由清晰变得模糊"。因此，"打通"各个单一介质媒体之间的联系渠道，是融媒体时代新闻生产流程再造的关键。

在媒介融合时代，媒介的定义外延更为宽泛。"媒介就是渠道"，所有能将传受双方互联互通，并承载信息、意义与文化的介

质都可以看作媒介。就媒体结构这个层面而言,传统的和新型的传播方式之间的区分标准正日益模糊,不同媒介之间的关联性和兼容性正日益加强。融媒体带来的最重要的一个后果,即"媒介之间的边界由清晰变得模糊"。因此,专业媒体必须在"打通"与"共融"中再造新闻生产流程。

在"打通"与"共融"中再造新闻生产流程,前提是要建立依托网络技术打造的数据库,进行多媒体信息的储存、处理与加工。核心是要建立新闻生产的指挥调度中心。它如同人的大脑,在对多介质、多媒体进行"打通"和"共融"的过程中,实施对整个新闻生产流程的指挥调度和控制管理。

在此基础上,要集中解决好以下几方面的问题。

首先,要解决新闻内容的多媒体生产。可以采用目前在媒体融合过程中较为成功的做法,成立由新闻信息指挥调度中心直接管理的新闻信息采集平台,将过去分割的、各自为战的多介质新闻信息采集,集中到新闻信息采集平台.由能够承担多介质操作的记者们共同完成。信息内容的采集和生产将是多媒体化的,既有图片、文字,也有视频、音频等;信息采集的过程,也将是多媒介汇流的。

对于记者采集的新闻内容,可以将其放到信息采集平台的信息交流中心,进行双向选择,最终确定信息产品的发布渠道。一方面,可以在信息指挥调度中心或信息采集平台设立权威的"信息评估"部门,对新闻产品作出一流的价值判断,并最终决定以一种(比如是在广播、电视上还是在报纸上发布)还是几种媒体形式(比如同时在广播、电视、网络、报纸、手机上发布)呈现的方式进行传播,确定信息产品的发布去向。另一方面,信息产品的编辑平台也可以根据发布渠道的不同特点,自主选择不同的新闻信息产品,并依据发布的需求对新闻产品中相关素材的再加工(如需进行连续报道、系列报道等重点报道或者改文字报道为其他传播形式的报道等)提出意见和要求。

在此基础上,将新闻信息产品依据其新闻价值的高低和不同媒体的传播特点,分送到在线(如广播、电视、网络、手机等)编辑平台和线下(纸质媒体)编辑平台,进行二次开发和编辑加工,生产出可供多介质、多媒体传播的新闻产品。

其次,要解决新闻发布问题。多介质、多媒体的新闻产品,要借助多通道的信息终端进行传播。因此,要在新闻信息指挥调度中心下设多介质、跨媒体的信息发布平台,使编辑部加工的同一内容不同形式的新闻产品,沿着各自既定的渠道运行,通过多媒体的信息终端进行传播,实现一件新闻产品的复次、多介质、全方位传播,以满足不同受众对于新闻信息产品的不同需求。

再次,要解决新闻信息产品抵达用户后的反馈以及来自用户生产的信息内容如何上浮的问题。可以尝试建立用户平台,将受众看成用户来管理经营。用户平台可以采用新闻推送模式,及时收集新闻产品传播后用户的反馈,促成用户生产信息内容的上浮。

在"打通"与"共融"的基础上,新闻生产流程的再造如图 6-1所示。

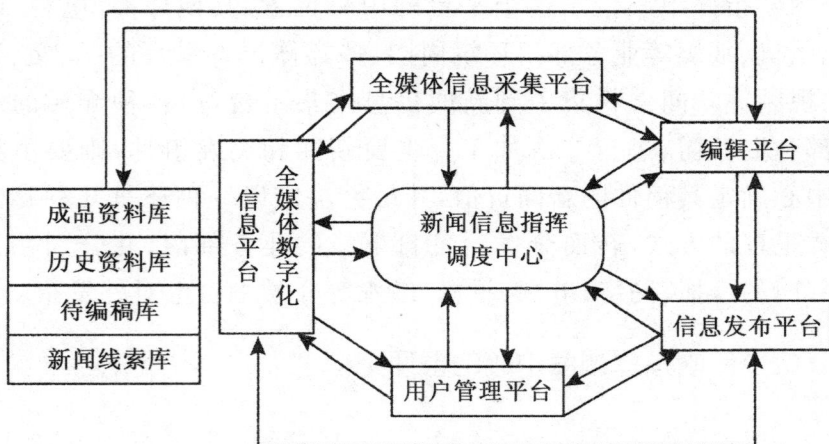

图 6-1　新闻生产流程再造

二、新闻生产流程指挥中心的再造

(一)新闻信息指挥调度中心的管理模式

传统媒体在新闻生产流程的运转中,最高指挥调度中心是总编辑(或台长、社长、频道总监)领导下的编委会。编委会作为最高决策层,负责媒体编辑方针的制定和新闻生产流程的日常管理。

要打破单一介质的新闻生产流程,再造融媒体时代的新闻生产流程,同样需要构建最高决策层,形成对融媒体新闻生产流程实施日常管理的"大脑"核心。

但是,这种构建绝不仅仅是对单一介质媒体管理机制的简单照搬,而必须适应融媒体时代新闻产品多媒体化生产、消费的特点,形成有的放矢、独具特色的管理机制,以保证新闻生产流程再造能高效运转并得以制度化。

按照融媒体时代新闻生产流程再造的需求,比较理想的新闻信息指挥调度中心的管理模式是:在巨大的新闻生产操作空间中,"脑"指挥中心位于这个平台的中央位置,其他广播、电视、网络、手机、纸媒等业务部门环绕周围,多媒体记者采写的图、文、音频、视频等新闻素材集中到新闻信息采集平台,由各种介质的编辑部各取所需,进行二次加工。重要新闻和突发事件,则要由指挥中心确定其稿件的新闻价值,并最终决定以一种还是几种媒体形式呈现的方式,转而分发给各自下线的业务部门,并分别在下线部门的广播、网络、电视、手机、纸媒等介质平台上对外发布。

(二)新闻指挥调度中心的管理架构

1. 构建信息平台,强化新闻生产过程的网状化管理

新闻产品作为一种信息产品,其生产流程实质上是围绕着信息的收集、筛选和整合重构来进行的。因此,在新闻信息生产流

程中,必须构建以数据库为中心的强大的信息平台,强化生产过程中对信息的网状管理。

2.构建以用户为中心的、开放的多元化信息传播机制

在信息发布过程中,新闻信息指挥调度中心要特别重视对用户(受众)的经营管理。要以用户为中心,构建开放的多元化的信息传播机制。网络传播技术快速发展,正在颠覆原有的新闻传播格局。被改变的不仅仅是媒体行业本身,也包括媒体受众。

与过去单一介质的传受关系不同,融媒体时代的受众既是信息的接收者、反馈者,也是内容的生产者(传播者)。随着互联网技术的普及,特别是信息采集、信息编辑、信息播发技术的便捷,互联网用户人群日益增长、分布区域日益扩大,受众会越来越多地参与新闻信息的传播,从而改变传统的传播模式,更具备筛选新闻和诠释新闻资格的能力。受众新闻期待的转向,正在积极修正媒体生态,使得媒体传播日益深刻地嵌入人们的日常生活过程,从而给媒体重构、媒介传播提出了新的课题。因此,专业媒体的新闻智慧调度中心,必须适应变化了的受众的特点,建立专门的用户管理平台,强化对用户(受众)的经营管理。

3.强化日常管理,打造整合传播的决策者

新闻指挥调度中心,作为专业新闻生产的核心,承担着融媒时代整个新闻生产流程的日常管理工作。中心的决策层必须是能运用多介质进行整合传播策划的高层次管理人才。融媒时代专业媒体的管理者,必须具备清醒的媒体意识和强烈的创新精神;必须具有前瞻意识,能及时了解并娴熟运用各类新技术,引领媒体的创新与发展;必须具备对多媒体传播的整体驾驭能力和整合策划能力。

三、全能记者的多媒体信息采集

媒介融合背景下的新闻生产流程再造,最基本的环节是全能

记者的多媒体信息采集。

(一)整合人力资源,构建全能记者信息采集平台

现行单一介质媒体的记者采集新闻,在激烈的"抢"新闻的竞争中,很难实现"波纹信息传播"和新闻内容的层级开发。已经组建传媒集团的媒体,在各自为战的新闻运作流程中,各种介质的业务资源多数处于分割和孤立的状态。其传播效应恰恰与"波纹"传播方向相悖,无法充分发挥各类媒体在传播方面的优势,也很难形成人力资源的有效配置,并达到发展集约化、利益最大化的目的。因此,不变革目前传统的新闻信息采集方式和记者资源的结构模式,显然很难将媒体的内容资源优势迅速转化为市场优势。

记者人力资源的重构,促成了新闻内容的集约化采集。它带来的最直接效益是大大降低了采访人力成本,原来一个新闻事件可能会有三个以上的记者同时前往采访,现在只要一到两个人即可完成。同时,根据新闻重要性的不同,全媒体新闻中心分兵把守,集中有限资源,最大限度地实现了文、图、音频、视频及专题等各种新闻产品的层级开发,增强了新闻传播的市场竞争力。

要实现多媒体的信息采集,必须整合媒体的记者资源,重构多媒体的全能记者信息采集平台。这是融媒体时代再造新闻生产流程必须解决的首要问题。

(二)打破思维定式,实现新闻内容采集的跨媒体思维

中国传统媒体与新媒体融合的发展趋势,对于已经习惯于按单一媒体的需求进行信息采集的记者,提出了新的、更高的要求。它要求新闻记者必须适应融媒体背景下传播途径多元化的特点,根据采集信息内容的不同,运用跨媒体思维,通过不同的媒介采访手段,对相关信息进行分层处理,以实现新闻信息传播的最佳效应。

所谓跨媒体思维,强调的是记者在采访中能自如地运用多媒

体对相关信息进行分层处理的思维特质。它要求记者必须了解报纸、杂志、广播、电视、网络、手机等多种媒体的传播特点,掌握各种媒体的采访技能:在采访中,能根据新闻信息的不同特点,迅速判断其适宜用何种媒体进行传播,从而能及时采用不同的采访手段进行信息采集,确保新闻信息传播的最佳效果。记者在信息采集中对适宜传播媒体的选择、判断过程,就是跨媒体思维的过程。跨媒体思维的前提条件,是记者对各种媒体传播特点的明晰了解,对信息内容的显性新闻价值包括潜在新闻价值的准确判断。如重大突发事件,在事发初期,一般适宜用网络、手机、广播等传播快捷的媒体发布快讯,通过滚动播报的形式快速将信息告知公众。网络微博的出现,也为突发事件的现场播报提供了更为便捷的工具。在遇有突发事件或是特定场合的采访时,记者只需要运用手机或其他网络终端,即可运用微博实时滚动140字以内的短消息、现场直播新闻图片甚至视频报道,极大地提升了新闻时效性。在现场条件具备的情况下,则可用电视媒体直播的形式,向公众报道现场情况。其后,可对信息进行筛选,择其要点进行深入挖掘,运用纸质媒体进行解释性或调查性深度报道。新闻信息有多种解读方式,现场情况瞬息万变,如何运用跨媒体思维进行新闻信息采集,考验着记者的现场应变能力,也是对记者跨媒体思维能力和采访技能的检验。

(三)培养"一专多能"型全能记者

所谓"一专多能",强调的就是在熟悉多种媒介采写技能的基础上,记者能精通其中的某一种媒介采写技能。在现场采访中,既能根据新闻信息传播的需要,擅长运用最合适的介质进行现场信息的表达;也能根据自己所长,将某一媒介的采写特质发掘到极致,进行最佳表达。笔者认为,这是对全能记者更为准确或适当的定位。

熟悉并能自如地运用多种介质的媒体采写技能新闻报道,是融媒体时代对记者的基本要求,也是融媒体时代记者的基本素质。因为只有通晓多媒体的采写技能.记者才有可能满足融媒体时代用户(受众)对新闻信息层级开发的需求,也才有可能在融媒体时代对各种媒体的新闻采写纵横捭阖,运用自如,以达到最佳传播效应。

四、多信道的信息终端传播方式的建立

(一)跨媒体的新闻信息发布终端

借助一种多媒体的终端介质实现用户对新闻信息的多元化选择和组合,是媒体融合时代的基本特征和终极追求。因此,在新闻生产流程的再造中,也需要实现信息发布终端的融合。这里所说的终端指的是新闻信息的接收器或承载器,其也可以视为媒介形态的融合,主要是指用户获取媒介产品的终端应用的融合。

要实现终端融合,首先需要在单一终端产品上不断增加其功能,以实现多功能、一体化为目的;其二是以终端设备为平台的信息服务的融合。即各种终端设备在公共的平台上实现互联互通,提供统一的服务。具体而言,媒体的终端融合要包括三方面的融合。

(1)设备的融合:终端设备的融合主要是指将多种功能集中于同一个设备,主要包含两种方式:一是硬件和技术上的融合,二是特定内容和服务与特定的终端设备融合,最终产生特定内容和服务的终端设备。

(2)服务的融合:终端融合并不是简单地进行设备功能的融合,其更主要的功能是基于统一应用平台上的服务的融合。用户通过各自的终端设备连接到统一的服务平台上,以平台为依托获取所需要的内容和服务。

(3)标准的融合:无论是设备的融合,还是服务的融合,要最终实现终端的融合,关键是要制定一种新的标准来协调终端产品的互联互通。只有建立了统一的标准,产品之间才能互相兼容,

互相连通，避免用户在选择终端产品时重复购买。

终端融合的关键在于标准的统一，各类终端之间的数据交换和兼容性问题是融合的关键。目前无论国内和国外都没有实现标准的统一，还同时存在多个标准；加上相关政策的制约，多重行业监管造成的对"三网"相互进入的限制等，严重阻碍了终端融合的发展进程。

通过前文的分析我们可以看到，在现阶段，媒介的传播终端设备尚未能达到完全的融合。但是，随着内容融合导致内容产业的出现，信息内容的生产已经逐步实现规模化，用户对于信息内容的需求也逐步由单一到多样，由单一接收到双向互动，由定时、定点获取向任意时间、任意地点、任意形式获取转变。从终端的功能到终端设备提供的服务，终端融合已经扩展单个媒介的应用范围，体现了受众要求整合服务的需求。随着终端融合的不断发展，新兴的基于特定终端设备的特定服务不断开发，新型的多功能一体化的终端设备不断出现，终端设备所带来的信息平台和服务内容的跨媒体融合也已经初现端倪。

目前，终端融合主要是指三屏融合，即电视屏、电脑屏和手机屏。在实际应用中，具体的终端产品类型包括电脑、电视、手机、广播、移动终端设备等，比较有代表性且已经具备跨媒体信息发布融合的终端主要有三大类：网络终端、移动终端和电视终端。

（二）信息发布终端的用户管理

在媒介融合时代，媒体和受众之间的关系已经被重新定义，"一对多"的大众传播时代的"受众意识"逐渐被抛弃，取而代之的是"多对多"的"用户中心意识"。在新闻生产流程中，媒体的信息发布终端与用户之间的联系最为密切。因此，加强信息发布终端的用户管理，是提高新闻信息传播与服务效应不容小觑的关键环节。

媒体核心竞争力的一个重要表现就是对信息的利用程度。一个媒体如果想要在同其他媒体间激烈的竞争中取得占据优势，信息的收集与传播固然重要,但其重心要有所转移,要加强对信息的加工和整理。2013 年被称为"大数据元年",大数据时代的精准营销,致使网络广告的购买方式发生了变化。可以预见,中国网络广告投放的焦点将改变传统的大众化营销模式而逐渐转向个性化营销,从流量购买转向人群购买。以人为中心,迎合人的个性需求,是未来营销的重中之重,也应当是媒体信息传播的重中之重。专业媒体必须树立"一切为了用户、一切依靠用户"的观念,注重对用户及其用户信息的收集与分析、运用。在信息发布终端,要建立专门的用户管理平台,强化对用户信息的收集、分析和运用。

第二节　媒介整合层面下的新闻资源开发与利用

对新闻资源的开发与利用,目的在于挖掘新闻信息潜在资源,充分体现新闻传播价值。但是,媒介整合层下,即使拥有众多信息资源及丰富的精神财富,许多传媒机构对于新闻资源的开发、利用仍然不充分,对于新闻信息资源的挖掘还处于浅层次,使新闻传播价值与效益无法得到充分体现与释放。基于此,本节以《华尔街日报》与其网络版、凤凰卫视及凤凰新媒体、新加坡报业控股有限公司为例主要从连横式、合纵式、交叉式三种开发利用方式对新闻资源的开发与利用进行阐述。

一、连横式开发利用——以《华尔街日报》为例

近年来,网络的迅猛发展对传统媒体,特别是报纸形成了巨大冲击。《华尔街日报》2005 年也曾经历衰退,但一系列改革使其状况得到明显改善,这一改革措施便是实施报网一体化整合。《华尔街日报》报网一体化整合后,其人力资源分布也有了相应的调整。网站与报纸的采编队伍实现最大限度的共享,该报在世界

各地的 1 000 多位新闻工作者都可以为网站撰稿；网络与报纸同时出席《华尔街日报》总编室每天的例会，共商当天的新闻资源如何配置能实现传播效果最大化。此外，网站能在内容方面实现与所属集团内各种媒体交换和共享新闻资源、稿件、图片、音频视频等资料，形成覆盖面广泛且具有深度的稿件群，以满足受众对网站的期望和必读性要求。在资源利用与开发上，《华尔街日报》及其网络版采用了连横的模式，具体如图 6-2 所示。

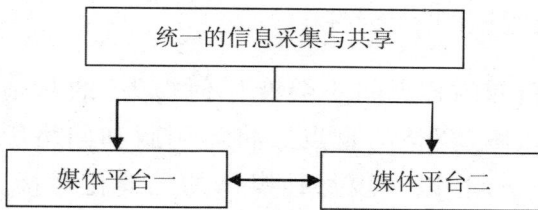

图 6-2 连横模式示意图

在这种连横式的整合中，媒体信息采集统合成一个平台，在多个媒体上进行发布。所有的记者都在这个平台当中生产新闻信息；而这些新闻信息的横向分布与组合则由编辑完成。广告方面也将有很大变化，在两种媒介整合之后，广告不仅可以放在平面媒体上，还可以分布在不同的媒介产品上，形成统合的效应。

（一）报纸与网络合理分工

在报纸与网络的分工上，报纸主要承担了凸显分析与预测功能：报纸体现深度和权威性的长文传统依然保持不变，但为了满足部分读者快速浏览的需求，在有些版面还增设了有导读作用的"In Brief"（概要）专栏，提供关于该版报道主题的重要新闻的概要；另外，强化报纸的预测性，如 A2 版新添的特别报道"Today's Agenda"（今日议程）针对当天可能发生的事件，预测并分析其意义，使读者在事件来临之时能有充分的知识储备和良好的心理准备去应对。与报纸承担的功能不同，网络版主要承担为读者提供全天候与全方位信息的功能。《华尔街日报》在网站主页或各新闻单元首页上,对美国东部时间上午 7 时以后上传的新闻都在标题旁标注更新时间,既方便读者判断新闻的新鲜程度,又能体现时间上的延续性。强化新闻订制与提醒的服务也是体现网络全天候服务的一个举措。用户通过邮箱除了能定点收到当天报纸的新闻标题和内容摘要外,还能根据自己的兴趣选择需要接收的新闻类别,这样一旦有用户定制的新闻出现,编辑就可以向其发送,并通过用户事先设定的提醒方式提示受众收看。

(二)突出对接的"无缝性"

在保持"新闻内容空间不会有任何损失"的基础上,《华尔街日报》进行了改版,调整的重点是将印刷版和网络版两个平台更紧密地整合在一起,以实现每种媒体的无缝化对接。具体来看,《华尔街日报》的报纸与网络版之间的"无缝"对接通过以下方式完成。

1. 报—网对接

(1)强化报纸对网络的导读与推荐

在新改版的《华尔街日报》上,通过在多个版面介绍当天网站专属文章的小栏目来对在线新闻进行导读与推荐。这种介绍比较简略,一般只是列出编辑希望重点推荐给读者的网络版专属文章的标题。有的版面会采用图片的形式吸引读者眼球,引导读者上网点击,以寻找更多更有趣的信息。

(2)将报纸的互动延伸到网络进行

在《华尔街日报》上,设置了一个名为"Question of the Day"(今日问题)的意见调查性栏目,这个栏目其实是报纸与读者互动的园地;由于报纸互动性差,互动的空间就延伸到网络上。这个小栏目由两个部分构成,一部分提出当天的问题,号召读者上网参与调查,另一部分则是以信息图表的方式显示前一天的调查结果。

(3)突出精华与方便受众选择结合

在《华尔街日报》的很多报道末尾,读者能看到一些提示性的文字,提醒有兴趣的读者上网进行拓展性阅读。一些事件重要或主题复杂的报道通常篇幅很长,相关配置也较多,为节省有限的版面空间、方便读者快速掌握主要信息,报纸负责将精华刊登出来。

2. 网—报对接

（1）网络形式元素与报纸风格的对接

整体上来看,《华尔街日报》的网络版和报纸版的风格是一致的,不仅主页的结构和设计风格相似,而且网站的频道划分与报纸的分叠也基本一致。当然,并不是所有的新闻都能做到完全的一一对应,因为网上的内容比报纸上的要多,完全按报纸的版面划分也不现实,但从整体上来看,这种一致性还是比较明显的。正是一致性的设计让用户感到亲切、熟悉,便于他们快速到达目标文章。

（2）网站对报纸内容的全面登载

《华尔街日报》设有"今日报纸"（Today's News Paper）频道,这个频道首页按报纸页码依次列出当日报纸所有文章的标题、市场数据表格和"What's News"等包含有多条短小消息的集纳性专栏。除全文照登外,编辑还特别详列了文章的出处（所属报纸的出版日期、所处分叠的名称,以及所在版次）,以方便用户来回参看。由于网站的核心内容是要收费的,因此,这种全面登载并不影响报纸对读者的覆盖。

二、合纵式开发利用——以凤凰卫视及凤凰新媒体为例

2006 年,凤凰卫视推出以凤凰网（www.ifeng.com）为核心载体的凤凰新媒体,力求全方位整合多种媒体形式、内容资源、技术平台与传播渠道,努力打造一流的全球华人新媒体。从实践来看,突出"凤凰新媒体"是凤凰卫视与网络全面整合的重要举措,除了强化网络平台之外,打造移动平台也是这次整合的亮点。具体来看,凤凰卫视及凤凰新媒体在运用合纵方式开发和利用新闻

资源的过程中,表现出以下几方面的特点。

（一）内容重组,尝试创新

总的说来,凤凰新媒体的主打内容是以凤凰卫视的节目为主,通过对凤凰卫视内容的分类重组,来实现节目内容的增值。同时,凤凰新媒体也开始尝试运用视频搜索等技术去挖掘自身的潜力,让视频内容产生更大的影响力。

大致上看,凤凰新媒体对凤凰卫视的新闻资源的二次加工方式有以下两种。

1.将视频结构放进一般专题当中

将视频结构放进一般专题当中是凤凰新媒体常用的一种处理视频的方式。通常做法是在专题的显著位置,对其独家视频内容进行推介,并围绕相关视频配置文字稿件。例如,凤凰卫视的"两会"专题经常会在中心位置放上有关"两会"的重大新闻图片,点击进入后则可观看相应的视频。在专题的右侧,则会放置一些集中的"两会"新闻资源,受众可以打开观看。

2.视频内容与文字的结合

对单条视频新闻而言,凤凰新媒体在提供视频内容的同时,有的新闻也提供一些文字内容对视频内容进行说明或补充,方便一些没有通过宽带上网的客户掌握新闻。例如,一则关于朝鲜商人否认要在朝鲜设立特区的报道以视频内容为主,但在下方设置了一个导读,将视频的主要内容以文字的方式进行浓缩,并以要点的方式将相关新闻的核心内容进行提炼。

（二）以"短头内容"提供商作为定位目标

长期以来,凤凰卫视在中国"卫星上天、有线落地"的传输方式影响下,其电视节目落地范围有限,其主体受众一直是国家相关法规规定的三类人群:第一类是级别较高、规模较大的教育、科研、新闻、金融、经贸等确因业务工作需要的单位；第二类是三星级或国家标准二星级以上的涉外宾馆；第三类是外销公寓①。针对这样的受众群，凤凰卫视打出"影响有影响的人"的口号，锁定高端人群，以"80/20 原则"取得了不俗的效益。但是，传播得更广、更远作为一种传播理想也一直是凤凰卫视的追求，他们希望实践这样一个过程："有限收视—有限定位—无限影响—无限收视。"②

而互联网可以让凤凰卫视这样的媒体具备其原来所不具备的无所不在的通达能力，高端之外的 80% 的受众通过网络可以成为凤凰卫视的"长尾"，而发现并满足他们的需求则能成为凤凰卫视又一重要的盈利资源。在凤凰新媒体看来，长尾理论的第三个法则更有实践意义，即长尾并不意味着仅仅把众多分散的小市场聚合为一个长尾巴，它还需要一个"短头内容"来加强头部和尾巴之间有效的联系。基于这样的认识，凤凰新媒体把"视频短头内容"即热门视频内容作为其产品重点，并兼顾一些小众的兴趣，从而"头尾兼顾"，以"短头"带动"长尾"的扩张。

凤凰新媒体的"短头内容"主要来源于凤凰的差异化、品牌化的专业制作，包括凤凰卫视的视频、音频节目以及凤凰周刊、凤凰生活等平面媒体的资源。这些内容通过凤凰新媒体的三个事业部门：图文为主的互联网资讯门户、与网络视频宽频非常相关的流媒体部门以及凤凰卫视，还有与中国移动战略合作的凤凰无线三个部门进行整合重组，把来自凤凰的各种内容进行二次开发，适应互联网、无线网和网络电视的需求。

（三）多终端整合发布上游产品

凤凰新媒体的出现，体现了凤凰卫视在新媒体领域的意图，

---

① 钟大年，于文华．凤凰考——建构一个新传媒［M］．北京：北京师范大学出版社，2004：52．

② 钟大年，于文华．凤凰考——建构一个新传媒［M］．北京：北京师范大学出版社，2004：53．

宽频和无线业务被凸显出来,提升到与图文同样的地位,体现了凤凰新媒体要涵盖电脑、手机和电视三个终端的目标。对于凤凰新媒体而言,凤凰卫视是内容的生产商,自己则是将这些内容重新打包并在三个平台发布的供应商。

凤凰新媒体通过三个业务板块,也实现了收入的多元化。其网站收入主要来源于网络广告,特别是针对高端受众群的产品与品牌广告;宽频部分的收入包括了视频广告、内容授权和付费点播;而凤凰移动台的收入有望随着与中国移动合作的全面展开而大幅上升。

凤凰新媒体与凤凰卫视的整合方式其实是一种"合纵"式的整合,针对电脑及手机终端特性及用户群的特点进行二次加工、二次包装。同时,很多在电视中没有发出的节目花絮也都可以在新媒体上有所体现。这种模式可以用"新闻信息整合—信息形态转换—差异化(个性化)新闻服务"来概括,运用多媒体手段将母体的新闻资源进行再次开发和再度传播,将产品链延长并多元化,通过集成式多媒体平台将这些新闻信息产品得到复合式使用,以取得效益最大化。这一模式可以用图 6-3 来表示。

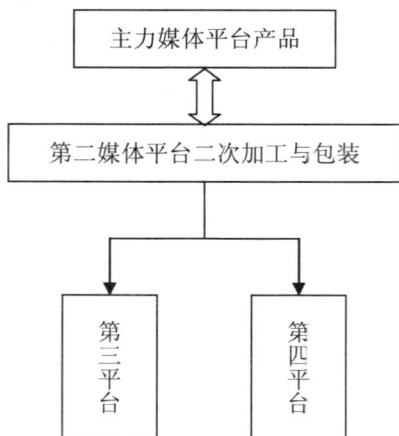

图 6-3　合纵模式示意图

目前,凤凰集团以凤凰卫视与凤凰新媒体为核心,重点在推动新闻信息资源在集团内部的垂直整合：透过协调各个加工平台资源的共享和利用，实现最有效益的运用和发挥；而未来整合的另一个方向将是水平整合，即"大媒体"起到信息供应和交换平台的作用，在它的协调下，每个不同类型的开发平台与其他平台相互补充和支援，进而发挥整体作战的功能。

三、交叉式开发利用——以新加坡报业控股有限公司为例

新加坡的主要媒体集团有两个，一个是私营上市公司——新加坡报业控股有限公司（以下简称"报业控股"），另一个是官营企业——新加坡传媒公司（以下简称"新传媒"）。长期以来，这两大媒体集团各自经营、互不干扰。

为了应对国际媒体整合的大趋势和全球化的严峻挑战，2000年6月，新加坡政府决定让这两个集团互相进入对方的业务领域，彼此竞争，同时积极进军互联网业务。于是，新加坡本地两大媒体集团跨出各自经营了多年、熟悉而舒适自在的核心业务圈，进入一个全新的领域，建立并发展起多媒体能力，开始在多媒体业务上互相竞争。就是在这样的背景下，新加坡华文报身不由己地走上了多媒体整合之路。

（一）报纸办电视

政府一宣布媒体开放竞争，报业控股就立刻决定利用它拥有强大印刷媒体资源的这一大优势，开设华语和英语两个电视频道，华语台称为"优频道"（Channel U），英语台称为"电视通"（TV-Works）。率先开播的优频道中的新闻节目就委托报业控股旗下的以《联合早报》为龙头的三家华文报以承包方式供应。

报业控股办电视采用的策略是"从小做起，逐渐扩大，充分利用现有资源，取得最高经济效益"，在"精简编制"的原则下，除了向外招聘了20余名专业电视新闻编导与摄像负责电视新闻的编

辑和制作,以及难度较高的采访和摄像工作外,其余一切电视新闻的采访和拍摄工作全由三家华文报现有的采访记者和摄影记者负责。

在这一变革过程中最艰巨的任务是下大力气将印刷媒体的从业人员培养成既能报纸作业又能兼作电视新闻的两用型作业能手。要让习惯于埋头写稿的记者走到摄像机前,可以毫不怯场地用标准的华语在镜头前做报道,同时也要让摄影记者兼任摄像,可以操作不同的拍摄机器,在动态的画面和静态的照片之间可以应用自如,成为全能型人才,这是十分困难的跨越。新加坡报业控股的做法是积极引导记者学习新采访及报道技能的热情,并展开十多个训练课程,同时让记者参加实战演练,通过这些举措,让150多名平面媒体记者或摄影记者掌握了电视新闻拍摄与报道技能。

另外,报业控股将电视新闻组和三家华文报的稿源组进行了充分的协调和安排,建立了日常的采访策划机制,制定了完善的工作流程。2001年5月,优频道正式开播,报业控股华文报集团除了出版以《联合早报》为旗舰的印刷版以及以《联合早报》为基础、深受国际华文网民欢迎的早报网之外,也多了一个发布新闻信息的平台——优频道电视新闻。电视新闻组在三家华文报配合下,每天联合制作两段电视新闻。而电视新闻组的记者也会为报纸供稿。同样,这些新闻内容也上早报网登载,一系列整改措施使报业控股集团内的多媒体整合进入了新阶段。

据《联合早报》总编辑林任君介绍,优频道开播不到四个月,其收视率就已经超越英语台,稳居全国第二位;优频道新闻也成为新加坡收视率第二高的电视新闻节目。在开播四个月之内,共有约100名报纸记者参与过电视新闻的采访、撰稿、制作或现场报道及评述工作,其中有30多位随时能够上阵,对着电视镜头作新闻现场报道。

(二)多媒体整合

目前,对于多媒体整合的实践意义很多人有不同的看法,最突出的一种是认为一名记者要胜任多种媒体的报道有违专业原则，这将会影响媒体的报道范围、内容质量、报道深度等，媒体公司不应为了商业利益而牺牲读者、观众的利益。随着多媒体整合作业的日益普遍，相信这方面的争论也会日益增加。但是对于新加坡报业控股集团来说，其尝试有很多积极的方面。

第一，要在有限的媒体市场中求得生存和发展，必须充分利用既有资源，发挥协同效应，事半功倍，一举数得。对于这家报业控股集团而言，最大的资源就是三家华文报纸中的100多名记者。在电视事业初创阶段，养不起庞大臃肿的人员，同时，也很难建立起一支全新、全职的电视新闻采访队伍，通过对内部人力资源的重新培训、增值，能迅速充实新建立的媒体平台。

第二，让平面媒体记者（包括摄影记者）多掌握一种采访报道技能，有利于其更好地适应媒体发展的新趋势。在新经济时代，这种通过知识、科技、管理和系统功能提高工作效率，实现"一人同时执行多种职务"（multitasking）的现象已经日益普遍。在互联网、无线传播技术迅猛发展的背景下，懂得利用广播电视媒体作即时报道将成为一项不可或缺的技能。

第三，通过多媒体整合，有利于提升组织的管理能力。在多媒体整合层面下，整个媒体的组织管理系统必须完善流畅、流程合理、管理得当、监督严密，这样训练有素的各路记者编辑才有可能协作顺利、合作无间、互相支持、环环相扣，个人和集体的效率都会大大提高。

第四，多媒体整合并不一定牺牲各种媒体的专业水准。如在新加坡优频道出现后，相对于它出现之前的水平而言，新加坡的华语电视新闻水平有所提高。为了应付优频道的竞争，原有的新加坡"第八波道"开始重视建立自己的采访队伍，而不再完全依赖英语台供应新闻；而优频道则利用众多的跨媒体记者，提供了内容丰富的本地新闻，给新加坡的华语电视新闻观众开拓了全新的视野；另外，报纸记者参与电视作业之后，三家华文报的质量也没有因此降低，相反还有了更多元的内容。

最早提出"移动编辑部"概念的世界首届报业科技协会执行理事长凯立·诺思拉普认为,迫使记者走向多媒体平台的不是科技,而是读者。受众生活在一个多元媒体的世界,他们很轻易也很快速地就能从一个信息渠道转入另一个信息渠道。"当一个新闻事件发生后,他们扭开电视观看以及翻阅报章阅读这条新闻时,并不认为是在看两条不同的新闻。他们认为是同一条新闻,只是用两种不同的方式获知。"

媒体从业人员要满足读者的需求,就必须理解他们是用不同的信息渠道去争取读者,而不是单纯地在不同媒介重复着同一则报道。当记者采集了新闻材料后,就必须决定什么材料适合呈现在互联网上,什么材料可以刊登在报纸上以及什么材料可以通过影像传达。因此,多种媒体整合并不只是为了节约成本,更重要的大前提是尊重读者的需要,以不同的信息渠道提供给受众需要的新闻。

（三）整合过程有所为、有所不为

报业控股进行媒介整合业务的早期主要是通过各媒体之间的互相支持、回馈和促销,达到互相造势和增值的作用。然而这种整合除了在报纸与电视、报纸与网络之间展开外,电视与网络之间始终是分而治之的。

2006 年 9 月 19 日联合早报网新版上线,上线当天浏览量突破 350 万,世界排名提升 20 位,位居 340 名。然而让人奇怪的是,在媒介融合日益深入的当时,在互联网上进行实时电视播出、为上网手机提供文字、图片和影像信息等内容已经被很多网站采用的背景下,这次联合早报网改版仍然未能将网络与电视的整合提上日程。

这次改版最大的变化是色调及版式,由于联合早报网面对的读者是 33 岁以上、高素质高收入的人群,他们或是政府官员,或是商界人士,或是企业决策人。他们是理智且爱思考的一群人,所以改版后的联合早报网以冷色为基调,在视觉上强调清新而非花哨,让读者在"冷静"的氛围中看世界风云变幻。同时版式由居中改为居左,导航栏在左边竖状排列,清晰的结构,分明的层次,以彰显报纸网站的特点。

在内容上,将读者热衷栏目按照比较合理的方式重新排列组合,归纳"新闻""观点""财经""生活"四大主频道,并着重增加内容的含金量。新闻频道涵盖中国、国际、东南亚、新加坡等等版块,以新加坡中立冷静的眼光来解读世界特别是中国所发生的新闻,独特的报道视角获得了世界华人关注;财经频道的《财经人物》报道商业知名人士的职场经历与别样生活,直视成功人士的内心世界,颇受高端读者的喜爱。

观点频道访问量最大的是《主编小语》和《名家专评》。同时早报网也收录来自读者的声音,在主页的下方列出最受关注的网友热帖,让网友参与发表意见。

此外,改版后增设《中国早点》《世界报刊文萃》《时事漫画》三个栏目,尤其是《时事漫画》以一种"冷眼旁观"的反讽和幽默,用另一种方式诠释严肃且有些沉重的新闻,给读者一种耳目一新的感觉。

总的说来,这次改版进一步强化了网络版与报纸的整合力度,而其旗下的优频道的内容没有进入到网络当中。分析其原因可能在于联合早报网的目标受众群是中国内地的读者。据2006年8月AC Nielson数据报告显示,联合早报网的中国读者人数已经占读者总数的86%。这些读者上联合早报网的目的更多是为了获得全球视角、看到独立意见的华文报道,对于非常本地化的新加坡的电视新闻并不关注。而优频道的新闻内容正是本地新闻,与联合早报网的目标受众众的需要存在差异,且将网络与电视媒体进行整合还需要巨大的投入。基于这样的现实,联合早报网到目前未能进行报纸、网络与电视媒体的大整合,而是将报纸与网络、报纸与电视的整合分别进行。

这其实给目前我国进行媒介整合的实践一种新的思考。媒介整合并不是要贪大求全,各个媒体都要有多个跨媒体平台、都需要构建一个比较大的架子;相反,媒介整合应该是基于经济上节约成本、效益实现最大化的考虑,有所为也有所不为,抓住自己的特色来整合自己的优势资源,在自己的优势领域进行。

一般来说,一个媒体集团下的多个媒介产品之间有以下几种关系:(1)替代型媒介产品:是指在媒体集团内部具有相似特征及功能的独立媒介产品,如中央电视台的多个频道之间有些产品趋同质化,在传统生产方式下,这些产品虽然可以互相替代,但由于产品不在共同的集合当中,因此往往很难合并避免资源浪费;(2)互补型媒介产品:是指在媒体集团内部具有互补性的若干独立媒介产品,在传统生产方式下,这些互补的媒介产品尽管有其互补性,但往往可能分别属于不同平台,很难有机地结合使用;(3)独立型媒介产品:是指在媒体集团内部互相不影响、各自独立的媒介产品,一种产品与另一种产品的关联度不大。

按这样的思路来分析新加坡报业控股的媒介产品,会发现其电视台与报纸属于互补型媒体产品,报纸与网络也是互补型媒介产品,而电视台与网络却是独立型媒介产品。因此,其媒介整合实践应该有所为也有所不为,这样才是理性的选择。

第三节 媒介融合背景下新闻价值的挖掘

新媒体时代来临,融合媒体工作环境下的新闻报道逐渐发生了化学药剂作用般的反应,这种反应迅猛而全方位,不同于以前新闻业任何一次单单得益于技术的提升或是办报思想变化所引发的改革,融合媒体席卷了整个新闻业的报道形式,包括工作模式、传播理念,同时造成了新闻工作者角色的再塑造、新闻行业格局新气象的来临。

一、融媒报道与新闻时效价值的挖掘

时效性是新闻报道的基本特性之一,新闻的可贵之处就在于它的"新"。从传统媒体时代乃至新闻诞生的那一天开始,抢时效就是新闻工作者最常见的事。新闻媒体报选题、审稿件、做报道也以最基本的时效性为其衡量标准。可以说,对于时效性的追求经历了新闻史漫长的发展,目前仍旧是新闻行业最本质的特征。

融合媒体时代的来临,新闻报道从一纸化平面报道以及几种几乎脱离关系、以各自形式独立存在的报道发展成为内容整合、形式丰富、成体系、内在联系逐步优化的融合报道。新媒体环境在将报道细分为更具体多样的操作阶段的同时,又以其更为强大的整合速率推动各个操作阶段的连接。也就是说,融合报道拓展了新闻形成方式的可能性,这使得新闻产品面临更大时效性的挑战,同时又给予新闻报道一种更高时效性的可能。

（一）缩短了获取第一手新闻信息的时间

在新媒体环境下,新闻传播途径多元化发展,再加上社交媒体的信息推送,使得新闻工作者可以从各种渠道获得近乎全方位的信息刺激,这就在很大程度上避免了由于环境闭塞而导致的事件发生之后信息不能及时传递到记者那里的局面,也同时使记者不用像传统媒体时代那样事必躬亲地去求证,大大提高了新闻信息获取环节的时效性。例如,当记者在做关于"名人之间的口水战"的报道时,需要在最短时间内搜集并提供读者感兴趣的相关者的资料,又需要避免直接从网络上复制无效信息。这时候我们可以通过搜集关于这些名人的已有的独家报道、网络论坛里对这些名人的舆论意见、社交媒体里部分用户自发担任公民记者发布的言论及掌握的资料,甚至国外媒体的资讯来获取素材。这些素材一则具有独特性,往往能震撼受众;二则减免了记者事必躬亲去层层递交申请获取采访许可、准备采访事宜的冗长时间,因为一些媒体、个人已经做过同样的事。更甚者,在突发事件现场,目击者传出的图片视频素材具有完全的时效性,因为记者几乎不可能赶往现场亲自获取这些转瞬即逝的素材。

（二）新闻加工环节更具挑战性

不管是在过去，还是在现在，受众看到的生产加工完的新闻产品都需要新闻工作者对相对零散的、罗列状的信息进行整理，并以此为基础加工成具有一定产品性和推广性的新闻，其间存在一个复杂的过程。同时，在新的形势下，不仅最终加工的成品形式上是多向度组合的，甚至连获取的信息也都是多媒体化的，更多形式的信息组合带来了更大的时效性挑战，对新闻加工环节提出了更高要求。

1.个人跨媒体加工的时效问题

个人跨媒体加工的融合报道新闻要求一个新闻工作者承担起采访、整合图片、文字、视频，甚至更多技术平台的新闻报道任务。西方新闻媒介里的融合新闻在个体层面的标志是那些掌握了多种媒介技能的全能记者，这些人在美国还有"背包记者"等多种称号，他们掌握了全面的多媒体技能，能够为多种不同媒体提供新闻作品。

2.团队跨媒体加工的时效问题

一般意义上讲，在追求新闻时效性的过程中，团队跨媒体加工无疑具有更大的优势。相比一个人要完成众多形式的融合报道，一个团队分工协作可以在单位时间里完成好几样作品。与个人跨媒体中对于时效性的追求不同，团队跨媒体加工往往是先做出各种形式的报道然后再整合发布，这是团队跨媒体加工分工化有效利用了时间的最好体现。

（三）新闻产品承载新闻信息的传播更为快捷

传统报道报道的弹性不高，事件发生后并不能立刻就通过报纸、电视进行发布。当前在各大社交网络上出现的一句话新闻已经司空见惯，但是在报纸、电视为介质的传统媒体时代，报纸不可能实时推送新的消息,由于一天只能印出一份的报纸,信息必须在精加工后形成较具规模的报道才能上报。这样一来,新闻时效性在信息传播阶段受到了较大的拖滞。而融合报道的诞生和发展则改变了这一局面,大大提高了信息传播的时效性。

1.便携式终端缩短了信息的传播时间

以手机为代表的便携终端为信息生产商和随时移动的受众之间搭建起了一座能够改变路径却依旧连接两点的无形的桥。手机的受众覆盖面日益扩大,手机也成为信息能到达的最远终端,通过手机短信或者手机上网观看新闻的行为越来越普遍。在这个意义上,手机就好比微型版的电脑一样供受众阅览。而且,手机渐渐开始取代电脑实现了定制功能,使得手机就像一个综合信息的集合器,接受网络信息提供商经网络一键发送而来的信息。这样一来信息传递的时间极大缩短,新闻传播的时效性有效提高。因为和传统信息传播的到达点不同,手机4G网络的信息推送延伸了信息到达的终点——受众本身,这使得信息的发出和被阅览几乎同时完成。

2.受众的自主意识和能动行为凸显

在新形势下,受众的自主意识和能动行为越来越凸显,他们不再是受操控剥削的无知被动的接受者,现在的普通受众也在获取信息的同时发布新的信息。在接收信息的同时,作为受众的他们也在充当信息源头,大众传播中专业媒介通过一定手段向一群人传播信息的模式得以改变,受众个人也可以充当信息发出者甚至可以反之影响媒介组织,甚至影响社会。

二、融媒报道与新闻显著价值的挖掘

传统意义上的新闻显著性价值,是指新闻事件参与者及其业绩的知名程度。一般而言,事件参与者的地位和业绩越显赫,新闻价值就越大。融合媒体环境的变化，也影响了传统意义上新闻价值要素中的显著性价值。

(一)名人报道发生变化

新闻更重视"名人的声音"，在新兴的社交媒体中有非常明显的体现，如新浪、腾讯、网易等各大微博都在争夺"名人资源"，用各种优惠和服务吸引各界名人使用其微博。新闻的显著性价值在融合媒体环境中的变化，不仅仅体现在机构媒体层面。自媒体这种具有革命性意义的传播工具，开始成为名人拥有的私人"独立发声器"。微博、SNS网站等形式的自媒体平台，相对于通过传统媒体发表言论，有着更多的优势。独立、便捷、低成本、实时性、全时性、和粉丝之间强大的交互性，等等，这一系列的特点，都让自媒体成为名人的新宠。在新媒体的环境中，各类社交网络平台的出现，使得名人获得了一个既能有效扩大影响力又能保有极大自主性的发声渠道。能够发布文字、图片、视频等各种形式信息的自媒体，一定程度上增强了名人的舆论"独立性"，减少了对媒体机构的依赖，拥有了更多样化的新闻曝光渠道。这种形势的变化，对于新闻工作者的影响未必就完全是负面的，在挑战中还蕴藏着巨大的机遇。

首先，自媒体不只是名人的"专利"。名人中本来就包括一些知名的记者、编辑、主持人、评论家等。也就是说，传媒人本身也可以借助自媒体等新兴传播媒介来扩大舆论影响力。比如，写有《北京出租车业垄断黑幕》等著名调查性报道、被业界称为"中国的林肯·斯蒂芬斯"的王克勤，就非常重视个人微博的应用。他坦言，微博已经成为他报道的一大利器，他本人通过这一自媒体平台，方便快捷地发布最新的新闻事实。同时，他还通过微博做公益宣传，发布了很多关于公益性组织"大爱清尘"的新闻资讯，呼吁更多人关注中国尘肺病人的生存境况。

其次，名人使用个人化媒体，除了名人自身炒作、宣传自身的影响外，对于专业媒体机构来讲，这也是一个获取有分量的新闻由头的渠道。许多媒体工作者浸淫在社交媒体里关注名人动态，敏锐捕捉他们身边的新闻，名人身份加之其自我炒作的需要也就决定了新闻的显著性价值。

名人在使用社交媒体的同时，其实也为传媒机构和新闻人提供了很多联系名人并与之进行互动交流的新渠道。很多新闻事实和资讯，其实就可以直接从名人的日常微博中发现，或是通过微博对名人的采访报道，又或者从名人的微博中直接获取其观点。

名人自媒体对于新闻媒体而言其实有着巨大的创新空间。截至目前，不少基于名人自媒体的新闻报道新形式已经开始涌现。譬如，越来越多的报纸、杂志开始增加"微博言论"或类似的版块，用以摘录最近微博平台上很多名人、专家对社会问题、新闻事件的解读。

（二）草根新闻的价值挖掘

在这样一个融合媒体环境的新时期，传统新闻价值中显著性的内涵发生了微妙的变化，它不再局限于当事人的知名度和显赫性。草根身上的故事，不管是本身反常、新奇，还是折射时代焦点，都可能产生巨大的新闻传播能量。同时，并不知名的普通民众，随时有可能通过自媒体等方式，瞬间成为显著性很高的新闻人物。

草根新闻的产生发展，是两方面趋势共同推动的：一是需求层面，即人们对草根新闻的认同和需求的增长；二是生产层面，即媒体加大报道和草根们自产新闻能力的获得。一方面，草根新闻虽然是草根的新闻，但是却往往折射、反映出时代的共同课题、民众的普遍关切。也就是说，新闻事件的当事人虽然不"显著"，事件本身也可能很微小，但这位当事人遇到的人生境遇却是大家普遍关注的，"小事件"本身反映着时代的"大格局"。"以小见大"赋予了草根新闻独特的传播价值。另一方面，草根文化在思想解放、意识革命、科技进步、市场经济发展的时代背景下获得了很好的发酵土壤,也改变了"新闻是名人(特别是政治家、领导人)的新闻"这一传统观念。互联网等因素促成的信息爆炸和非权威信息的增多,让人们接受并习惯一些"去名人化"的新闻。从心理学角度看,比之名人新闻,受众看这类新闻会更有心理上的接近性,对大众而言,草根新闻具有独特的亲和力。

再加上 UGC(User Generated Content)时代的到来和公民记者的出现,让草根拥有了自我发声的能力。具有拍照、拍视频和上网等功能的手机的普及,让一大批人都拥有了报道自己和身边事件的可能。微博、SNS 等社交媒体用户的增加,则提供了这类草根新闻爆炸式传播的具体途径。当然,传统门户网站、视频共享网站等也是发布草根新闻的有效平台。在草根新闻的生产大军中,还出现了传统媒体的身影。由于报道理念的革新,报纸杂志也开始更多地报道普通个体的新闻。可以说,目前草根新闻的生产量是空前的。

面对这些变化,新闻工作者似乎已经不能再仅仅重视传统的名人、权威、专家的采访报道,还需要挖掘"平凡人的故事",采用"微内容,大格局"的报道方法,深度展示社会真相。另外,今天的新闻工作者还需要重视那些出身草根的舆论领袖的动态和观点,因为他们往往也有很强的传播能力。专业的记者和传媒机构甚至可以尝试与草根合作,实现优势互补。

第四节　媒介融合背景下新闻生产模式的创新

媒介融合是在数字技术、网络技术的发展和放松规制的语境下,不同媒介产业通过并购、重组和整合,达到渠道、组织、内容和终端融合,实现集约化、数字化、多元化的融合新闻生产的过程。媒介融合使媒介的生态环境和产业价值链发生根本性的变化。新的媒介生态环境需要再造编辑流程和组织架构,创新新闻生产的流程,建构新的新闻生产模式。媒介融合背景下新闻生产模式要从编辑流程、新闻生产流程和新闻生产模式三个方面进行创新。

一、再造融合编辑室为枢纽的多元互动编辑流程

（一）融合编辑室主导编辑流程

在西方融合编辑室里面，一般把编辑分为协调管理型编辑和内容生产制作型编辑。协调管理型编辑又分为新闻流编辑、故事生成编辑和新闻资源编辑，他们共同协调管理采编流程，是参与策划和资源分配的高级编辑人员；内容生产制作型编辑负责具体的某一个媒体内容生产，与协调管理型编辑实现互动协调，是内容制作和传播的普通编辑人员。

新闻流编辑发挥宏观管理融合编辑室信息流动的作用，处于多媒体信息流的中心位置，监视整个信息的采集、加工和生产，根据新闻事件的性质确定报道什么和怎么报道，相当于执行总编的角色，而不同的是他要监视各种不同的故事通过各种平台传输。一般来说新闻流编辑不止一个人，可能根据行业和媒体的不同而分工，发挥多媒体主持人的作用，就报道的角度、截止时间等跟内容制作编辑进行沟通，这就需要新闻流编辑对不同的媒介文化、专业术语和工作方式有比较好的认知。正如丹麦奥尔堡最大的融合新闻机构 Nordjyske（诺丁斯科）的主编尤里克·哈格洛普（Ulrik Haagemp）把自己描述成一个新闻总指挥，每个编辑对自己的内容负责并向他汇报，不同的媒介有不同的需求，有针对性地编辑精加工内容很有必要。

（二）从单向线性的编辑流程转变为多元互动的编辑流程

传统意义上的编辑流程是单向的、线性的，具有垂直一体化的特点。在融合媒体编辑室里面，传统的编辑角色、定位和功能已经不适应融合媒体时代的要求，编辑应成为新闻生成的主导

者、沟通者、协调者,从幕后走向前台。由于报纸、杂志、广播、电视、网络和手机等媒体的编辑整合在一起,多元互动成为必要,协调管理编辑与普通编辑的互动、不同内容编辑的互动、编辑与记者的互动、编辑与受众的互动。如图 6-4 所示,不同的编辑要实行动态的横向管理和纵向管理,例如从策划、组织采编人员以及信息的采集、筛选、过滤、加工、制作、配置、合成等环节,实行纵向管理,统筹整个流程,这需要编辑具有敏感的价值判断力和独特的创造力。同时要加强对编辑流程横向的管理,因为不同媒体的表达方式不同,不同媒体和题材的新闻报道的内容、手法、结构、形式和发布渠道也不同,融合编辑部里多元互动、沟通协调不可缺少,从而实现不同媒体和内容生产的无缝链接。

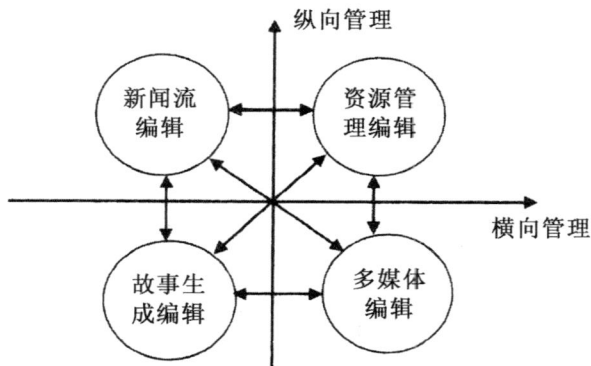

图 6-4　融合编辑室的互动和管理

(三)编辑流程从"编辑主导式"向"编辑和受众共同参与式"转变

在融合媒体时代,新闻不再是一种独白,而是一种交流,受众从被动的接受者变成主动的生产者。受众的参与包括如下几个方面。

第一,受者从信息的接受者变为信息的生产者,从接受末端走到了信息生产的前沿,基于 P2P 技术的 Web 2.0 网络应用,以个人和自组织为中心,各种自媒体层出不穷,例如博客、微博、播客、维客、论坛等,模糊了传者和受者的界限。

第二,受者参与到媒体的议程设置中来,受众和编辑之间的互动性加强,呈现出共享式、协同式、交互化的特点。受众的参与使报道主题多元化,呈现出共同生产和多元表达的特点,有利于公众参与社会的民主化进程,有利于公共事务的解决和公共领域的建构。

第三,受众资源往往成为信息来源,受众参与到原创性新闻生产中来,大大拓宽了新闻信息来源,开发了一批"公众记者""市民记者"。受众的信息往往在关注的视角、价值观以及关注的重点和细节上与传统媒体大不相同,在一定程度上丰富了报道的内涵。

第四,受众调查和反馈也是新编辑流程的必然要求,利用网络、手机等多媒体,多渠道地获取受众的反应和意见,发挥受众的积极性和创造性。

二、创新多媒体信息采集、管理、讲述和发布的新闻生产流程

创新新闻生产流程需要编辑记者的协同作战,沟通协调,并产生联动效应和化学反应,如图 6-5 所示,达到一次采集、多重加工、多平台发布的效果,实现信息资源的多重升值,做到资源整合,提高效率。

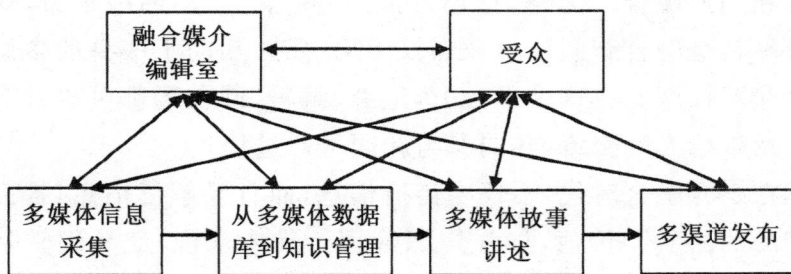

图 6-5　创新新闻生产流程

（一）多媒体新闻资源的采集

未来的记者必须具备能写、能拍、能摄的基本技能，这类人在美国被称为"背包记者"。面对突发新闻事件的时候，他们具备文字、图片、音频和视频多媒体信息的采集技能，并且能完成多媒体信息包的采集。当然，对于重大新闻信息的采访是集团协调作战完成的。他们根据不同的专业特长和技术水平统筹安排，共同完成采集任务，通常来说由经验丰富的文字记者、摄像记者和摄影记者组合而成。

（二）从数据库的信息整合到知识管理

数字技术下的媒介融合所催生出来的内容生产是基于数据库的生产模式，数据库将新闻信息等内容资源进行整合、共享和优化配置，成为内容资源增值的平台。在这个平台上，记者编辑以多媒体手段完成信息采集、加工与发布。数据库管理系统是一个集音频、视频、文字图片、编目、存储管理、检索和发布于一体的系统，该系统不仅是多媒体采集平台，也是经营管理平台。例如《南方都市报》就采用数字化采编管理平台，按照多媒体的运行规律，在采编发的流程中提供可读写、可编发、可搜索、可整合的管理界面，整合报系内容数据库、读者数据库、广告数据库，实现多个数据库的双向互通和信息搜索。同时把新闻发布端前移，把管理端和用户端合二为一，推出开放式"鲜橙"互动网络平台，这个网络平台是融合新闻信息发布及 SNS 社区互动于一身的多媒体信息交互社区。在这个平台上，记者、编辑、网友等都可以发布消息以及进行人际交流，共同参与新闻生产过程。

在媒介融合时代，不仅要传播信息，而且要解读信息，提高信息产品的品质和价值，加强知识管理。具体来说，就是编辑从信息采集者变为信息合成者，他们需要通过信息筛选、意义解读和价值判断，揭示事物之间的相互联系，提高受众的认知力从而更好地理解世界，把有价值的信息资源转化为有效的知识。知识管理的另一个目标是加强员工之间的合作,消除因文化的刻板成见造成的分歧,建立信任。美国融合编辑室就委任了知识管理专家,协调人们团队合作和获取反馈意见。

（三）多媒体故事讲述

多媒体信息采集完成以后,编辑记者充分利用各种不同媒体的优缺点,做好多媒体的故事讲述。电视新闻具有视觉性、及时性、冲击力和感染力,报纸具有深入解读、可保持、信息量大的特点,网络则具有互动性、及时性和可搜索性。一般来说,对于突发事件,首先为网站提供快讯和图片,为广播制作口播新闻,甚至可以制作成电视现场节目,还为手机用户定制信息,更多的信息和背景资料可以作为报纸的深度报道的素材。

（四）多平台发布

融合编辑室都具备一套可以在统一界面上加工、编发文字、图片、音频和视频的数字化管理平台。编辑根据集团内各种媒介的不同介质特征加工整合,以报纸、广播、电视、手机、互联网、户外大屏、移动电视等多媒体渠道发布多媒体信息,满足受众个性化的需求,扩大受众规模,实现新闻信息发布时间的多重设置和新闻内容的相互嵌入,横向拓展和纵向延伸产品价值链。例如,美国华盛顿邮报网站为非传统发布平台制作内容而获得艾美奖,并获得 7 个视频奖提名中的 5 个;ESPN（Entertainment and Sports Programming Network,娱乐与体育节目电视网）也通过手机为他们的用户提供体育新闻、比分、统计、内容提要和视频新闻。

三、建构集约化、数字化和多元化的新闻生产模式

（一）从粗放单一的新闻生产到集约化的新闻生产

传统的媒介产业经营是单一的、线性的经营,未能充分有效

地开发和利用媒介资源,导致媒介产业盈利模式单一,更多地依赖广告,增加了经营风险。这种单一直线型的新闻生产模式,缺少内部和外部资源的整合,在产业经营上表现为生产、传输、分配、接收各个环节在单一媒体内部的线性流动,成本大,内耗严重,内容生产出现一定的饱和性,一定程度上制约和限制了媒介产业的发展。

传统媒体产业要做强做大,必须加强资源整合,从单媒体经营转向多媒体经营,形成盈利模式共享和互补,从而降低生产成本,增加产业整体效益,拓展生产链,实现从粗放型生产到集约型生产的转变。特别是以互联网、手机为代表的新媒介的异军突起,加速了传媒产业中不同形态和门类的信息产品在同一操作平台上的渗透和融合,消除了企业界限,协同生产尤为必要。协同生产实现了采编人员、客户、设备和新闻资源的集约化使用,实现了媒介产品的广度、深度开发和多次转化增值,达到了生产集约化、经营一体化、经济规模化的目标。

(二)从封闭独立的新闻生产到数字化的融合新闻生产

传统媒体环境下,新闻生产基本有着独立的经营理念、运作模式和细分市场。这种产品单一的运营方式很难应对市场的变化和受众的多元化需求,要通过生产流程的再造与资源的整合,利用不同类型媒介的介质差异,在新闻生产传播上实现资源共享而又产品各异,从而做强做大。在数字化生产以前,文字、图片、音频和视频等不同的产品形态是不能兼容的,数字技术打破了这个壁垒。不同内容的产品内容经过数字化处理和传输,内容生产逐渐走向融合,数字化使媒介产业之间的联动乃至融合成为新的发展趋势。例如报纸、广播、电视和网络、手机之间的联动互补,最终实现了数字化的内容生产,形成了新的数字化的生产方式。数字化的融合新闻生产的目的是实现内容增值,在生产领域,可以通过集约化生产,降低内容生产成本,提高内容生产效率;在使用领域,同一内容在不同的终端上使用,内容产品的多次使用可以提高内容产品的使用效率,构建融合媒介产业的集合平台。

（三）从专业工作者的新闻生产到全民参与的新闻生产

在媒介融合时代,随着网络技术和数字技术的发展,双向互动传播成为可能,传者和受者之间的界限日益模糊,受众既是大众媒介产品的消费者,也是媒介产品的生产者,内容生产主体日益多元化。普通公民借助手机、博客、微博、播客、BBS、SNS 社交网站等,发布新闻和表达观点。"草根"记者在重大突发新闻事件的报道中产生了一次次的轰动效应,例如伦敦地铁爆炸、东南亚海啸、克林顿丑闻等,第一时间发布报道的是公民记者而不是专业记者。虽然专业媒介组织在新闻报道中占有主导地位,但是新媒介正在改变大众传播的面貌,个人对个人、个人对多人、多人对多人的传播网络已经形成,传受一体化和全民参与新闻生产成为新的趋势。

第七章 媒介融合背景下新媒体的发展方向

当前,媒体融合伴随着技术的更新迭代向更广阔的天地行进。人工智能、虚拟现实等技术为内容呈现、融合报道提供了多种样态,并且这些创新性的因素正在向媒体乃至整个互联网行业深处蔓延。新技术、新平台的出现与媒体融合的各个阶段紧密结合。

2014年8月,在中央全面深化改革领导小组第四次会议上,习近平就推动媒体融合发展发表了重要讲话,提出要"着力打造一批形态多样、手段先进、具有竞争力的新型主流媒体,建成几家拥有强大实力和传播力、公信力、影响力的新型媒体集团,形成立体多样、融合发展的现代传播体系"。由此,传媒融合背景下新媒体的发展方向更加多元,更加明朗。

第一节 新媒体的跨域传播

一、传统媒体的内容形态

形态是指事物在一定条件下的组合方式和表现形式,不同元素的排列组合或者编码方式构成不同的形态。从传播学角度而言,媒介的内容形态主要包括信息内容本体及其表现形态,二者共同构成了传播活动的内容环节。因此,可以认为,媒介的内容形态构成了媒体内容各个形式要素依照不同的组合方式、不同的功能指向，而最终形成的内容存在样态，具有相对稳定的外部形式和内部构造。

每一种传播介质的出现都有与其相适应的内容形态，同时也是对上一种主流介质内容形态的超越。与此同时，同一媒介的内容及形态会随着社会的不断发展、受众的需求变化、技术的不断更新与进步而不断出现新的发展与变化。

以我国报纸和电视为例。报纸的内容形态主要分为版面、栏目和其他一些信息内容集合形式，而且这些形态处于一个不断发展的过程中。在我国，报纸作为大众传媒发展较晚。到了近代，由于资本主义的发展，报纸才取得了较大发展。

最初，报纸的内容形态非常简单，只是对新闻版面进行了栏目的划分，如"行情""告白""新闻"等。后来，又用几个固定的成语做栏目的固定标题，如"祝融火烛"表示报道火灾；"顺手牵羊"表示报道盗窃；"新官登龙"表示新官上任；"上林春色"表示报道文化教育等，这时候的作品也没有什么导语。辛亥革命后，电讯稿和短消息开始流行，新闻开始使用标题，国外的一些导语样式和新闻要素也逐渐为国内所采用。"五四"运动后，新闻传播在内容及形式方面都呈现了更加多样化的发展，消息、专访、报告文学等报道形式和内容形态不断得到丰富与发展，使得现代报纸的样式更加多样。

现在，报纸的内容形态丰富多样，从专版、栏目/专栏，到头条、简讯、社论、副刊、图片新闻、读者来信、编后等，以文字和图片为主要元素的各种内容形态，通过版面设计等编排手法组合在一起，使报纸成为现代最为主要的大众传播媒介之一。

电视的内容形态主要分为频道、栏目和节目等。以电视而言，过去重视的是节目，是具体的报道活动，这只是形成了一个内容信息点。后来，开始注重这种信息点的集合，于是就有了它们的集合单元即栏目，形成了一种信息面。现在，信息面的传递已经远远不能满足社会和受众对信息传递的需要了，于是就有了信息面的集合体——频道,形成一种具有规模性的信息传播内容形态。这样,通过信息的集约和整合,信息得以增值,信息量得以增加,信息的传播效果也就增强了。

节目与节目栏目化:节目是电视台所有播出内容的基本内容形态和播出形式。它是一个按时间段划分、按线性传播方式安排和表现内容、依时间顺序播送内容的系统。节目承载着广播和电视想要传播的所有社会功能,以节目为本是当代广播电视的工作宗旨之一。它是在一天中某一特定时间播出的传播实体,属于传播系统的基础形态,由一个或者几个节目组成,在每天的特定时间段持续播出。栏目一般相对固定,有特定的名称,定期、定时播出。同一栏目中的节目在内容或者形式上具有某种共同性或相干性。

栏目与栏目频道化:从20世纪末开始,中国电视竞争的主战场由栏目转移到了频道。频道是从总体目标和宗旨出发,对各类节目和栏目进行设置,合理规定它们的内容取向、风格特点以及时间比例和播出时段,最终达到的目的是让他们各自处于最适合的位置,最大限度地发挥它们的优势与作用,同时又与频道的整体性保持一致,具有统一风格和内在的逻辑连贯性,这就是栏目的频道化。频道在形式上具有完整性、延续性的特点,在内容上具有信息的集约性、综合性、系统性和个性化的特点。如今,越来越根据受众的细分化来进行频道的内容组合,如综合频道、新闻频道、经济频道、电影频道、文体频道、教育频道、生活频道等。

二、新媒体的内容形态

(一)传统媒体内容的平移与信息补充

传统媒体的内容形态是新媒体发展的基础,也是新媒体初期发展最为重要的原因。且不说数字电视、公交电视、楼宇电视等内容基本来自于传统媒体的终端;也不论在新媒体发展初期,几乎都充斥着传统媒体的大量内容；即使是现在，对互联网媒体和手机媒体的内容而言，来自传统媒体的平移内容仍是一个重要的内容源。

以新浪举例来说。首页相当多的频道划分大多借鉴了传统媒体（类似于报纸的专版和电视的频道）的划分依据，如新闻、财经、科技、体育、娱乐、汽车、房产等。当较为重大的新闻发生时，专题策划就会及时跟上，推出相关的专题报道。同时，各个频道中信息的主要来源也是各种传统媒体。各种传统媒体的官方网站及许多视频网站尤其是影视剧、动画片以及台港澳及海外热门综艺节目等更是如此。

手机媒体也是这样。以中国电信的天翼视讯为例。该业务基于中国电信移动通信网络和移动流媒体技术，主要整合CCTV、上海文广等传统广电媒体资源，向用户提供视频流媒体服务。用户在浏览各种信息的时候不会受到时间、空间的限制。

对于视频内容，通常还会进行重新剪辑与后期制作。由于传统电视栏目或者节目长度一般较长，不一定适应网络"快餐"信息的需求，需要对现有栏目和节目的精华进行重新剪辑和提炼，精选出最能吸引受众注意力的部分进行传播。比如2006年上海文广买下了世界杯足球赛的大陆网络信息传播权，4分钟的短视频囊括每场球赛的进球集锦、赛场花絮等热门视频，带来了很高的点击率。

此外，传统媒体尤其是广电媒体受到频率、时间等限制，往往舍弃了播出节目的剩余的视频素材，新媒体无限的容量和时空弥补了这个缺憾，使得新媒体又成为传统媒体信息传播的有益补充。光线传媒旗下的E视网将一些碎片化视频资源灵活地运用了起来，推出了"电视看不到"专题板块，受到了许多观众的喜爱与支持。

（二）传统媒体自身的电子化

传统媒体自身的电子化主要指的是平面媒体如报纸和杂志

的全真电子版。所谓"全真电子版"报纸，简单说，就是"无纸化"的新平面报纸。"新平面"是指替代了纸张的"电子（屏幕）平面"，是一种电子便携式报纸。这种报纸兼具印刷界面与电子界面的阅读特点，受众可以看到与报纸版式完全一致的电子版，可以任意选择浏览文章、图片、广告信息，打印文章和放大字号等。文章显示速度迅捷，几乎没有任何停顿的感觉，有利于将线下的阅读习惯无障碍地移转到互联网等新载体上，适应传统的阅读习惯。

全真电子版和纸质报纸相比存在一定的不同，那就是全真电子版兼具一些新的技术实现方式，如层次化、可检索。在一些转页的地方可以点击链接，跳转到相关页。可以利用检索工具在页面中查询关键字。同时，报纸可以在线阅读也可以利用浏览器阅读——这是为了便于在脱机环境下进行内容的浏览。随着更多更轻便的阅读终端的开发，电子报纸将会得到进一步发展。

电子杂志主要指的是基于无线互联网，向手机终端用户提供集合多媒体内容，定期发行的类"杂志"移动多媒体应用服务。电子杂志兼具互联网与手机客户端两种形态。与电子报纸一样，电子杂志也基本上与纸质杂志保持了相对一致的版面样式，并结合了新媒体的特色，如可以进行互动（定制、评论、投票、订购），可以加入音视频，可以下载、推送等。

（三）新内容形态的产生

新媒体（这里主要指互联网媒体和手机媒体）技术和特征等决定了新的内容形态与传播形式。这些新的特征包括诸如多媒体化、个性化、交互性等特性，以上这些使得大众传播改变了长久以来形成的基本内容形态和传播模式，丰富了新媒体的内容形态，在很大程度上增强了新媒体的传播效果。以网络媒体和手机媒体为例。

论坛：即 BBS，是英文 Bulletin Board System（电子公告板）的缩写。最初 BBS 是用来公布股市价格等信息的，与公告板功能类似，当时并无文件传输功能。随后，随着互联网技术的不断进步、个人计算机普及程度越来越广,BBS 慢慢地被转移到互联网上,并且很快就得到人们的欢迎。在 BBS 上,所有的网民既可以相互探讨和传播各种有趣的话题,也可以用来发布信息,还可以召集专题讨论。如今,BBS 已经成为网络媒体一种广泛体现民意的信息内容汇聚和传播形态。

博客/播客:"博客"一词源于英文单词 Blog(Weblog 的简称)。Weblog 是网络上的一种流水记录形式,也称"网络日志"。一个 Blog 其实就是一个由简短且经常更新的帖子所构成的网页,其内容根据写作者的意愿而定,包罗万象。"博客"原指 Blogger,即写 Blog 的人,后来逐渐指 Blog。博客具有 Web 2.0 的一些重要特征,如个性化、即时性、开放性、聚合性、互动性等。

大约从 2006 年开始,博客的内容由文字扩展到声音和视频,于是出现了博客的演进版——"播客"。目前在播客的内容中,大部分仍旧是个人生活形态和搞笑的展示,相关技术操作也较为粗糙,缺乏真正有内涵的吸引人的视频。但是,音频和视频给播客增加了更多娱乐的成分,同时也使播客具有更为强大的传播功能。

如今,博客/播客成为各大门户网站如新浪、搜狐、雅虎等广泛的内容形态。作为一种新的个人传播形式,这种形态使得人人都是传者和受众,每个人的声音都有机会平等地在世界范围内传播,造就了"人人为记者"的"草根新闻学"传播方式,这种传播模式是对传统大众传播模式的一种革命性变革。

三、"跨域"传播的形成

"跨域"传播指的是在新媒体的背景下,由于多种终端介质的存在,内容生产和传播者(媒体)对某一内容进行横跨式的生产和传播。具体而言,"跨域"传播主要包括跨形态生产、跨窗口呈现和跨终端/媒体传播。"跨域"传播遵循了传媒产业和通信产业的主要经济规律,是新媒体内容传播的基本规律和必然趋势。

"跨域"传播的实现,得益于数字化的大环境,是媒体向多终端延伸背景下新媒体内容传播发展的必然方向,内容商想要在行业竞争中立于不败之地就必然要跟随甚至引领这一趋势。总体来看,"跨域"传播的出现,主要基于以下缘由。

数字技术的出现:数字技术使得内容可以根据各种终端需要"自由转换",为多种内容形态的产生奠定了基础,在此不再赘述。

无缝网络的覆盖:无论是有线网、无线网、卫星网还是互联网、通信网、广电网,各种网络正在形成无所不在的"泛在"网络,实现了对各种介质的传输和对多种终端的无缝覆盖,从而能够开展多重传播,为"跨域"传播创造了条件。

媒体的多终端延伸:媒体内容的接收终端极大地突破了原有的终端范畴,各种固定终端尤其是便携式移动终端层出不穷,特别是移动通信和手机终端的快速发展,将媒体的多终端延伸范围扩展到最大化,使"跨域"传播成为必然。

范围经济导致的单产品边际成本下降:范围经济的涵义,即企业同时生产多样产品,与其分别单独生产某种产品相比,其总成本要降低许多,此时联合生产就存在范围经济性。对内容产业而言,其范围经济性主要体现在,利用一个信息源,既能生产出传统媒体所需的内容,又能转化为新媒体所需的内容;在每一种媒体状态下,也能够演化为不同的内容形态,由此导致了边际成本的下降。

资源的优化配置与共享:"跨域"传播可以优化配置和共享各类资源,比如在人力、信息、设备、传输网络等资源利用上实现共享,降低传播成本,获得规模效益。对于单条信息,可以在网站、手机、报纸、杂志、电视等不同媒体和终端上采用不同的表现方式,综合利用和有效整合各种信息内容资源,改变各媒体和各形态单打独斗的局面。

对受众的无缝传播强化传播效果:每种传播形式和终端都有着各自的受众群体,"跨域"传播对多种媒体终端的覆盖,使得信息能够被传递到更多的受众手中,每种渠道都能够汇集一定数量的受众,这样就能在很大程度上提高市场占有率,强化传播效果。

　　总之,通过对内容信息的多重开发与传播,实现一次生产、多形态展示、多渠道发行、多介质阅读,最终实现了传播模式从"单一"向"多元"的转变。

第二节　新媒体微视频的发展

　　近年来,随着互联网技术的不断发展,移动互联、社交网络、轻量级数字视频设备等的持续演进,视频产业链的各个环节(如终端生产商、内容生产商、视频投资者、广告商、视频平台、网络运营商等)均趋于完善,人们作为受众和互动传播主体参与信息传播的时间不断碎片化,微视频成了网络视频领域中的一个极具活力和影响力的范畴。

一、新媒体微视频概述

(一)新媒体微视频概念

　　新媒体微视频是指专门运用在各种新媒体平台上播放的、适合在移动设备中观看的、具有完整策划和系统制作体系支持的具有完整故事情节的"微(超短)时"(30～300 秒)放映、"微(超短)周期制作(1～7 天或数周)"和"微(超小)规模投资(几千元或数万元每部)"的视频("类"电影)短片,内容融合了幽默搞怪、时尚潮流、公益教育、商业定制等主题,单独成篇,也可系列成剧。

　　新媒体微视频不同于视频短片,它更偏向于商业化,更偏向于影视专业制作。新媒体微视频的内核离不开故事,离不开商业驱动,离不开专业制作,它的最终目的是给予受众视觉与情感的双重享受。新媒体微视频广告仍然是电影,不同的是,产品成了整个电影的第一角色或是线索。时间上新媒体微视频远远比电影短小精悍。它不是简单粗暴地追求商品形象、标志的曝光量，而是借助具有一定故事情节的视听，把产品功能、品牌理念巧妙地渗透进去，达到润物细无声的效果，是一种更高级的广告营销方式。

（二）新媒体微视频内容生产方式

新媒体微视频产业链若要健康快速地发展壮大，则需要所有的工作都以视频内容为核心。提供优质的视频内容是新媒体微视频产业链中各环节生存的必要条件。视频内容的多样性也是各视频企业摆脱同质化的关键。

1.版权购买

为了摆脱内容平庸贫化和同质化现象，扶持正版化市场，购买版权已成为视频企业丰富自身视频数据库的重要方式。内容成本已经成为网络视频企业的主要成本项。版权内容也是在线视频企业营收的重要保障，其涵盖的类别也越来越多。因为购买内容带给视频企业更高的点击量与广告收益，因此内容购买的形式正在逐渐朝着独家版权的趋势发展。独家版权不仅使视频企业内容产生差异化，并且也使视频企业找准品牌定位，对于培养用户忠诚度与黏性有较大作用。因《中国好声音》的成功案例，视频网站也开始了对综艺节目独播权的竞争：PPTV 拿下《最强大脑》、乐视网拿下《我是歌手》第二季网络独播权；爱奇艺获得《百变大咖秀》第五季和《爸爸去哪儿》第二季节目独播权。

2.台网合作

台网合作是传统媒体在新媒体时代为自身发展谋求空间而产生的自发性变革，也符合电视行业与新媒体微视频行业双方的利益诉求。视频网站有其强大网络平台与稳定大量的用户量，拥有电视行业所缺少的互动性。而电视行业拥有的是高质量的节目，二者互补，必能共赢。2013年，由于受广电总局"限购令"的影响，全国卫视综艺类节目更加倾向于转投网络视频平台，与此同时另一个发展趋势是视频企业逐渐从内容生产转移到内容制作。河南卫视、爱奇艺共同打造的《汉字英雄》，改变了以往视频企业节目宣传推广、资源互换合作方式，在制作与推广等层次全方位联动，并且视频企业实现了反向输出，台网合作从原有的传播渠道层次逐步深入到内容制作、内容互通、广告营销等方面。

3. UGC

用户生成内容（User Generated Content，UGC），是一个起源于互联网的概念，是网络用户使用互联网的一种新的形式。随着网络的普及，网络用户不再满足于单纯地从网络上下载自己所需要的内容，而是希望能够在网络上表达出自己的观点和见解，因此出现了下载与上传并重的互联网使用方式。UGC内容以其亲民性、草根性、成本低等特点，在2013年一度非常活跃，各大视频企业都非常关注UGC。对于用户来说，UGC内容一般时长较短，内容紧凑亲民，符合移动视频分享、短视、视频社交的发展特征。对于视频企业，UGC内容相对于其他内容视频成本较低，并且UGC内容可以推进视频企业内容平台差异化。如优酷网的牛人推广栏目就是对UGC内容的扶持。

4. PGC

专业生成内容（Professional Generated Content，PGC），在2013年得到了广泛的发展，也是平台方摆脱同质化、形成特色品牌平台的另一出路。PGC主要涵盖微视剧、微电影、综艺等类型。PGC内容在生产方面主要以制播分离为生产机制，不断趋于制作专业化、内容丰富化、产出稳定化、价值增长化、关注扩大化等特点。在版权费用居高、各网站急于寻求内容差异的背景下，自制内容将是网络视频企业的关注重点。PGC内容不仅入驻了综艺类节目，同时，视频网站也开始投资电影。

二、新媒体微视频的发展趋势

（一）注重原创性

开发原创视频，打造 UGC 新热土。这与宽带技术的成熟、端口移动化、原创视频版权保护制度不无关系。原创的 UGC 视频优点在于版权成本低，有大众的参与性、社交性，大多为短视频，适合碎片化地在移动终端观看。UGC 视频以提倡个性化为主要特点，把用户使用互联网的方式由原先的以下载为主转变成以上传为主，调动网络用户的积极性去参与视频创作，将用户从被动的观众身份转变为视频的生产与供应者身份。采用 UGC 模式，可以满足网络用户想要创作出自己的视频产品的需求。这类 UGC 视频由于是来源于网络用户，因此更能吸引其他用户的观看。视频网站也鼓励精品 UGC 视频的出现，扶持有大批忠实粉丝的草根红人及原创作者从 UGC 走向 PGC 生产之路。

优酷网因为找准了正确的定位，并且通过更加多元化的发展角度，依托强劲的平台优势，不断产出更加生动鲜活的短视频内容，加以出色的产品附加值，使得"优酷出品"这一标志成为令人印象深刻与信任的品牌标志。可以说，优酷网看准差异化竞争力的机会，在内容为王的时代取得了胜利。

（二）内容差异化

差异化是指企业提供的产品或服务在一定的业务范围内具有独特性。简单讲，就是要突出企业自己的个性。在信息获得渠道不畅通的时期，传播信息的媒介很少，人们主要依靠报纸、电视、杂志等接受相关的新闻信息。

然而信息技术的不断创新与发展，使得计算机与互联网得到了广泛的普及，媒体传播渠道越来越广泛，人们接受信息的渠道较传统媒体时期更多。人们面临的是一个信息大爆炸的时代，获取信息已经是一件非常容易的事情了,因此大家的注意力已经开始向获取更专业、更精准的信息方面转移了。

在现今这个时代,单纯依靠模仿其他成功的网站是不会有发展前景的。只有和别人不同,才能引起一定的关注。网站内容的差异化就是要在满足用户基本需求的前提下,突出自身网站的特色,解决一些其他类似网站没能满足的用户需求。

"内容为王""娱乐至上"等业界共识引领着新媒体微视频的内容朝着差异化的方向发展。以往的版权分销的方式,虽然减少了成本,但也使用户分流,企业同质化,用户对平台没有黏性。独有内容和功能才能形成网站的独特性和品牌独立性。一线视频企业平台战略以全网独播、自制 PGC 剧、发展 UGC 内容三路并行,为内容差异化铺路。

5G 网相比于传统模式,其优势更突出地表现在运作模式更加活跃,充分借助各类社会化平台实现有效互补,相互促进,UGC、自制节目、综艺娱乐节目和影视剧构成了 5G 网的原创内容矩阵,5G 网在差异化竞争的市场上显示出了自身的潜力与优势。

（三）定制化发展

定制化服务是指按照消费者自身的要求,为他们提供适合其需求的、同时也是消费者满意的服务。定制化服务是一种较高层次的劳动,需要"劳动者"有更高的素质,更丰富的专业知识,更积极的工作态度。因此,定制化服务会比其他有形的生产劳动和无形的服务能产生更大的价值。

定制化服务能给消费者带来个性化的感受,使用户认为没有哪两个人能够得到完全相同的体验。因此定制化服务是一种为用户量身打造、有需有供的活动,不会出现生产过剩,也不会出现需求抱怨。定制化服务产生出来的"体验"是给消费者的美好的感觉、永久的记忆和值得回味的事物与经历。用户对这种美好的感受不会独自享有,而会与他人分享,即积极地传播,进而产生放大效应。

定制化视频是消费者主导时代的一个典型特色。视频企业由原来的内容平台方与内容采买方变为内容制作方,为不同年龄、兴趣、欣赏喜好的人群量身定制视频内容,也通过自制内容建设内容差异化平台,改变视频行业竞争格局,得到广告商认可。视频企业变身为内容制作方,在内容调度上灵活性加大,娱乐影视类定制化内容大多以季的形式出现,每季5～15集的规模播出,能够根据观众的反应进行适当的修改与调整。

"城市映像"微电影系列作为爱奇艺自制系列中的品牌力作,上线后引发了巨大反响,受到众多网友热捧。截至目前,该系列的单片播放数均达百万次,已上映的9部总播放量超过3 000余万。

爱奇艺最突出的一点是重视统计与分析,并以此作为受众喜好的判断依据,这样使得他们能够生产出更多契合受众喜好的内容。受益于此,爱奇艺也逐渐发展成为资金投入最高、节目形态最多、用户年龄层和需求覆盖最完整的视频网站。

(四)社交化视频

社交与视频的深入融合成为大势所趋。通过社交来增进用户的视频分享体验,衍生出节目线上线下的互动,可以使观众左右节目的发展。如《快乐男声》与 YY 视频平台合作,创造出网络赛场模式,使淘汰的歌手通过网络复活赛争取复活的机会。短视频更为用户社交化增添了活力。2013 年,优酷拍客推出 15 秒"微拍"、酷六推出"短酷"、腾讯主打"微视"、新浪推出"秒拍"。短视频与自制相结合,成为 2013 年末视频行业热点。4G 时代的到来,突破了流量限制,短视频分享的活跃度呈现出爆发式增长。

在线视频入驻互联网之后,人们的想象空间被打开,更多的视频形式开始进入人们的视野,其中,备受网友关注的社交也开始寻求与视频合作的可能。

第三节　自媒体时代的网红经济

伴随着互联网技术的发达,信息传递的渠道与速度也变得多样化。相比于传统媒体,自媒体传播模式下全民都是记者,人人都可以围观。自媒体新闻的渠道更加直接,这一转变打破了传统新闻传播者与受众的二元对立,分散了传统媒介的传播特权。在这种趋势下,网红这一群体,迅速脱颖而出吸引了全网民的关注。

一、网红经济概述

(一)网红现象

提起"网红",大家可能并不陌生,从 20 世纪 90 年代的"痞子蔡""宁财神",到 21 世纪初 BBS 捧红的"芙蓉姐姐""凤姐",再到图文并茂时代,因一张图片爆红的"犀利哥""奶茶妹妹"……"网红"正在逐渐充斥着我们的生活。

网红,是网络红人的简称,原意是指那些因某个事件或者是某一系列事件(行为),而在互联网上快速受到大众关注、评论、追捧从而走红的人。当前,主要是指那些通过社交平台聚集起知名度并凝聚了大量粉丝的网络红人。

互联网信息技术的不断创新与进步,推动了网红现象的快速发展。从 20 世纪 90 年代末期的 BBS,转战到随后出现的博客、微博与微信,再到最近这几年才兴起的流行短视频、秒拍以及移动直播,网民们拥有了更多的自我展示平台。一些具备某些特质的网民,通过网络传播的平台,满足了大众网民在审美、娱乐、审丑、放松等方面的心理需求,进而获得了其他网民的追捧,成为"网红"。

由于频频爆出雷人之语被大家炮轰,却依然豪气不减的"凤姐",就是靠着在网络上不断发表语不惊人死不休的话语,与网友们展开各种"骂战"成就了自己"第一自恋"的威名。靠着网络的知名度,凤姐开始了自己的人生逆袭之路,从一个超市的小收银员,到成功融资,自主创业,人生过得风生水起。

曾经因一张手捧奶茶的照片而爆红网络的"奶茶妹妹"章泽天,在很短的时间之内受到大批网友的喜爱与支持。短短三年后,奶茶妹妹与京东掌门人刘强东恋情曝光,再一次受到了网友们的持续关注。奶茶妹妹与京东掌门人的恋情曝光,不仅再一次提升了奶茶妹妹的知名度,也让京东在与淘宝的"双十一"大战中获得了更多关注。

从这个意义上说,网红已经不仅仅是简单地让某一个人拥有知名度,更是让知名度为这些"红人"们创造价值。

因为网红背后蕴藏着巨大的商机,从网红诞生以来,一些有识之士就在积极利用一切对自己有利的资源,挖掘网红背后的价值。

在当年明月那个时代,因为在论坛发帖或者微博发文章而蹿红,进而成名、出书,名利双收的人绝不在少数。安妮宝贝、宁财神、痞子蔡、树下野狐等耳熟能详的名字,都曾是那一个时代的标志。

而随着网红时代的不断更迭,曾经以论坛发帖为主要内容的网络红人们,有了更多的展示自我的渠道。社交网站、电商平台以及视频网站都成了网红们最为青睐的宣传推广阵地。

网红和明星存在的最明显的不同是,相比于明星来说,网红更加贴近人们的现实生活,也更加重视与粉丝的互动。在积累了大量粉丝资源之后,网红的变现渠道也变得多样化起来。从早期的文学作品授权,到现在的做电商、获取广告宣传费以及走秀等,网红爆发出了惊人的变现能力。比如,在短视频领域颇为走红的网络女主播"papi酱",其首次的广告拍卖价格高达2 200万元。

与此同时,围绕着网红的孵化培训机构也渐渐成型,IP产业化发展的案例也不再是个案。网红的价值正在被不断地产业化,形成了令人惊叹的网红经济。

第一财经商业数据中心曾发布了一组《2016 中国电商红人大数据报告》,报告显示,2016 年的红人产业预估接近 580 亿元,远超 2015 年中国电影 440 亿的票房金额。可以看出,继社交经济、大数据经济与分享经济之后,网红经济正逐渐显示出强劲的增长活力。

（二）网红活跃的各大社交平台

既然是网络红人,必定离不开的工具就是网络。通过网络社交工具,网红们获得了大量的曝光率,赢得了不少人的持续关注,也遭到不少人的评论、争议,从而聚拢起超强的人气。

网红最常活跃的平台包括微博、知乎、天涯论坛、土豆、优酷、豆瓣等。

1. 微博、知乎、果壳

微博是网红 3.0 时代最常被使用的社交工具。微博时代,一些人气大 V 所凝聚起来的粉丝,往往蕴含着超乎人们想象的力量。生活中最常被人们使用的有新浪微博与腾讯微博。

一些网络名人借助微博发声,能够获得更加多的人气与关注。比如,因参加新概念作文大赛而声名鹊起的韩寒,其微博下聚集的粉丝已经达到了 4 000 多万。因为太多年轻人追捧韩寒,社会上甚至一度出现了"韩寒效应"。韩寒出书,粉丝第一时间抢购收藏;韩寒拍电影,粉丝争先观影;韩寒晒出女儿的照片,立刻就有不少粉丝前来捧场,甚至戏称韩寒为"国民岳父"。

微博曾经捧红了不少的网络红人,也受到了不少网络红人的青睐。微博同知乎与果壳一样,是知识类社交平台。在这类平台上,大 V 们往往能够凭借对某一专业领域或学术领域上的较深见解,提供给广大博友更加优质的内容、更加精彩的回答以及更加有深度的博文。相较于其他的平台,这些知识类社交平台上的粉丝数量虽然不多,但是质量却很高,而且黏性也很好,极少会出现僵尸粉。不过,因为该类平台的主要定位是知识分子,大 V 们一般不会把流量转化为商业用户,并且也不愿意将之商业化。

2.天涯论坛

最早的网络红人基本都是在论坛里面诞生的。比如,从水木清华与北大未名论坛走出的"芙蓉姐姐",从天涯煮酒论史版块走出的"当年明月",从汽车论坛走出的"天仙妹妹"。

论坛诞生之初,主要是方便大家交流、互动所用。后来,有一些人开始在天涯论坛发表一些有见地或者有趣的帖子。一些观点独到、内容新颖或者是迎合大众审美与各类心理需求的帖子往往能够受到广大网友的追捧。这种情形下,一些有心之人便开始借助论坛发帖为自己宣传造势。比如凤姐,曾经提出了高得离谱的征婚条件,吸引了一大批网友的注意。而凤姐也非常善于为自己宣传造势,很快就成为网络红人。

论坛的推广宣传作用也渐渐被人们所重视。目前,很多网络水军在为商家进行宣传推广的时候都不会忽略论坛这个重要的版块,也是因为论坛对商家的宣传造势能够发挥出非常强大的助推力。

3.土豆、优酷

相比于论坛、微博等平台的文字、图片形式,土豆、优酷等视频网站所发布的视频,似乎更受当前智能手机用户的喜爱。

不少智能手机用户也喜欢在闲暇的时候看个小视频以作消遣。这其中最受瞩目的无疑是那位集"才华与美貌于一身的姑娘"——papi酱。早在 2015 年 8 月,"pɛpi 酱"在微博上发布秒拍视频《超实用的男性生存法则!》,获得了两万转发量。到了 10 月份,她尝试用变声器发布原创短视频内容,在短短几个月内,微博粉丝量迅速达到了 500 多万。在微博累积了一定粉丝量之后,"papi 酱"转战微信,短短五个月时间,便狂聚 1 000 多万活跃粉丝。此外,"papi 酱"原创视频在优酷的视频播放总量则高达 4

000 多万。其中《上海话＋英语》的单个视频播放量就达到了 230 万。在二次元集聚地 B 站(哔哩哔哩),"papi 酱"投稿的 23 个视频总播放量达到了 1 000 多万。

视频秒拍,成就了这个集美貌与才华于一身的姑娘,将她推上了 2015 网红第一人的宝座。秒拍视频之中,"papi 酱"通过夸张的表演,吸引了大批粉丝的注意力,快速地扩大了粉丝群规模。

4. B 站

哔哩哔哩是中国一个 ACGN(Animation、Comic、Game、Novel)相关的弹幕视频分享网站,又被称为 B 站,其前身为视频分享网站 Mikufans。该网站的一大特色就是实时评论可以悬浮于视频上方,是较早提供该功能的视频网站。

B 站丰富的视频分类,充实有趣的视频内容,吸引了不少网络红人的关注投稿,这让 B 站的知名度不断攀升。在这个网站上活跃着大量的原创视频网络红人,自称为 up 主。为了保持粉丝的持续关注热情,up 主需要保证上传视频的质量与频率。而 up 主上传视频多是因为兴趣、爱好,其变现的动机较弱。

5. 抖音等短视频平台

自抖音成立以来,用户增长便呈现出迅速增长态势。2017—2018 年更是增长飞快,抖音用户规模超过 2 亿人。2017 年 6 月至 2018 年 6 月为期一年中,2017 年 7 月安装有抖音短视频 App 的设备数量为 2 257.5 万台,到 2018 年 5 月便达到了 21 371.1 万台,突破 2 亿。抖音想要打造的是一款垂直类音乐舞蹈类的短视频社区。从它的目标来看,目标受众也是年轻人居多。抖音短视频平台上的女性用户占比达到 54％,25～34 岁的人群占比最多,达到 41.88％。年轻人对新鲜事物的接受程度较高,对短视频创作的创新程度也相对较高。

从整体来看,抖音的用户群体年轻化。年龄层次相对较高,基本以青年群体为主,但不乏部分未成年人用户注册并使用抖音平台。抖音上视频内容种类繁多,部分炫富、攀比、毁三观的视频内容对青少年可能会带来消极影响。

二、网红经济产业链解析

(一)网红产生的核心要素

网红的诞生需要一定的契机与土壤,其中,有三个核心要素必不可少,这就是情感认同、兴趣集中以及娱乐需求。

1.情感认同

从我们自身的感受来说,当在网络上浏览到能够引起共鸣的内容之后,我们会自发地在社交平台上分享相关内容,并会与网友展开热烈讨论。

网红所必备的一个要素就是能够与广大的网友产生情感的共鸣,让网友们对其所陈述、所表现的内容表示出情感认同的同时,喜欢上自己,进而进一步发展成为自己的粉丝。

就拿网红第一人"papi 酱"来说,在众多浓妆艳抹的网络女主播中,"papi 酱"的妆容几乎可以算作是素颜了。可是,这个素颜的"papi 酱"为什么能够赢得诸多粉丝的追捧与热爱,很大一部分原因,就是因为她所发布的视频,总是能够引起人们的情感共鸣,让人们在会心一笑的同时,心有所感,有所触动。

比如,"papi 酱"的原创小视频《没事别逛家具店》,就生动形象地表达了人们买家具时遇到的各种奇葩事情。原本是要买一张桌子的"papi 酱",在逛家具店的过程中,看到什么都觉得家里正缺,于是,买了插线板、脏衣篮、衣架、桌布、鼠标垫、两张桌子、四把椅子、椅垫……此外,为了把家里的衣橱填满,还去逛了街,花了远超预算 500 倍的钱。

的确,对于女性来说,任何人都不缺少逛街的经历。逛街之时,女性那强大的联想能力,简直就是超强的购物推动器,看到什么都觉得自己家里需要,而且还能找到非常恰当的借口来说服自己购买。该原创视频播出后,粉丝们给予了热烈的回应。

数万条的分享与留言,说明"papi酱"的经历引起了很多人内心深处的共鸣。而这种贴近人们日常生活的视频内容,很轻易地就吸引了粉丝的目光。让粉丝们在轻松一笑的同时,也对自身的类似经历深有同感。

不得不说,这个集美貌与才华于一身的女子,真的非常聪明。她非常善于捕捉人们的心理,创作出能够引起人们心理共鸣的东西。而这些东西也让她变得更加接地气,更受粉丝的欢迎。

对于任何一个网红而言,其所表达的内容能够吸引粉丝产生情感认同都非常重要。只有具备了这一特点,网红才能紧紧吸引粉丝的注意,不断增加自己的粉丝数量。

2.兴趣集中

除了情感认同,还有一种模式,就是大家还要有共同的兴趣。只有具备共同的兴趣爱好,粉丝们才愿意与你交流互动,愿意会聚在你的旗号下。这也就是为什么知乎、天涯、微博等以传递内容为主的平台上可以产生大量的大咖。共同的兴趣,有助于增强粉丝的黏性,让粉丝持续关注网红。

如果我们曾经关注过微博或者是那些知名的视频网站,就会发现,那些能够长期霸占我们视线的,几乎都有一个共同的优势——善于发掘生活,擅长讲故事,勾起你的兴趣。比如宋小君、颜夕谣、安梳颜等这些作者总是能够举重若轻地将大家所感兴趣的话题,以更加生动形象、吸引眼球的小故事形式表达出来。这些带着温馨、伤感、励志等不同情绪的小故事中,凝聚着作者的才华与情感,最终吸引了大批粉丝的追捧。

在当当网的销售平台上,有这样一本书,曾经一度占据着畅销榜的榜首,这本书就是《从你的全世界路过》。该书作者,就是"微博上最会写故事的人"张嘉佳。自从2013年该书出版就收获了一路的荣誉:上市之后,连续两周位居当当网、亚马逊以及京东的图书总榜冠军。上架仅仅 6 个月销售超 200 万册。2014 年 3 月,该书入选"第五届中国图书势力榜文学类十大好书";12 月 11 日,该书获得亚马逊年度图书总榜第一名、Kindle 年度电子书收费榜的第一名、京东年度青春小说榜第一。张嘉佳也荣登了亚马逊年度畅销书黑马作家榜的冠军之位。

张嘉佳讲述的故事总是很吸引人,他具有极强的文字功能,能够在字里行间传递出明媚、温暖、绝望等多种情绪,用人们在生活中最常见的场景,拉近与读者之间的距离。而擅长驾驭文字的他,更是被称为"南大第一才子"。用文字,他吸引了众多与他有着共同兴趣爱好的人,共同来品味生活中的点滴波澜,共同来欣赏那些或许平淡但却让人心潮澎湃的故事。

张嘉佳的成功不是偶然的,而是聚合在微博阵地上粉丝力量的一种爆发。聚合粉丝兴趣的网红,所创作出的产品,才可能赢得粉丝的买单。

3. 娱乐需求

在生活节奏日益加快的移动互联网时代,娱乐需求已经成为人们日常工作之外进行消遣的一种主要方式。那些能够让人轻松一笑、精神放松的网络红人,也能收获很好的关注度。

比如,前一阵网络上曾经的网络红人"搬砖小伟""吃货蝙蝠侠""夏贱贱 BOY"等。他们在现实生活中都是社会最底层的人,最终在大家都关注的快手秒拍短视频中,逐渐引起了人们的注意。

这些草根网红的视频内容或者令人称奇或者惊悚,又或者让人不忍直视,但是,这些视频有一个共同的特点——满足了网民重口味的需求。因此,在草根群体中俘获了大量的粉丝,与之相应的也就是丰厚的回报。

他们在拍摄这些视频的时候,需要承受极大的风险,但是,他们却甘愿去这样做。因为他们很明白,在这个现实的社会,打工无法改变他们的命运,可是成为网红却让他们看到了一线希望。

网红的身份代表着丰厚的经济价值,鉴于此越来越多的人开始加入这一行业,梦想着自己有朝一日能够引起人们的关注与支持。在他们看来,网红不像明星那样要求"高大上"的出身,只要自己能够提供吸引人的内容,就能获得大量粉丝。而粉丝,对于网红而言,就是最大的财富。

(二)网红分类

网红最常见的分类有三种,即电商网红、内容网红与名人网红。下面,我们就来看一下这三类网红的特点以及经常出没的平台。

1.电商网红

电商网红主要由一些小模特、小设计师或者是淘宝的卖家演变而来,他们的主要特点是年轻时尚、懂得搭配并且经营着淘宝店。他们很善于在社交媒体上利用美图来呈现自己的穿搭、宣传自己的新品,在频繁与粉丝互动的过程中,在电商平台上实现变现。

电商网红与名人网红、内容网红不同,他们想要吸引大量粉丝的关注与喜爱,需要具备出众的颜值和气质。同时,还需要网红孵化机构的协助进行宣传造势,借助后者提供的店铺运营、供应链管理等达到变现的目的,并与网红孵化机构进行分成。

如 2015 年淘宝的"6·18 大促"中,在销量排行前十的淘宝女装店铺中,有七家店铺为网红店铺,电商网红的数量达到了中国网红总量的一半。

从这些电商网红所爆发出的强大价值潜能,我们不难看出,网红经济已经成为新经济形势下的一个全新经济角色,体现出了互联网在供需两端所形成的强大裂变效应。不仅如此,电商网红还为制造商、设计者、销售者、服务者与消费者搭建了一条全新的链接,为互联网融合全新的经济模式带来了极大的活力。在电商行业成为网红,一般来说要同时具备下面几个要素。

第一，必须要有敏锐的审美。对于电商网红来说，如果不具备敏锐的审美，也就失去了成为电商网红的资格，毕竟这是基于某个行业的基本判断能力，没有这个能力，根本就无法设计出最时尚靓丽的穿搭。

第二，要有极佳的个人魅力。个人魅力不能用语言进行表述，然而却能够在举手投足之间吸引大家的注意与喜爱。对于电商网红来说，这种个人魅力或者是一种绝佳的气质，或者是一种亲和力。只要能够让粉丝买单，这种魅力就是值得认可的。

第三，拥有社交圈或者是生活圈的影响力。这一点的作用显而易见，只有在某些社交圈或者是生活圈中具备了一定的影响力，才可能将粉丝引流到电商平台，最终达到变现的目的。

2. 内容网红

内容网红，简单说来，就是靠着精彩的内容吸引粉丝、留住粉丝，让粉丝成为你的追随者。在当前，内容网红绝大多数是以自媒体的形式表现，主要通过微博大 V、微信公众号等传递原创的内容，其形式多种多样，包括段子、漫画、评论、视频等。这些内容有的是幽默风格，有的是辛辣点评，还有一些是创意十足的风格，这些独到的个性化风格往往能够引起网友的关注与喜爱，使内容发布者不断聚集起粉丝。

与视频网红中的网络主播不同，内容网红并不要求内容创作者有多么高的颜值，只要能够提供出优质的内容就能获得粉丝的买单。

2016 年 5 月份，"罗辑思维"创始人罗振宇曾策划了一次"papi 酱"广告招标会。起拍价格为 21.7 万元，随即一路走高，最终定格在 2 200 万元。这个价格，成为"新媒体史上第一拍"，重新定义了人们对自媒体以及网红价值的认识。

其实，在自媒体刚刚开始显现出巨大的潜力之时，不少传统的媒体人就已经开始心痒难耐，甚至有很多的传统媒体人还辞了职，专门开设了公众号干起了自媒体。一些小城市的草根网红也架起手机开始寻找全新的赚钱渠道。

罗振宇、吴晓波等一批人属于最早经营自媒体的群体,他们已经凭借着优质的传播内容征服了大批网友,现在已经聚集起较多的粉丝。

内容创作者的商业价值得到了前所未有的肯定。在这种经济发展形势下,越来越多的内容创作者们开始对网红这条路趋之若鹜。不少人甚至还不清楚自己究竟要创作什么样的内容,就仓促地投身到了内容创业的洪流中。也有不少自媒体在极短的时间之内就斩获了丰厚的回报,但是在接下来的竞争中则可能会被残酷地淘汰出局。

眼光独到的投资人在这众多的内容创业项目中仔细甄别,冷静而清晰地辨别哪些才可能是"内容红利"期真正的黑马。当今网络上,内容网红成为人们喜爱的首选,优质独特的内容在吸引粉丝支持与喜爱的同时,也为内容制造者带来了巨大的经济利益。当然,在这个时代,想要做好内容,还需要注意这样一些问题。

第一,"内容红利"时代,竞争也在大幅加剧。随着微信成为越来越多人所依赖的社交平台,人们获取信息的方式也在逐渐发生着变化。这就催生了"微信公众号"这样一个信息传递的平台,这个平台也成为自媒体最大的创业平台。

在8亿多的微信用户中,80%以上的用户至少会订阅一个公众号,微信这个平台,让公众号具有了流量变现的能力。优质独特的内容对平台来说是至关重要的,是其吸引用户、留住用户的关键因素。正因如此,优质的内容才越来越受到人们的重视。如今,众多的门户网站、百度百家、今日头条等平台开始重视自媒体的潜在价值,对自媒体采取大力扶持计划,为的就是能够吸引到诸多的优秀内容创作者到自己的平台安家。

内容与平台的关系表现得最紧密的就是"直播"。比如映客,因为涌现出了诸多的优质网络主播,在不足一年的时间里,估值就超过了30亿元;而许多主播也借着映客这个平台名利双收。

万合天宜首席财务官陈伟泓曾这样说："网红是自带流量的自媒体。"而紫牛基金创始人张泉灵也认为，"最头部"的创业者才具有足够的投资价值。之前，她曾经与罗振宇一起投资过"papi酱"，目前的估量已经达到了3亿元。

随着微信公众账号等内容输出平台的注册用户不断创新高，内容平台的竞争出现了愈演愈烈的趋势。内容创业的竞争模式正在逐渐由野蛮生长过渡到有序竞争。在这个阶段，内容输出有三种突出的表现：从单一的图文形式向图文、语音、视频与直播等综合模式转化；内容输出平台的多极化；内容创业模式的多元化。这三个方面的表现，无一不说明，当前的"内容红利"期也并不是一片太平，而是充满着激烈的竞争与挑战。

第二，在做好内容的同时，想好如何变现。在互联网经济大潮不断汹涌的时代，内容创业者在创作内容的时候已经不单单只是因为热爱，而是为了变现。出于这一目的，内容创业者们一方面要创造出更加优质的内容，另一方面也要考虑好变现的方式与方法。懒熊体育创始人韩牧这样说："如果只是内容本身，它的价值会非常有限。"因为考虑到了这一点，所以懒熊体育将自己进行了重新定位，从一个体育商业的报道机构转为"体育产业助推器"。

对于媒体而言，缺少的从来不会是内容，优质的内容只是它们获取用户的一种手段，媒体最终经营的其实都是用户。作为内容的创作者与平台方，他们所要做的，实际上就是通过内容来圈住用户，继而深度挖掘商业价值。

第三，避免走上内容创业的这些"坑"。著名的自媒体魏武挥认为内容创业主要有四个坑：广告、电商、IP与估值。在自媒体盛行的时代，魏武挥认为，目前广告主的报价有点"虚高"。更加详细地解释，就是在传统媒体的阶段，经营较好的杂志也许会有10万个订阅者，因此会收取更加高昂的广告费。不过，在当今的网络时代，一则公关软文在汽车圈里就能卖到10万块，他指出这是不符合常理的现象。并且他还预言，"这个'泡沫'会慢慢破掉"。

　　而说电商是个坑则是因为，这是被绝大多数创业者认为最现实的变现模式。但魏武挥却提醒内容创业者们，想要涉足电商领域，意味着你要进入一个完全陌生的领域。而电商所包括的仓储、物流与客服又会造成成本的增加，这显然是得不偿失的。

　　而对于目前最被人看好的 IP，魏武挥也认为需要谨慎对待。真正能够成为 IP 的内容，必须是那些经过多年积淀，被大众所认可的内容，比如说《哈利波特》《魔兽》等。

　　想要轻轻松松就成为网红，几乎是不可能的事情。成为网红的前提条件是，既要创造优质独特的内容，又要能够避免一些浮华的"泡沫"与"深坑"。只有谨慎用心，小心前行，才可能成为真正有价值的内容网红。

3. 名人网红

　　所谓名人网红，就是指那些本身已经具有一些名气的人，走向网络社交平台来更进一步提升自己的人气，或者为某个项目、活动、企业做宣传等等。

　　比如说曾经的微博话题女王徐静蕾、姚晨等，本身是名人，更是知名的微博大咖。乐坛小天王周杰伦与"国民老公"王思聪在游戏直播平台上对战《英雄联盟》，吸引了千万人观看；知名影星刘涛、陈赫等也纷纷入驻直播平台。甚至一些企业家李开复、雷军、罗永浩等也在网络上保持着极高的活跃度，不仅开微博发声，还在一些专业的互联网网站开辟了自己的专栏。

　　挖掘网络价值并不是国内独有的趋势，而是当今国际社会的共同趋势，一些外国政要纷纷开通了微博，与网友进行亲密互动。在沟通内容方面，这些国外的"名人网红"也很善于找到那些轻松、亲民的话题。当然，也会涉及一些比较严肃的话题，比如政治、经济、安全方面等。

　　当然，对于大多数微博来说，实际上并不是名人自己亲自在经营，而是有着专业的代管理人员为其操作。不过这并不意味着这些名人对自己的微博就不关心，相反，他们非常关心自己的微博。像印度总理莫迪在开通微博之前就进行了充分的调研与准备,以色列前总统佩雷斯更是称"在微博平台与网友对话是个'好主意'"。

名人网红在互联网越来越活跃,其中反应了一个明显的问题。随着互联网的不断发展,全球化已经成为一种趋势,名人们为了维持自己的人气,获得更多的支持,就会更加重视每一个与粉丝互动的机会。很显然,网络就是这样一个必不可少的互动渠道。

名人网红和其他网红的最大区别在于,名人网红在网络上进行活动并非是出于变现的目的,而是为其本职工作做宣传,为其线下活动宣传造势,增强线下事业的变现能力。

(三)网红现象的应对措施

1.监管者:建立完善的监督机制发挥引导作用

就像是我们在前面所说的那样,网红经济的发展离不开社交平台,这是由视频产业的特点所决定的。不管是长视频、短视频还是直播,都无可避免掺杂着一定的社交属性。直播之所以能够变得火热,最主要的一个原因就是它能够借助优质的内容与观众达到更好的互动。花椒、斗鱼等直播平台的涌现,从某种程度上也说明了直播平台拥有着强大生命力。对此,曾经有业内人士指出,直播行业在未来一段时间之内的内容会趋向于专业化,这样便能拥有更加强大的变现能力。

作为一个新兴的经济领域,网络直播爆发出来的强大经济潜力,吸引了越来越多的人参与其中,而网络直播也被越来越多的国人所熟知。文化部文化市场司司长刘强曾公布了这样一组数据,网络直播平台的用户数量已经达到了两个亿,在每日的高峰时间段,大型的直播平台大约会有三四千个直播"房间"同时在线,最高用户浏览量可达到二三百万人次。

簇拥者使得网络直播拥有了生存空间,与此同时,网络主播的收入也越来越丰厚,并因此而引起了大众和媒体的关注。比如国内知名网络主播 Miss Angela 拥有粉丝十几万,她通过直播,每月的收入都可达到 5 万元,最多的时候甚至能够超过 10 万元。

在国内,网络主播这个行业的门槛极低,只需要在网上完成注册、绑定银行卡、上传身份证就能立即开通,并且这个行业对主播没有年龄限制。这也就形成了这个行业百家争鸣的景象,大学生、白领、宅男宅女、游戏玩家等等,都可以轻松进入这个行业,一展身手。

近些年,网络直播平台的市场规模也在加速增长。然而,繁荣的直播行业内部也不乏不和谐因素。一些网络平台受到利益的驱使,不惜以低俗劲爆的内容吸引网友的注意,拉低了直播行业的整体水平。例如某平台女主播"狐狸笨笨笨"曾悄悄携带摄像头企图混进重庆大学艺术学院的女生寝室进行全程直播,后幸被该院女生宿舍的宿管以及保安及时阻止,才没有造成更加严重的后果。

网络直播平台出现这种乱象,其实也是在给相关的部门提醒。想要让网红经济朝着健康的方向发展,适当的监管非常有必要。新晋知名直播平台"饭爱豆"负责人之一的 Sarah 就这样认为,网络直播最好还是靠实力说话,而不是靠着走歪门邪道、打擦边球吸引观众的关注。对于网络直播平台和网络主播来说,有些底线是不能触碰的。

网络直播火热与乱象并存的现象引起了监管部门的高度注意。2016 年 4 月,文化部就曾查处了 19 家不规范的网络直播平台,对此,业内专业人士表示,国家有义务对直播行业进行规范。比如,什么样的人可以做主播,什么样的内容可以播,什么样的内容不可以播,等等。

网络的繁荣,为自媒体的发展提供了温床。但是事物发展都有两面性,对于网络中那些不利于和谐社会发展、低俗、无底线的内容,需要相关监管部门有效地监管。

在政府部门对网络直播平台进行监管的时候,2016 年,百度、新浪、搜狐、爱奇艺、优酷、映客、乐视、酷我等 20 多家从事网络直播的企业负责人也共同发布了《北京网络直播行业自律公约》。他们公开做出承诺,其平台上所有的主播都必须进行实名认证,同时,将不允许 18 岁以下的未成年人成为主播。除此之外,在直播中有涉政、涉黄、涉暴、涉枪、涉毒等情节的,将会被列入主播黑名单。

为了营造更加健康良好的直播环境,一方面需要直播平台积极自律,另一方面也需要官方展开相关的监督行动。文化部文化市场司副司长刘强表示,今后文化部将会重点建立长效的管理机制。第一,将会快速出台规范网络表演管理的相关政策,对经营主体、事中事后加强监管力度,规范表演的关键环节;第二,采取警示制度与黑名单制定,违规网络平台以及违规的"主播"将会被关进"黑名单"。借助这样的信用惩戒机制约束网络直播平台以及网络主播的行为,促进行业自律。为网络文化市场的发展创造更好的文化环境,打造更好的经营秩序。相信,在网络平台进行自我约束,以及政府部门大力监管之下,网红经济将会获得更为长足的发展。

2. 传者:坚持内容为王,打造专属品牌效果

2016 年,百度发布了一份《95 后生活形态调研报告》,报告中,重点提及了这样几个数据:"95 后"的总量约为 1 亿人,与"80后""85后"相比,他们从一出生就与互联网相伴,可谓是移动互联网上的土著。他们经常在网上浏览信息,密切地关注着网络中发生的热点问题与事件,他们也非常认同互联网上比较流行的呆萌、高冷、宅等流行的价值观。

这群人看重社交与娱乐,迷恋弹幕和美颜,喜欢发"表情包",有个性,懂时尚,敢想敢做。

就是这一部分人,成为移动互联网以及网络社交平台最有黏性的一批用户。而也是这批用户,为网红的发展提供了有利的成长环境以及社会基础。

一位资深的媒体研究者曾这样说:"说通俗一点儿,网红其实

就是自媒体时代,活跃在网络世界里的明星。他们的出现,改变了传统的'造星机制',让许多人的成名门槛降低了不少。"在过去一位明星想要成长起来,不仅需要一个成熟的经纪公司帮忙打造,还需要具备音乐、表演等各方面的才艺。其经纪团队为了更好地对明星进行宣传推广,也需要参与一些演出、出版或者影视企业的活动。但是在当今的发展形势下,网红这一群体突破了相关的行业束缚,仅仅依靠鲜明的个性、独特优质的内容就可以吸引粉丝的注意与喜爱。

与明星相比,网红不需要别人来赋予和界定权力,他们只需要创造出优质的内容,维护好用户,就能够吸引流量、创造价值。

"罗辑思维"创始人罗振宇从 2015 年开始就在关注国内的网红现象,在看到网红所呈现出来的一种趋势性革命的时候,他果断地开始在网红领域进行投资。

罗振宇认为:"上一代市场的核心资源是'组织力'＋资本,企业的发展需要巨大的资本支撑,但在未来的市场上,资本的价值会逐步低落,'组织力'仍然非常重要,'魅力人格体'则会因为稀缺而更加重要,它可以将产业链上的其他资源聚合起来。"

何谓"魅力人格体",通常来说,其实就是网红自身区别于他人的独有性。就拿 2016 年的网红第一人"papi 酱"来说,她之所以会火,就是因为她拥有自己鲜明的个性特征。比如说,其视频节目的选题设计就较为独特,其自身所表现出来的灵动与鲜活,极其贴近现实生活,契合了年轻人的娱乐需求。

自媒体繁荣,网红大量涌现,也开始催生全新的商业模式。网红代言广告,网红经营淘宝店,网红直播打赏等,让网红的变现渠道变得更加丰富起来。

与此同时,社会资本开始大量涌向网红领域,这也让该领域更加地风起云涌。一位业内人士这样分析:"资本之所以关注网红,是因为网红顺应了时代发展的趋势,更受年轻人的喜爱。但是投资网红也需要承担不小的风险。毕竟网红之所以会火,依赖于特殊的粉丝群体,优质、稳定的内容生产是获取海量粉丝的前提。假如网红的创作能力下降了,投资人可能就要面临风险了。"

虽然投资网红有一定的风险性,但这并不妨碍投资公司的"铤而走险"。投资公司看重的是网红背后的强大粉丝基础,网红个人会以怎样的形态参与到变现过程中非常重要。因此,他们围绕着网红本身的内容创作,开始延伸其产业链条,其中就包括网红的内容生产、经纪服务链条、平台服务链条、衍生的全链条以及资本整合的链条。

投资那些知名度高的网红可能获得高额的回报,这也让网红成为资本市场的新宠。

然而,当网红经济掀起一股又一股投资热潮的时候,也给我们带来一种全新的思考。

在目前,不少"网红孵化公司""网红培训中心"的核心业务就是满足某些年轻人想要成为网红的心理需求,在妆容、形体、肢体动作、语言以及自我营销等方面对其进行全方位的包装。这样的社会风气对当下年轻人的成长来说,可能不会起到积极的引领作用。如果年轻人认为拥有一张漂亮的脸蛋,就可以轻松出名,或者拥有更多利益,这在某种程度上会助长社会的不正之风,对青年一代的价值取向有着不良的引导作用。

而一些人为了成为网红,也突破了自己的道德底线,炫富、色情等低俗的内容在网上大量涌现,成为互联网监管难题。仅在2016年初,斗鱼直播平台就两度被曝涉黄。无独有偶,熊猫 TV在同年的 3 月份也被曝光不雅的视频截图。

一方面,网红经济蕴藏着巨大的发展潜力,另一方面,一些低俗的内容也在不断涌入互联网,给网红经济带来了新的考验。面对当前的发展形势,网红经济的前景到底如何,仍然是一个需要关注的问题。

从网红经济的内在发展逻辑上考虑,想要在当今社会走得更远,就需要在整个社会精神文化领域对网红进行重新定位。而在商业链条的发展方向上,也迫切需要规范的道德标准、净化手段以及相应的监管机制。唯有如此,网红经济才有可能朝着正确的方向健康地发展,成为推动社会经济前进的全新的力量。

3.受众:提升媒介素养,增强批判能力

自媒体时代的到来,一定程度上也是信息爆炸时代的到来。作为受众,我们似乎已经被浩瀚的信息所包围,各种媒体或传者一方更是以各种方式将信息推送到我们面前。大量碎片化的信息使得我们逐渐习惯了浅阅读,这种阅读习惯对我们精进技能与知识并不能起到积极作用。

我们要提高自己对信息的分辨与批判能力。面对传播内容的泛滥,要打造良好的网络环境仅仅靠监管者的监管和把关力量是远远不够的,现在有害信息仍屡禁不止,网络上充斥着一些虚假信息、色情信息、垃圾信息等。还包括一些隐性的有害信息,如反社会信息、颓废信息、攻击性信息等[1]。作为受众的我们需要提升自己的媒介素养,提高判断力,在浩如烟海的信息中挑选出真实可信、深度有意义、可以为我们所用的信息,自觉规避并及时举报虚假、色情、垃圾信息和隐形有害信息,避免被不良信息所污染。

除此之外,要增强自己的批判能力。面对推送来的、质量良莠掺杂的信息,只做到规避不良信息是不够的,还要批判性地看待这些信息。结合自己的经验,对提供来的信息加以独立思考,分辨它的质量好坏,甚至揣摩它暗含的想要传达的价值观。不再只是依赖于外部世界,而是多思考,批判性地看待它们,继承和利用有价值的信息的同时不被有害信息"侵蚀"。

第四节　全媒体的崛起

全媒体是一个与国内传媒行业紧密联系、并逐渐受到高校相

---

①　钟瑛.网络传播伦理[M].北京:清华大学出版社,2005:7-20.

关专业重视并付诸教学改革实践的概念与提法。由于全媒体这个概念从字面上看相对较新,同时又与以往的多媒体有着密切的关联,因此学界并没有特别地为全媒体确立准确、权威的概念性解释。在这种情况下,可以通过全媒体概念的发生、发展以及在不同行业中的表现来分别进行描述、分析,最终也会对全媒体有一个较为全面的论述,对于新闻传播、高等教育等行业都会有积极的理论研究意义。

一、全媒体的概念与发展趋势

(一)全媒体的概念

全媒体并不是"舶来品",没有合适的外文名词与之对应,而是由中国传媒行业率先提出的一个概念,与传媒行业报道新闻的方式改革密切联系。从媒体运行方式来看,全媒体指将采写的相关视频、音频、图片以及文字稿以原始资料的形式归入媒体库,再根据不同的媒体类型进行二次编辑与生产,在不同的传播渠道中使用不同形态的新闻产品,节省了反复收集与初步处理素材的时间(图 7-1)。

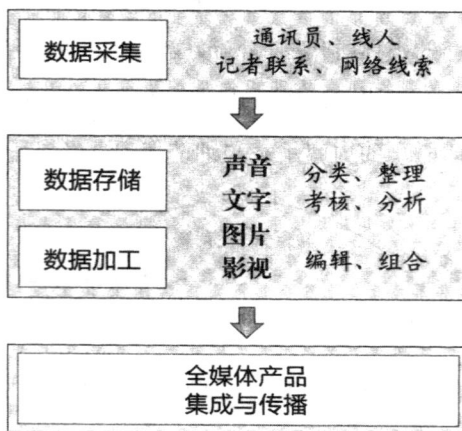

图 7-1　全媒体产品生产流程

　　举例来说,针对一条新闻报道,首先将相关素材归入媒体库并进行初步的编辑、整理。接下来,针对报纸媒体,可以选择图片、视频截图和文字进行文稿编辑;而对于网络媒体,既可以输出报纸媒体内容的电子版,还可以扩展为结合了视频、音频、图片与文字的影片格式,同时将影片放置在门户网站、视频网站或者博客、微博等媒体上供网友观看、下载、转发和评论。这是带有传媒色彩的全媒体基本含义。

　　围绕全媒体先天的传媒特征,上海交通大学姚君喜教授认为:全媒体首先是伴随着作为数字媒介技术平台下的媒介融合而出现的概念,旨在建构一种全新的媒介生产和传播的技术平台,随后则演化为一种全新的媒介运营模式,并由此生发出了对媒介内容的生产、传播、消费等传统形式的颠覆和再造等内涵。常见的全媒体理论研究还包括媒介运营说、媒介形态说、媒介整合说、媒介营销说等,将全媒体看作媒介观念、媒介形态、传播手段、信息生产方式、媒介运营形式等,这对于我们更好地理解、认识全媒体都是大有裨益的。

　　以全媒体的传媒内涵描述为参照,外延开来,则可以扩展到多种媒介形式并存的媒体时代层面,形成较为宏观的全媒体的时代性概念;而向内看,融合了多种媒介形式的影片也被称为"全媒体",这是一种作品性的描述,可以看作全媒体概念的内容承载与细节表现。经过了概念的延展与细节提炼,结合概念主体,就形成了当下全媒体概念研究的三层结构,即媒体时代背景、传媒行业推动与实体作品(图 7-2)。

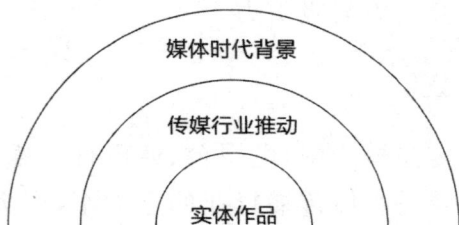

媒体时代背景

传媒行业推动

实体作品

图 7-2　全媒体的三层结构

三个方面互为联系,相辅相成。比如,传媒行业对全媒体概念的推崇离不开对媒体时代的考量与把握;而实体作品是传媒行业相关理念得以实现的基础与前提。

(二)全媒体时代新闻传播发展趋势

进入 21 世纪,随着全媒体时代的到来,媒体机构的扁平化、新闻生产的全民化、管理机制的去中心化、社会共识的聚合化成为新闻传播变局的基本特征。我们可以将其进一步浓缩为"全球、全民、全媒"这三个总体趋势。

1.全球化趋势

在传统的传播观念之中,新闻传播的界限大多是国家界限或者民族界限。然而随着信息技术的不断发展与创新,全媒体的传播范围开始逐步覆盖全球各个地域,例如 CNN(Coble News Network,美国有限电视新闻网)和互联网等。另一方面,新闻的生产过程也逐步走向"全球化",也就是说新闻从一开始产生,至采集、编写、流通到接收等一系列环节都是在全球范围内开展进行的。

根据当前新闻传播的实际情况,传统的"内宣"与"外宣"传播观念已经不符合最新的社会及传播形势。当前不管是选择对内传播还是对外传播,作为媒体从业者都要用更加开阔的视角与格局来看待传播本身,要善于灵活应用媒体传播的普遍规律,使传播语言更加通俗化、生动化、生活化,更加易于被受众所接受与理解。这样一来,传播内容的感染力就大大增加,在一定程度上增强了媒体传播的公信力与吸引力。

2.全民化趋势

传统的媒体传播模式中,电视台、通讯社等媒体传播机构,以及专业的媒体记者是媒体传播行业的主力军,广大的读者和听众是接受者和倾听者的角色,被动地接受来自媒体传播的各种新闻信息。

移动互联网的普及、iPad 等随身移动媒体的兴起，使得以往的受众群体找到了发声的新渠道，能够变身为新闻消息的传播者，大大地丰富了新闻传播的内容和形式，刷新了媒体传播的模式。"新闻全民化"成为媒体传播行业未来发展的鲜明趋势。

3. 全媒化趋势

传统的新闻生产和传播机制是以报纸、通讯社、广播、电视、互联网、社交媒体等多种形式来分别展开，而当今"媒体融合"已经成为新闻生产和传播的常态模式。"全媒体"的新闻生产既包括文字、图片、影像、音视频等传播介质的综合运用，也包括各种类型媒体机构属性和职能的融合，彻底颠覆了原有的媒体品类和经营模式。说得通俗些，"报社不仅仅办报纸"，"电视台不仅仅播出电视节目"。

我们现在所说的《纽约时报》，已经不再是一张报纸，其主要收入来自于网站及其各种类型的衍生产品。2013 年 8 月，亚马逊网站的创立者贝索斯以个人名义收购了"百年老报"——《华盛顿邮报》，引起了舆论的广泛关注，这是首次由一位生于互联网时代、没有任何传统媒体从业经验的"数字土著"来掌管一家全球知名的老牌报纸。尽管目前贝索斯并未公开谈论他的战略构想，但有一点可以肯定的是，他要用"全媒体"的思维来对传统媒体进行全面升级，正如他近年来把传统实体书店都改造成了全品类覆盖、全渠道流通、全方位服务的在线零售商一样。

在更为微观的层面上，"全媒体"还应当是对新闻叙事结构和话语的大胆创新和实验。例如，新华社的"走基层"报道中利用"中国网事"这一全媒体平台，在"新闻视觉化"和"新闻影像化"的探索上作出了可贵的尝试。央视"走基层"报道中融入了调查新闻所擅长的细节深度挖掘的做法，同时借鉴了纪录片的即时跟拍和戏剧、电影的表现形式，打造出"新闻纪实系列短剧"这样一个融合了多种媒体介质和表现形式的"全媒体"新闻品类。

从更为宏观的层面上看，全媒体的勃兴带来的是"全传播"理念的出现。"全传播"又被称为"整合传播"或"战略传播",即综合运用新闻、广告、公关、营销等多种手段,对"组织"(包括国家、政府、企业、学校和各类社会机构)进行形象塑造、品牌推广和价值观的传递。"组织"的危机传播和新闻发布都可以纳入到以"整合传播""战略传播"为重点的"全传播"范畴,对上述各类"组织"的短期运营和长远发展都会产生不容忽视的影响,应当受到各级决策者、领导者和管理者的高度关注。

二、全媒体时代新闻发布的基本原则

(一)全媒体时代新闻传播的基本规律

在全媒体时代,市场化、商业化的传播规律得到了广泛的采用。这些规律不仅适用于都市报、都市频道等市场化、商业化的传统媒体,也适用于各类网络和社交媒体。

1. 反常放大

当今以市场化、商业化为鲜明特点的传播媒体深谙"反常放大"才能吸引受众眼球的规律,因此在传播信息的时候更加倾向于用"人咬狗""流血"等字眼来作为新闻标题。在微博等及时传播媒体中,一些官员的"个性"语录因为"反常放大"效应迅速传播开来,例如"如果要公布财产,为什么不公布老百姓的财产",并受到了网友的热烈讨论。

网友之所以对此类语言或信息感兴趣,是因为它有别于常态化的语言或信息,利用人们的好奇心与陌生感吸引了其注意。正是因为这个原因,越来越多的"反常放大"新闻逐渐进入人们的视野。

2. 塑造事实,或称"框选事实"

比如,"7·23"温州动车追尾事故,本来是一起严重的交通事故,但是随着时间的推进,越来越多的关于献血、救人的新闻不断被报道出来,使得交通事故逐渐被渲染了一层温情的色彩,冲淡了事件本身的悲剧与消极色彩,扭转了新闻本身的性质。所以,新闻在传播过程中会因为不同的"框选事实"而呈现出不同的效果。

3.逆向思维

微博上看不到政府做的"99％"的好事,总是要挑"1％"的问题和缺点。为什么有些基层官员说互联网太厉害了,最好没有互联网,因为网络媒体遵循的是"逆向思维"原则,鸡蛋里挑骨头,我们的官员还不习惯这种传播原则。相比之下,西方的政府官员都是夹着尾巴做人,整天都在反省、道歉,这是他们国家的媒体和选民用"逆向思维"逼出来的。

4.关注"硬核"

2011年8月,四川会理县新闻办的网站上刊登了一张非常奇怪的照片,三名领导干部"悬在空中",在视察当地工作,所以被网友讥为"悬浮照"。信息发布者使用了照片合成的方法——即PS技术——对两幅照片进行了"去芜存菁"式的拼贴。很多国际媒体也迅速报道此事,批评中国弄虚作假成风。

处理这样的突发事件,会理县的有关部门按照新闻传播的规律,秉持了公共传播中真实、得体、诚恳的原则。在"悬浮照"事件被曝光,受到了网民和国际舆论的批评以后,他们立即开通了微博,把事情的来龙去脉讲清楚,把用于PS的两张照片登出来,承认自己弄虚作假,向全国人民诚恳道歉。这种自曝家丑、抢占舆论先机的做法避免了危机传播学者所谓的"盗雷"效应——即"地雷"由别人引爆,负面新闻由专业记者或微博抢先爆料,再去被动回应就变得非常困难了。

(二)提升新闻发布的有效性

即便是在图像、影像和视觉特效越来越普及的全媒体时代,文字仍然是最基本、最重要的媒介形态。中国人所遵循的"文以载道""敬惜字纸"的传统在今天仍然沿袭了下来。在欧美各国的报业、出版业受到数字化浪潮冲击而全面下滑的情况下,中国、日本、印度等亚洲国家的印刷媒体仍然呈现欣欣向荣的景象。

有鉴于此,语言和文字仍然是全媒体时代的新闻发布必须关注的重要载体。新闻发布首先是一门语言艺术,包含一些具体的策略和技巧,属于修辞学研究的范畴。

1. "化反常为正常"原则

市场化媒体和网络媒体往往遵循"人咬狗才是新闻"式的"反常放大"原则,这种"放大"效应往往会让舆论危机不断升级,由"茶杯里的风波"演变为一场"风暴"。有效的新闻发布正是为了主动引导舆论,消解"反常放大"带来的负面舆论效应。这种策略在修辞学上被称之为"化反常为正常"。这个概念是美国社会学家黛安·沃恩提出的,用来描述人们对一些违规行为熟视无睹的心理定式。危机是一种"反常"或者是"非常态",因此,发言人(或者是官员、专家等)为了平息公众的恐慌情绪,规避"反常放大",有效引导舆论,应当在新闻发布中突出"常规化""常态化"的认知框架。

2. "比照"原则

危机发生后,发言人(或者是官员、专家等)为了平息公众的恐慌情绪,在向媒体和公众解释危机的严重程度时,往往会采用比照的方法。

在大多数情况下,比照并不能取得预期的传播效果,受众会认为发言人是在把自己的观点强加给他们,"站着说话不腰疼",因而无法接受这样的比照。问题的根本主要是发言人进行比照的对象不是处于同一等级上,因而缺乏可比性和说服力。"炭疽病"这样的生物恐怖袭击事件是高风险、低概率的,而交通事故则是低风险、高概率的。后者是日常性的、为人们所熟悉的、可以被控制的；而前者是突发性的、陌生的、超出人们控制范围的。说话人想用"炭疽"危机的低概率（极低的死亡率和感染率）来安抚公众，但公众更为看重的是其高风险性，因此很难接受这样的比照。这种认知上的差异大大降低了传播的有效性。

综上所述，比照原则的实质是全面比照，在处理公共危机的时候，要同时举例说明比这次事件更加严重及稍微轻些的事件分别有哪些，以此来让公众认清楚此次事件的严重程度。

进行比照时还应遵循"认知相关"原则，尽量选择具有相似背景、成因和后果的危机事件，用受众较为熟悉的危机事件来比照说明他们不熟悉的危机事件。

依据"认知相关"的原则，把"炭疽"与交通事故相提并论是不恰当的，发言人可以考虑把它与流感作比照："美国每年死于流感及其引起的并发症的人数超过 1 万，但人们在加强自我防护的同时仍然照常上班、上学、外出购物。炭疽目前的死亡率和感染率都远远低于流感，因此没有必要打乱日常生活，甚至于不敢去邮局寄信。"

3."适度劝慰"原则

危机爆发之初，公众会感到恐惧、无助、担忧，无所适从。这时候，发言人（或者是政府官员、专家等）表达一定程度的劝慰是必要的，但不要过度。在现实生活中，经常听到这样一些言论："天塌下来有政府给撑着"，"放心，你们的困难政府全包了"等。在当前更加开放与自由的传播环境下，这样的劝慰已经不能安抚公众，发言人需要掌握好安抚的度。

对传播效果的研究表明，过度劝慰常常会导致"回火"效应，这也就是常说的"期望越高，失望越大"。危机给公众带来的负面影响是在所难免的，而过度劝慰会使公众认识不到危机的严重程度和负面影响。一旦实际情况与他们的期望有差距，他们便会怪罪于政府，从而影响到危机管理工作的开展。

危机传播的目标不只是让公众暂时平静下来，而是要培养他们理性面对危机的态度:在危机面前既保持镇定,又保持高度的警觉和关注,积极配合政府的工作。为了达到这一目的,应在劝慰公众的同时,让公众认识到危机的严重性,使他们在心理上接受这一现实。当然,在谈及危机严重性的时候,要考虑到危机爆发初期公众心理的承受能力。危机爆发初期对人员和财产损失进行估计时,尽量低估而不要高估,必要时把数字降低到公众可以接受的范围内。总之,遵循"适度劝慰"原则旨在让公众意识到危机已经发生,并且有一定的严重性,但情况并不像人们想象的那么糟。

4."平衡"原则

新闻发布工作应当遵循"平衡原则",这一点在危机发布中尤为重要。发言人应当做到既报喜又报忧,既报灾又报害,既让公众感觉到危机在缓解,同时把危机造成的危害和损失说清楚,不放松各项防范措施。危机爆发后,媒体和公众通常会质疑政府部门只报喜不报忧,只报灾不报害。因此,在表达的方式上可以对好消息和坏消息作出巧妙的安排,贯彻"平衡"原则,采用"捆绑发布"的策略。

新闻发布运用"平衡"原则可以使政府部门显示出较为公正的立场,有利于增强其自身的公信力,一方面能够较为清醒地认识到危机的严重程度,另一方面能够对危机起到一定的挽回作用。

5."不确定性"原则

危机本身充满了各种不确定性,对于这一点,政府部门要勇于承认,让媒体和公众充分了解到这种不确定性。研究显示,医疗纠纷往往发生在那些声称手术方案"包治包好"的医生身上。如果那些医生把手术方案的不确定因素主动告诉病人,那么就能最大限度地避免这类纠纷。同样道理,在危机发布中,发言人(或者是官员、专家等)应当承认危机中的不确定性,表明自己与公众一样感到担忧。这样做一方面给自己留有余地,另一方面可以赢得受众的共鸣。

6."行动信息"原则

危机发布中除了向媒体和公众提供各种事实性信息外,更重要的是向公众提供一些行动信息——即建议他们采取一些简单的应对行动,也就是"指导性信息"。

从心理学的角度来说,人们在危机当中采取一定的应对行为,其恐惧心理就会下降。哪怕是采取一些简单的、细小的行为,也能达到这样的效果。当然,在尽可能的条件下,应当为具有不同背景的公众提供不同的行动方案供他们选择。这些方案最好能够包括三种选择:(1)高端应对行为;(2)中端应对行为;(3)低端应对行为。一般来说,应向公众推荐的是中端应对行为。

7."受众参与意识"原则

危机发布中要充分估计到受众的自主意识,多从受众的角度来规划危机传播的预案,而不是一切从树立政府部门的权威出发。在"9·11"事件发生时,全球范围内的人都通过各种媒体传播途径看到了事发当时人们的各种表现。

因此,在进行危机传播的规划时,对公众的认知力、判断力、自救能力和自我组织能力要有充分的预估,而不要把他们当作一群"迷途的羔羊"来看待。危机发布的目的是激发公众自身的主观积极意识,提醒他们参与到危机处理过程中来,使得他们不再是单纯消极地旁观危机事件。

不要回避公众的恐慌情绪。在危机爆发之初,政府官员或发言人为了消除公众的恐慌,会对他们说"别害怕""别担心""政府已经完全控制了局势"(而事实上并非如此)之类的话。这些言辞实际上并不能让公众真正放松下来。正确的做法是承认公众的恐慌情绪,给他们提供更多的背景知识,让他们把恐慌情绪具体化、"语境化",这样公众会自然而然地平静下来。

归根到底,激发公众内心恐慌情绪的一方面是危机本身,另一方面则是由危机引起的紧张局面。当政府在公众心中有足够的公信力,公众相信政府能够对危机给予很好的处理时,内心的恐慌情绪会得到很好的抑制,而不会出现大规模的混乱局面。

危机发布的重点是身处"风暴眼"的公众,但也不能忽视那些远离危机中心但又有可能被波及的受众。研究表明,后者表现出的恐慌情绪往往比前者更为强烈。这是因为后者有更多的时间和精力去思考所面临的风险,也有更多的信息渠道。

在全球传播和社交媒体高度发达的今天,危机产生的"蝴蝶效应"不容忽视。政府部门在危机发布中要对受众加以适度的区分,不仅要关注身处危机前沿的公众,也要顾及所有与之相关的"利益相关方"。

第八章 媒介融合背景下新媒体的发展引导

对于新媒体产业来说，媒介融合带来的更多是机遇，甚至可以说，新媒体产业正是在媒介融合的促动下才发展壮大的。然而，这并不意味着新媒体产业面对媒介融合就可以高枕无忧了。在媒介融合的环境中，新媒体产业同样存在许多亟待解决的问题，需要慎重选择发展战略和发展方向，以及对新媒体传播的负面效应及时进行深入分析和有效规制。

第一节 媒介融合背景下新媒体的发展策略构建

在数字化时代的媒介融合过程中，新媒体似乎占尽了天时、地利、人和，产业前景一片大好。业界和学界关注的焦点也往往是传统媒体如何应对新媒体的冲击，而忽视了新媒体在媒介融合背景下的发展策略。实际上，面对媒介融合，新媒体产业同样存在许多亟待解决的问题，同样需要慎重选择发展战略和发展方向。

一、渠道制胜

在媒介融合的背景下，传统媒体与新媒体之间相互作用，逐渐形成新的媒介生态环境进而推动新旧媒体重新确定自己在媒介生态中的地位和功能。各媒体需要根据自己的本体特征进行定位,传统媒体如此,新媒体同样如此。新媒体从诞生到现在,在整个信息传播产业链中主要扮演渠道运营商的角色。无论是网络媒体还是手机媒体,以至移动车载电视、户外电视,它们之所以能够在激烈的媒介竞争中脱颖而出,恐怕在很大程度上还要归功于由新媒体技术所衍生而来的渠道资源优势。而随着媒介融合的深入以及技术条件的不断成熟,新媒体以数字技术和网络技术为支撑所构建的各种数字化信息传播平台和互动载体能够将海量信息汇总分类,并为用户提供信息传播"入口",不但可以有效解决信息爆炸时代的信息过载问题,改善信息传播效果,还能为新媒体产业带来大规模的用户和广阔的市场空间。因此,从这一角度来说,新媒体在媒介融合背景下进行角色定位时依然要牢牢抓住其与生俱来的渠道优势,才不至于失去核心竞争力。

需要特别注意的是,新媒体利用其渠道资源优势,并不是要进行渠道垄断,而是利用新媒体传播渠道拓展经营模式、获取更多产业资源。目前,在我国互联网和手机媒体领域,渠道资源垄断的现象十分突出,少数企业垄断了绝大多数的渠道资源,这在短期内可能会给运营商带来可观的利益,但从长远来看并不利于整个媒介生态的平衡和发展。

和传统媒体相比,新媒体的传播渠道不仅在物理介质上发生了改变,而且传播渠道对信息传播的质量和效果的提高也有很大贡献。网络媒体利用数字技术、网络技术和多媒体技术,可以以一个界面同时传递数据、文字、图片、音视频等多种信息,用户可以在一个平台中使用多种信息传播渠道,比如用户可以一边浏览门户网站,一边与亲朋好友通过即时通信工具进行交流沟通;手机媒体在满足人们的基本通信需求的同时,也成为短信、彩信、彩铃、手机客户端、手机广播电视等多种信息传播渠道的运营载体;数字电视和 TV 等互动性电视媒体除继承了传统电视的节目内容以外,更增加了视频点播、PP 电话、数据传输、在线互动等增值服务渠道;户外电视、车载移动电视则将电视屏幕从家庭转移到了户外和交通工具中,使其成为强制性接触媒体,渠道优势更加突出。

不可否认,由新技术所带来的丰富渠道资源是新媒体的优势所在,同时也是新媒体产业链甚至整个传媒产业竞相争夺的稀缺资源。比如,我国手机媒体的大多数渠道资源都把持在中国移动、中国联通、中国电信等少数几家运营商手中,而即便是这样,各家运营商之间也会为了争夺渠道资源而进行激烈的竞争。对渠道的争夺和垄断甚至可以直接影响整个产业的发展。

新媒体除了要充分利用现有的渠道优势,还应该注重从技术源头上拓展渠道资源,换句话说,新媒体需要不断进行技术创新,开发更多、更有优势的渠道资源。技术融合是媒介融合的先导,技术创新同样也是新媒体及其渠道资源的核心动力所在。数字技术、网络技术等新媒体技术本身就是极具可塑性和兼容性的技术形态,也比较容易通过技术改造和创新实现对媒介终端和平台的升级,从而产生更多新的服务和应用,拓展新媒体渠道资源。

二、内容为王

尽管新媒体的天然优势在于渠道而非内容,但在媒介融合的背景下,媒体边界不断消融,各种不同的媒介终端和传播平台不断涌现,渠道数量和选择也会日益增多,而"内容为王"依然是不争的事实。因此,新媒体的未来发展不但需要继续扩大"渠道"优势,更应在内容生产上寻求突破。

当前,我国新媒体产业模式包括内容产业和广告产业两个方面。其中,广告产业仍是盈利主体,内容产业虽然发展迅速,但位居其次。从长远来说,这种盈利结构是不利于新媒体产业发展的。合理的新媒体产业盈利模式应该以内容产业为主,而不是像传统媒体产业那样以广告产业为主。围绕内容产业进行盈利模式的创新和拓展就成为我国新媒体产业未来发展的必然选择,具体应该做到以下几个方面。

(1)以新兴媒介形态为基础或出发点。马歇尔·麦克卢汉认为"媒介即讯息",一种新的媒介形态一旦出现,无论它传递的是什么样的讯息内容,这种媒介本身就会引起人类社会生活的变化、社会结构的变化。在媒介融合的背景下,新的媒介形态基于网络、手机等媒体平台而层出不穷,其本身就会带来相应的讯息内容,造成媒介生态环境的改变;而我国新媒体产业运营主体要做的,就是要加强技术创新,促进新兴媒介形态不断涌现,从而为进一步发展新的内容服务模式奠定基础。

(2)重视对已有媒介形态的内容服务进行改造、创新。在未来新媒体产业中,内容为王的趋势将更加明显,内容创意上的收入将达到整个新媒体产业链产值的一半以上。因此,新媒体内容产品的创意和创新无疑成为新媒体产业创新其运营模式时需要着力加强的环节。

(3)在内容产品的营销推广上下功夫。在当今信息极大丰富的时代,信息过载已成为进行有效信息传播的一大障碍,"酒香不怕巷子深"的时代已经一去不复返了。恰恰相反,无论是何种产品在被生产出来之后,都要通过积极合理的营销方式才能推销出去,实现产品价值。新媒体产业作为一种信息经济,其内容产品对于营销渠道具有更强的依赖性。有鉴于此,新媒体产业运营商必须加强渠道销售和平台运营,保证和促进内容产品价值的顺利实现。

三、用户为本

所谓用户为本,指的是新媒体产业在媒介融合的背景下应更注重用户体验,以用户为中心进行产业链改造和升级。

新媒体和传统媒体最大的区别就在于它的交互性和草根性。交互性是新媒体生产环节与消费环节的互动和交融,是新媒体与用户的信息交互;在新媒体产业中,用户早已不再仅仅是信息内容的被动接收者,而是成为信息内容的创造者,任何新媒体用户都能够通过使用新媒体制作、发布信息,而可能成为话题的焦点和舆论的发起者。新媒体的这种特性使得用户逐渐成为新媒体产业链的中心环节,新媒体产业链的其他环节只有围绕用户进行内容生产或广告发布,才能最终顺利实现产品的价值增值。

总的来看,我国新媒体产业链目前基本以运营商为中心,形成了生产导向型的产业链结构体系。运营商在新媒体产业链中处于垄断和核心地位,用户尽管也受到重视,但地位仍不突出。因此,要想创新产业发展模式,就必须改变这种不合理的产业链结构,形成以用户为中心的消费导向型产业链体系。例如,目前我国的手机电视媒体对用户的重视不足,付费节目的产值并不高,其原因就在于处于起步阶段的手机电视产业仍然沿袭了电信业甚至传统电视媒体的产业链结构,忽视了用户对个性化和分众化内容的需求。因此,树立以用户为中心的生产观念,进一步围绕用户特征和需求进行产业链改造升级,是当前我国新媒体产业链各运营主体的当务之急。

四、分工协作

在媒介融合和产业融合的促动下,集团化是新媒体产业结构模式的发展方向。新媒体产业在未来发展中应以集团化为宏观导向,强调各组织机构的分工协作。

建设新媒体产业基地不失为推动新媒体产业机构集团化发展的好办法。新媒体产业在生产关系上具有融合性和渗透性,由此造成了新媒体产业链的集群化特征。由于目前我国的新媒体产业正处于起步阶段,产业链中投入—产出的生产联系往往不能在自然的市场竞争中表现出来,新媒体产业的集群化特征也就不能转化为资源配置优势;因此,需要通过建立新媒体产业基地,将新媒体产业链各运营主体聚集到同一地区,从而用地域集群带动产业集群,实现资源的优化配置。目前,我国业已建成数个新媒体产业基地,并起到了良好的示范效果。

在建设新媒体产业基地过程中,可以利用区位优势实现分散资源的有效整合,推动新媒体产业在发展初期向集团化方向运作。当新媒体产业发展到一定程度之后,产业链已趋向成熟,产业链上下游联系更为密切,产业集聚完全可以依靠市场的力量来完成。在这种情况下,新媒体产业可以利用运营商或平台商的核心优势,通过参与市场竞争,自发形成产业集群,完成新媒体产业的集团化改造。

集团化的分工协作模式同时需要新媒体产业调整管理体制,以适应新型组织机构的要求。目前,我国的新媒体产业管理模式在很大程度上承袭了传统媒体产业,"一元体制,二元运作"的管理模式在新媒体产业中迹象明显。严格来说,这种管理体制只是一种在社会转型时期的过渡形式,有其合理性;但它对新媒体产业的弊端也十分明显,它使新媒体产业仍然不能摆脱政府对市场的过度操控。因此,我国新媒体产业要想顺利融入市场,就必须平衡各方利益,既要防止市场失灵,又要防止政府失灵,最终建立以市场为本、兼顾政府效力的管理体制。

政府和企业作为产业管理的主体,都应担负起相应的责任,实行政企分开、政事分开。面对新媒体产业的迅速发展,我国政府应转变管理职能,改变在计划经济时代的经济管理方式,代之以宏观性、政策性和导向性的调控;改变过去对经济进行直接管控的方式,代之以服务性、指导性的管理政策;同时,在对新媒体产业经营秩序的监管上,我国政府也应该在原则性问题(如网络安全等问题)不变的基础上,放松对新媒体产业的控制,增强产业主体的自主性和灵活性,从发展的角度为新媒体产业提供一个宽松的环境。对于新媒体企业来说,则应建立现代企业制度,实行自主经营,自负盈亏,积极参与市场竞争,并加强自我管理和自我监督。

第二节　媒介融合背景下新媒体传播的负面效应及其规制

一、媒介融合背景下新媒体传播的负面效应

(一)信息缺乏安全

以平等、互动为本体特征的新媒体在给媒介融合带来主导动力的同时,也引发了媒介信息安全问题。无论是互联网还是手机,如今都面临病毒攻击的威胁。计算机病毒问题存在已久,虽然市面上有各种各样的杀毒软件,但是病毒的传播速度仍远超人们的想象,无时无刻不在干扰着人们的媒介使用,盗取用户的个人信息,为网络犯罪提供技术支持。黑客对国家银行、金融机构的攻击,给国家信息安全带来巨大隐患,造成的损失更是无法估量。手机的智能化在为用户提供更多功能的同时,也带来了病毒感染问题。随着 4G 业务的推广以及媒介融合的推进,病毒可以通过手机与网络跨地域互相传播,仅仅通过技术手段已经难以根除,国家之间的合作与支持显得尤为重要。

此外,在现实生活中,公民的合法财产受到法律保护,但是媒介融合使得网络和手机等虚拟空间也成为用户财产的承载者。钓鱼网站和病毒通过非法手段盗取用户的账户、密码,扰乱了电子商务的正常秩序,给用户造成了不必要的经济损失,也严重阻碍了电子商务的发展。这些都带来了一系列信息安全问题。

(二)信息环境污染

淫秽色情、垃圾信息是新媒体久治不愈的顽疾,而媒介融合更是加剧了这些信息的传播。我国法律明令禁止传播淫秽色情的出版物,但是在网络空间中,海量的信息令审查困难重重,一些

网站为了获得高点击率而成为非法信息的传播者。同样,内容提供商和手机运营商也看中了手机媒体的广大市场,利用淫秽色情信息吸引用户点击、购买,获得非法利益。垃圾信息则是伴随新媒体产生的一种营销手段,广告商未经用户许可发送大量垃圾邮件、垃圾信息,更有甚者利用垃圾信息实施诈骗行为,严重干扰了用户的正常生活。

（三）知识产权侵权

知识产权侵权问题一直是我国文化产业的一大隐忧,媒介融合的加速使得我国知识产权侵权的问题更加严峻。媒介融合带来媒介边界的消解,同时也使得各种不同媒介的内容资源能够更加顺畅便利地流通、共享和传播。在这一过程中,相关法律制度的缺位造成了媒介内容使用上的侵犯知识产权问题。媒介融合所触发的知识产权侵权问题主要可以归为两大类:第一,网络、手机等新媒体对传统媒体内容资源的侵权使用,例如,门户网站、搜索引擎等不经授权便上传、发布电子书、电视新闻视频、音乐音频等;第二,传统媒体对新媒体内容资源的侵权使用,如报纸杂志对博客内容的私自引用、电视节目对网络原创视频的非授权使用等。

（四）信息失实

网络、手机等新媒体传播的门槛较低,每个人都可以成为信息的发布者,因此信息的质量良莠不齐,存在大量虚假信息,让人难辨真伪。媒介融合一方面加速了这些虚假信息成为谣言的进程,也加速了谣言的传播;另一方面,一些传统媒体对网络媒体中的失实信息不加辨别地采用和传播,也在很大程度上扩大了失实信息的影响力,带来负面社会效应。

（五）信息失范

媒介融合是一把双刃剑,它既可以让信息更加迅速、便捷地流通,也会为新闻炒作等信息失范现象提供更加有利的繁殖环境。在媒介融合的环境下,各种媒介为吸引受众或用户,往往挖空心思寻找新闻噱头,甚至不惜通过夸张、扭曲事实来进行新闻炒作以达到吸引眼球的目的。在利益驱使下,新媒体尤其是网络媒体常常成为新闻炒作行为的始作俑者,一旦某条新闻受到关注,其他媒介必然会蜂拥而上,大量未经查实验证甚至扭曲事实的新闻便会迅速传播,这严重影响了媒介的公信力和美誉度。另外,网络中出现的新词汇有些生动有趣、充满活力,约定俗成后可能会被大众接受,成为网络文化的重要组成部分,但并不是所有的网络语言都经得起时间的考验。如有些网络语言理解起来比较烦琐,还故意使用错别字,甚至违背基本的语法。这些对语言的不规范使用甚至误用现象,经由某些传统媒体传播,往往变得更加流行,继而对我国传统文化和汉语规范造成不良影响。

(六)侵犯人权

媒介融合在一定程度上增加了媒介形态和传播途径,尤其是博客、播客、微博等社会性传播媒介的出现,为用户提供了更加丰富多彩的个人服务,但同时也带来了一系列问题。例如:网民可以在个人空间随意发布任何言论,手机偷拍照片后可以随意上传网络,这都可能造成对公民隐私权、名誉权等人格权的侵犯;网络广告随意使用名人形象,带来良好效益的同时却侵犯了当事人的肖像权;人肉搜索更是成为近年来备受争议的焦点话题,引发了人们对网络负面影响的深层思考,"人肉"对象被赤裸裸地"晒"在网络中,无任何隐私可言,甚至日常生活也会受到极大干扰。这些由新媒体所引发的侵犯人权的问题,如果再被传统媒体传播甚至渲染,其危害性势必大大增加。

二、媒介融合背景下传媒规制的发展方向

(一)"放松"与"约束"并行不悖

在媒介融合的大背景下,放松管制是传媒规制发展的必然要

求。在我国，原有的媒介规制建立在旧的媒介实践和传播格局的基础之上，带有计划经济的色彩和条块分割的体制特征。随着媒介融合趋势的显现和媒介融合实践的推进，原有的许多传媒规制显然已经不能适应媒介生态环境的变化，甚至整个传媒规制体系都显得过于陈旧。这就需要国家通过修改法律法规或出台新的传媒规制，降低政府或行政力量对于媒介市场力量的约束，释放更多基于市场机制的效力和能量，给媒介融合以更广阔的发展空间和更大的发展动力。

放松管制的目的是放开竞争，顺应媒介融合的市场发展规律。但是，媒介融合背景下的放松管制并不是毫无区分地放宽规制，媒介融合所催生的新的媒介生态环境更需要科学、合理、有针对性的法律法规进行监督、规范和引导。放松管制是为了给媒介融合创造宽松的发展空间，但如果仅仅是放松管制，而不对媒介融合之后的媒介环境进行约束和监督，势必引发上文所述的诸多负面效应。

所以，在媒介融合的背景下，放松管制与加强约束应是相互照应、并行不悖的。国家和政府应该在顺应市场发展规律的方面或领域放松管制，乃至提供更多的政策支持；而对于容易出现问题的方面或领域则应加强监管，出台相应法律法规加以规范和制约。

（二）与现实传播格局充分互动

在当前世界各国的媒介融合实践中，传媒规制与媒介融合是互动互构的关系，也就是说，传媒规制的放松能够促进媒介融合，媒介融合的实践也能影响传媒规制。对于传媒政策的制定者来说，传媒规制需要与媒介融合实践和现实传播格局进行充分互动，以使传媒规制既能顺应媒介融合的发展趋势、推动媒介融合进程，又能在最大程度上起到监督、规范媒介融合的作用。

政策规制是一个与现实传播格局对应并经过互动而不断演化的系统，不同的传播格局需要不同的规制体系。在媒介融合进行之前,媒介生态环境或传播格局是各媒介实体相互独立、相互分割的,相应的媒介规制也建立在这样的传播格局之上。由技术创新和市场对利润最大化的追逐所推动的媒介融合,一方面改变了既有的传播格局,并反作用于传媒规制;另一方面,媒介融合实践本身也给传媒规制形成压力,使得规制革新势在必行。因此,传媒规制的面向需要从"独白"转向"对话",由政府管理机构的"独白"转向行政力量和传媒市场力量之间的"对话";由行业内、区域内以垄断为主导价值的"独白式"管理模式转向以行业间竞争与合作为主导价值的"对话式"管理模式。

（三）传媒规制应具有预见性和先导性

在媒介融合的背景下,媒介环境和传媒格局瞬息万变,因而对媒介环境起规范、监督和指导作用的传媒规制也应该随着时代潮流不断变化,做到既具有现实指导功能,又具有对未来媒介发展的预见性和先导性。

传媒规制的预见性和先导性,是指传媒规制应该对媒介融合背景下的传媒发展趋势有预先的判断,并能够正确引导传媒产业的发展方向。融合后的传媒发展之所以会出现各种负面效应,在传媒规制方面,既与政策规制滞后于现实传播格局有关,更与政策规制缺少对媒介未来发展的预见性联系密切。这就要求传媒规制者在制定政策时准确研究媒介融合所带来的传播格局的改变情况,同时对未来传媒发展方向具有相当的判断力和洞察力。

参考文献

［1］刘雪梅，王沪生.新媒体传播［M］.广州：暨南大学出版社，2018.

［2］李轶.媒介融合趋势下的新闻传播及其变革研究［M］.北京：中国商业出版社，2018.

［3］刘前红，秦琴.新媒体营销项目化教程［M］.北京：中国轻工业出版社，2018.

［4］贺勇.融媒时代的新闻传播发展与变革［M］.北京：中国商业出版社，2017.

［5］毕书清，李婷婷.传播变革：新时期传统媒体的变革与发展［M］.南京：江苏凤凰科学技术出版社，2017.

［6］肖叶飞.媒介融合与媒体转型［M］.合肥：安徽师范大学出版社，2017.

［7］袁琴，何静.现代新媒体的融合与发展［M］.长春：吉林大学出版社，2017.

［8］黄楚新.新媒体：微传播与融媒发展［M］.北京：人民日报出版社，2017.

［9］隽馨.网红经济：自媒体时代，人人可以打造超级 IP［M］.杭州：浙江大学出版社，2017.

［10］李骏.媒介融合前瞻为新闻插上数字的翅膀［M］.杭州：浙江大学出版社，2017.

［11］王晓霞.媒介融合背景下纸媒的生存与发展［M］.长春：吉林文史出版社，2017.

［12］费君清.媒介融合与文化传承［M］.杭州：浙江大学出版社，2016.

［13］胡德才.媒介融合时代的传媒与艺术教育［M］.武汉:武汉大学出版社,2015.

［14］陈丽菲.媒介融合背景下的新闻传播教育［M］.桂林:广西师范大学出版社,2015.

［15］潘可武.媒介经营管理:创新与融合［M］.北京:中国传媒大学出版社,2015.

［16］刘立伟.决胜全媒体:多媒体融合全流程制作［M］.北京:化学工业出版社,2015.

［17］张斌.新媒体微视频［M］.北京:中华工商联合出版社,2015.

［18］褚亚玲.新媒体舆论引导力研究［M］.北京:团结出版社,2015.

［19］姜平.媒介融合教程［M］.武汉:武汉大学出版社,2015.

［20］史安斌.全媒体时代的新闻发布和媒体关系管理［M］.北京:五洲传播出版社,2014.

［21］匡文波.新媒体理论与技术［M］.北京:中国人民大学出版社,2014.

［22］王松,李志坚,赵磊.信息传播大变局:新媒体传播管理与数字技术［M］.上海:上海交通大学出版社,2013.

［23］覃信刚.媒介融合、台网互动解析［M］.昆明:云南人民出版社,2013.

［24］雷蔚真.跨媒体新闻传播理论与实务［M］.北京:中国人民大学出版社,2012.

［25］宫承波.新媒体概论［M］.北京:中国广播电视出版社,2012.

［26］严三九.新媒体概论［M］.北京:化学工业出版社,2011.

［27］马为公,罗青.新媒体传播［M］.北京:中国传媒大学出版社,2011.

［28］黄楚新.媒介融合背景下的传媒创新［M］.杭州:浙江大学出版社,2011.

［29］许颖.媒介融合的轨迹［M］.北京：中国人民大学出版社，2010.

［30］石磊.新媒体概论［M］.北京：中国传媒大学出版社，2009.

［31］徐沁.媒介融合论［M］.北京：中国传媒大学出版社，2009.

［32］蒋宏，徐剑.新媒体导论［M］.上海：上海交通大学出版社，2006.

［33］宋泓明.中国产业结构高级化分析［M］.北京：中国社会科学出版社，2004.

［34］李良荣.新闻学概论［M］.上海：复旦大学出版社，2004.

［35］周芳.融媒体时代新闻生产的流程再造［J］.传播力研究，2019,3(02):64-65.

［36］陈立.用体制优势合纵连横以市场力量开疆拓土——永州新闻网抢占媒体融合发展新高地的实践［J］.中国地市报人，2018(09):68-69.

［37］王昳，陈晓.主流媒体融合发展的战略与策略——基于新媒体发展基本问题的观察与思考［J］.新闻战线，2018(23):64-66.

［38］王新雨.融合新闻生产流程再造［J］.新闻知识，2017(07):36-39.

［39］伏润之.挖掘新闻价值抑制僵化文风［J］.传播力研究，2017,1(07):240.

［40］姚丽亚.浅析新媒体对人际交往的负面影响［J］.现代交际，2016(01):74-76.

［41］任光莉."互联网＋"时代的新闻价值再挖掘［J］.青年记者，2015(24):41-42.

［42］石长顺，肖叶飞.媒介融合语境下新闻生产模式的创新［J］.当代传播，2011(01):111-113.